17—19世纪英国
自由传统与专利制度的
演进研究

李宗辉 著

A Study on the Evolution of
the British Freedom Tradition and Patent System
in the 17th-19th Centuries

上海社会科学院出版社
SHANGHAI ACADEMY OF SOCIAL SCIENCES PRESS

图书在版编目(CIP)数据

17—19世纪英国自由传统与专利制度的演进研究 / 李宗辉著 .— 上海：上海社会科学院出版社，2022
ISBN 978-7-5520-3785-2

Ⅰ.①1… Ⅱ.①李… Ⅲ.①专利制度—研究—英国—17—19世纪 Ⅳ.①D9561.34

中国版本图书馆CIP数据核字(2022)第002049号

17—19世纪英国自由传统与专利制度的演进研究

著　　者：	李宗辉
责任编辑：	应韶荃
封面设计：	周清华
出版发行：	上海社会科学院出版社
	上海顺昌路622号　邮编200025
	电话总机021-63315947　销售热线021-53063735
	http://www.sassp.cn　E-mail：sassp@sassp.cn
排　　版：	南京展望文化发展有限公司
印　　刷：	上海龙腾印务有限公司
开　　本：	710毫米×1010毫米　1/16
印　　张：	13.5
字　　数：	238千
版　　次：	2022年7月第1版　2022年7月第1次印刷

ISBN 978-7-5520-3785-2/D·641　　　　　　　　　　定价：70.00元

版权所有　翻印必究

国家社科基金后期资助项目
出版说明

　　后期资助项目是国家社科基金设立的一类重要项目,旨在鼓励广大社科研究者潜心治学,支持基础研究多出优秀成果。它是经过严格评审,从接近完成的科研成果中遴选立项的。为扩大后期资助项目的影响,更好地推动学术发展,促进成果转化,全国哲学社会科学工作办公室按照"统一设计、统一标识、统一版式、形成系列"的总体要求,组织出版国家社科基金后期资助项目成果。

全国哲学社会科学工作办公室

目录

绪论 / 1

第一章　自由传统的序曲与专利制度的孕育 / 7
　第一节　自由经济的初生与技术革新的萌芽 / 7
　　一、农业经济中的自由要素与技术变革 / 7
　　二、行会的变迁与手工业者的自由发展 / 9
　　三、初始工业化与技术的自由引进开发 / 11
　　四、自由商品经济与专利的制度化条件 / 13
　第二节　自由的法治精神与可期的正当专利 / 15
　　一、《大宪章》与自由法治意识 / 15
　　二、民主化与新兴阶级利益 / 16
　　三、议会制与常态专利特权 / 18
　　四、新司法与专利合理特许 / 20
　第三节　科学研究的自由与专利效益的激励 / 22
　　一、科学革命与英国基础 / 22
　　二、实验科学与培根主义 / 23
　　三、科学组织与实用研究 / 25
　　四、科学氛围与专利激励 / 27
　第四节　思想的自由先声与专利的精神动力 / 29
　　一、文艺复兴与创新精神 / 29
　　二、清教伦理与科学动力 / 31
　　三、大学教育与技术发明 / 32

　　　　四、社会观念与创新土壤 / 34
　　本章结论 / 35
　第二章　古典的自由理念与专利的初始立法 / 38
　　第一节　反对垄断的声音与《垄断法规》的诞生 / 38
　　　　一、新建产业的自由与专利特权的异化 / 38
　　　　二、达西的纸牌专利与艾伦的销售自由 / 40
　　　　三、议会的权利请愿与国王的空头支票 / 42
　　　　四、特权专利的终结与《垄断法规》的诞生 / 44
　　第二节　专利授权的规范与市场竞争的自由 / 45
　　　　一、往事如烟云与自由新专利 / 45
　　　　二、真正第一个与专利新制造 / 47
　　　　三、不违反法律与贸易的保护 / 51
　　　　四、公众便利性与专利实用性 / 52
　　第三节　生产方式的变革与技术创新的加速 / 55
　　　　一、手工生产工场与熟练技术分工 / 55
　　　　二、剩余价值追逐与创造劳动价格 / 56
　　　　三、内外特许公司与专利垄断追求 / 58
　　　　四、市场制度雏形与专利应用实践 / 60
　　第四节　古典的自由学说与专利的正当解释 / 62
　　　　一、格劳秀斯的理念与专利的合法先占 / 62
　　　　二、霍布斯的思想与专利的权力保障 / 63
　　　　三、洛克的学说与专利的劳动取得 / 65
　　　　四、休谟的理论与专利的伦理基础 / 67
　　本章结论 / 68
　第三章　专利制度的发展与自由的产业革命 / 71
　　第一节　自由的制度体系与良好的创新环境 / 71
　　　　一、光荣革命的性质与《权利法案》的意义 / 71
　　　　二、利益集团的诉求与产业立法的作用 / 73
　　　　三、资本贸易的活力与专利生产的导向 / 75
　　　　四、社会规范的养成与经济交往的实践 / 78

第二节 专利制度的激励与技术革新的进程 / 80
　　一、专利制度的复苏与改进生产的发明 / 80
　　二、科学传统的延续与发明的多样目标 / 83
　　三、生产模式的变革与专利运营的萌芽 / 85
　　四、技术发明的衔接与专利效用的拓展 / 87
第三节 专利制度的完善与自由边界的限定 / 90
　　一、说明书制度与专利充分公开要求 / 90
　　二、新颖性标准与改进发明专利承认 / 93
　　三、专利审查制与职业专利代理出现 / 95
　　四、内外部因素与专利制度扩散趋势 / 98
第四节 自由的经济思想与专利制度的认同 / 100
　　一、自由交换的倾向与促进发明的分工 / 100
　　二、节省劳动的发明与机器应用的优势 / 102
　　三、发明构成的资本与专利累积的意义 / 104
　　四、功利主义的原则与专利保护的必要 / 106
本章结论 / 107

第四章 放任失序的自由与专利制度的危机 / 110
第一节 专利制度的缺陷与实施成本的高昂 / 110
　　一、发明创造的自由与专利申请的繁冗 / 110
　　二、创新区域的分布与专利成本的高昂 / 112
　　三、专利信息的散乱与公共创新的冲击 / 113
　　四、议会调查的展开与专利法案的修正 / 115
第二节 外部条件的障碍与制度实效的减弱 / 117
　　一、产业实施的阻力与专利热情的降温 / 117
　　二、历史因素的残留与专利司法的偏见 / 118
　　三、道德情感的影响与专利牵涉的公平 / 120
　　四、法律规则的粗糙与专门理论的匮乏 / 122
第三节 正当理论的争议与专利制度的价值 / 123
　　一、无形的智力产品与传统的财产概念 / 123
　　二、发明的正当回报与奖励的制度选择 / 125

三、创新的最佳激励与专利的社会成本 / 127
         四、信息的披露动力与发明的必然公开 / 130
    第四节 专利制度的危机与立法改革的方向 / 132
         一、存废论战的扩展与阶段博弈的结果 / 132
         二、专利制度的正名与实质改革的推进 / 133
         三、万国博览的盛宴与国际保护的契机 / 135
         四、技术革新的升级与英国发明的减弱 / 137
  本章结论 / 139

第五章　自由观念的扩张与专利制度的输出 / 141
    第一节 自由主义的新认知与创新价值的再张扬 / 141
         一、过时立法的剔除与经济自由的保障 / 141
         二、工业时代的民主与政治自由的追求 / 143
         三、首创个性的尊重与社会自由的实现 / 145
         四、个性自由的效用与社会进步的功利 / 146
    第二节 英国专利制度移植与美国特色专利立法 / 148
         一、英国人的殖民影响与北美区的专利实践 / 148
         二、自治权的立法落实与宪法知识产权条款 / 150
         三、普通法的理念借鉴与专利立法的新特点 / 151
         四、登记制的阶段恢复与实用主义的再修正 / 153
    第三节 英国经济文化影响与欧陆专利制度发展 / 155
         一、趋向极致的自由与法国的专利制度 / 155
         二、统一之前的改革与德国的专利制度 / 157
         三、技术引进的渴求与西班牙专利制度 / 158
         四、自由竞争的压力与瑞士的专利制度 / 160
    第四节 殖民影响的长期性与过度保护的负效应 / 162
         一、英国植入的自由与殖民地区的专利立法 / 162
         二、走向协调的努力与统一专利立法的失败 / 164
         三、法律传统的遗留与英式专利制度的影响 / 165
         四、自由贸易的盛行与专利胁迫下的新殖民 / 167
  本章结论 / 169

结语 / 171

　　一、英国自由传统与专利制度碰撞融合的历史经验 / 171

　　二、英国经验对当代中国的借鉴意义 / 174

参考文献 / 178

附录：17—19世纪英国专利相关数据 / 194

　　附表1　1660—1799年英国专利登记数 / 194

　　附表2　1750—1851年英国专利产品/方法领域分布
　　　　　情况 / 196

　　附表3　1750—1799年英国专利权人持有专利数量的
　　　　　分布情况 / 200

　　附表4　1660—1799年英格兰和威尔士专利权人的职业 / 200

　　附表5　1660—1799年英国专利权人陈述的发明目的 / 201

　　附表6　1770—1849年英国专利法案件数量 / 202

　　附表7　1750—1849年在英国普通法院和衡平法院的
　　　　　报告案例 / 202

　　附表8　1770—1849年英国涉诉专利实施情况 / 202

　　附表9　1845—1852年完全为实施专利而成立的英国
　　　　　合股公司 / 203

　　附表10　英国六大技术进步产业工人年均专利数（1839—
　　　　　 1841年和1849—1851年）/ 204

　　附表11　1838—1847年英国在法律官员面前的专利异议
　　　　　 情况 / 205

绪　　论

在当今世界，专利已经成为各国市场经济、科技发展和竞争战略的关键工具，因此专利法律制度的建构、实施和完善显然也就起着十分重要的作用。从这个角度来讲，考察现代专利制度在出现之初的状态，它的基本特点和运行机制，尤其是它与民族文化传统、学术理论思潮和社会集体观念之间的结合与冲突，对于我们今天准确深入把握专利的本质和内涵、正当性基础和制度发展的合理方向无疑具有重要作用。英国1624年《垄断法规》被公认为是近代第一部专利成文法，事实上在17—19世纪这段时期尤其是19世纪初，英国专利制度和实践的发展确实在西方世界起到了示范和引导作用，各国竞相移植、效仿和改造英国式的专利制度为己所用，虽然其缺陷也非常明显，成为引发19世纪中叶欧洲专利制度存废大论战的导火索，进而推动了英国相应的专利制度改革。从某种意义上讲，专利制度是英国能够率先发生工业革命并在近代保持较长时间工业领先的主要原因之一，而这种最初诞生于意大利诸城邦尤其是威尼斯的法律形式之所以能在英国生根发芽、开花结果，英国在政治、经济、科技和思想文化等各方面综合体现出来的自由传统以及由此主导下的政府立法决策、个体行为模式等与专利制度之间的不断碰撞和融合则是比较深层的原因。

研究17—19世纪英国自由传统与专利制度之间的关系具有显著的理论意义。首先，本研究可以纠正人们长期以来习惯于将专利权视为"垄断权"的狭隘观点，充分揭示专利实际上是市场规律支配下资源配置和各方主体自由决策和选择的极佳杠杆，因而与传统的私有财产权一样具有市民社会的基础，遵循意思自治、诚实信用和权利不得滥用的原则，无需对其予以特别的警惕和将其作为反垄断法重点关注的对象。其次，本研究可以在统一抽象的哲学思想和宽泛适用的普世理论之外为专利制度的正当性提供民族性、地方性的解释，并说明这种根深蒂固的文化传统如何在不断变化的外部表现中与专利制度彼此冲突、适应、调整和融合，为我们今天从法律文化的视角对移植于西方的专利制度进行本土化深层机理解读提供参照。再次,本研究可以折射出在当代国际经济环境中西方发达国家以自由贸易之名行专利霸权之实的错误行径,还专利制度及其自由价值以本来面目,给发展中国家和中小型企业以技术创新的动力和参与竞争的机会。最后,本研究能够揭示如何通过适当的法律调控避免专利制度实践的自由原则演变成自由放任主义,激励真正有用的发明创新,提高授权专利的质量,减少垃圾专利的堆砌,释放专利制度的能量。

研究17—19世纪英国自由传统与专利制度之间的关系还具有重要的实践意义。第一,从立法上看,本研究可以说明乃至展现如何在专利法的整体制度建构、一般原则设定和具体规则安排上体现市场经济的自由理念和贯彻私权保护的基本观念。第二,从执法和司法上看,本研究可以提醒公权力在运用过程中应当遵循的原则和遵守的界限,防止执法者和法官以个人臆想的标准和独断专行的意志进入专利制度中的自由领地,破坏当事人之间的利益平衡和商业市场一直存在的自由惯例。第三,从法律文化的培育来看,本研究可以揭示专利制度的良好运行和实践完善需要怎样的文化环境,其中蕴含了哪些文化元素,尤其是在中国专利制度基本属于后天移植的情况下是否可能以及如何实现先天背景的潜移默化式转变,以及某些必要的宣传和建设。第四,从技术创新和产业市场来看,本研究可以深入挖掘有利于充分发挥科学研究之自由想象力和技术应用之市场活力的专利制度渠道,周到保护研发主体、投资人和贸易商在技术产业化、市场化过程中的"意思自由"。第五,从当代国际技术贸易竞争和法律保护的视角来看,本研究能够让我们理性地认识科学技术无国界和贸易自由的本质,在双边和多边专利国际保护的缔约谈判中秉持正确的立场,采取合理的策略,既不落入自我封闭和落后的保守主义,也不认同和追求实体上高标准的"世界专利"。

理论上现有的关于英国早期专利制度的研究不在少数,但几乎没有从文化传统影响下的社会系统环境与专利制度之间关系着手的著作。国内的相关研究主要集中在以下几个方面:(1) 对英国专利制度发展阶段的简要历史分期和整体解读。例如,有学者以"专利"概念的产生和演变为主线,研究了英国专利制度确立、改革发展和国际化的过程(邹琳,2011);有观点将英国专利制度分为《垄断法规》、奠定基础、1852年专门机构建立和2004年专利法以后四个阶段,并分别分析了各阶段专利制度对英国经济发展的作用(赵方捷,2013)。(2) 前"专利法"时代英国的经济社会背景。例如,有学者分析了英国自13世纪开始逐渐从零星变成大量的专利特权授予实践,指出专利制度在都铎王朝前期的积极作用以及后期的诸多弊端(柴彬,2016)。(3) 对1624

年《垄断法规》的背景、文本和意义的解读。例如,有学者全面解读了《垄断法规》诞生之前英国的经济背景、其制定的政治博弈过程,以及其全部十四个条文,指出《垄断法规》主要是限制王权的立法成果,而非保护发明人专利权益的法律(杨利华,2010)。(4) 英国专利制度与工业革命之间的关系。代表性的观点认为英国专利制度对工业革命有重要的推动作用(仲新亮,2006;魏建国,2010;曹交凤,2010;张南,2019)。国外的研究相对更加丰富和详实,Harold G. Fox(1947)、Harold Irvin Dutton(1981)、Christine MacLeod(1988)和 Sean Bottomley(2014)等四位学者的著作较为全景式地呈现了从 17 到 19 世纪中叶专利制度之下英国的发明活动和经济发展情况,提供了大量第一手的数据和资料。Helen Mary Gubby 的博士论文 *Developing a Legal Paradigm for Patents: the Attitude of Judges to Patents during the Early Phase of the Industrial Revolution in England*(1750s – 1830s)(2011)则更为难得地对 18—19 世纪英国专利在司法中的状态,包括一些具有里程碑意义的案例进行了概括梳理。Thomas B. Nachbar、Ramon A. Klitzike、Chris Dent、Hulme、Adam Mossoff 以及 Fritz Machlup 和 Edith Penrose 等人的代表性论文对英国重商主义、《垄断法规》、专利授权实践和专利司法、反专利运动等也进行了专门研究。这些研究从具体的制度层面分析和讨论了作为近代专利法起源的英国《垄断法规》及其早期发展,揭示了英国专利逐渐形成稳定授权程序和具有内在私权特点的历史过程,指出了专利制度当时在英国国内实施和被欧洲其他国家效仿的过程中面临的争议和问题,在一定程度和范围内涉及专利制度背后的经济、政治和国际贸易环境以及更加具体的各种力量之间的博弈,具有重大的理论意义和参考价值。然而,从另外一个角度而言,既有研究往往满足于对制度内在形式和有限背景因素的考察,是零散式、片段式的阐释,缺乏能够串联起种种历史变迁的统一精神内核,这也是本研究努力的方向和目标。

从上述目标出发,本研究以时间为轴展开对 17—19 世纪英国自由与专利制度之间碰撞与融合的描述和解析,在横向坐标上可能根据不同历史阶段有所侧重地讨论到以下几方面的内容:

一是经济自由与专利制度的互动和冲突。作为中世纪后期才开始萌芽并逐渐成为习惯、产生体系的新的财产权形式,专利制度的生长自然具有最适合它的经济土壤,这种土壤让生产者能够自由平等地依靠自己的能力和各种机会去获得生产资源,组合生产要素尤其是使用发明创新,并获得最终产品;贸易商可以自主决策和选择经销在技术上与同类商品相比更具优势、新颖性、差异性和吸引力的商品;消费者能够自由理性判断自己所需要的各种

技术水平的商品和技术本身。一方面,专利制度反过来也能促进经济自由的实现,它可以激励发明人、设计人依据自己对某种发明创造研究成功概率和市场应用前景等的预测决定是否投入时间和金钱成本进行技术创新并寻求获得专利授权,进而投入市场交易;也能够促使资本家为获得在自由竞争中的优势而通过自我的计算和权衡选择购买新的机器和方法等发明来改进其产品。另一方面,在专利制度被误读或滥用的情况下,它也可能与经济自由产生较大的冲突,成为垄断竞争和贸易保守主义的工具,构筑起不应有的技术壁垒和专利城墙,使新的研发难以为继,市场经济丧失活力,自由秩序不复存在。

二是科技自由对专利制度的呼唤和要求。在科学革命之前,科学技术的探索和研究并不具有独立的地位和范式,而是与哲学混合在一起属于思想性认知方式,比较缺乏实践的应用和佐证。在中世纪黑暗时代,科学更是处于神学的束缚之下无法挣脱,没有探索客观世界普遍真理的自由。近代科学革命真正赋予科学以鲜活的生命和技术以实际的效用,并率先在方法论上为科学研究和技术创新开辟了新的路径。17世纪的英国正是在这方面诞生了大师级的人物——弗兰西斯·培根。培根创造的经验科学传统强调以大量实验和观察为基础的归纳方法,否定纯逻辑的归纳方法,倡导"寻找新的原理、新的操作程序和新的事实……实现技术上和科学上的新应用"。按照托马斯·库恩的观点,培根最大的贡献在于使科学摆脱了宗教和形而上学,获得应有的自由和尊重,并认识到科学的作用在于提高人类控制环境的能力。正因为如此,培根对工匠的技术和工业生产的过程也颇感兴趣。由培根开创的英国科学传统或许对于依赖大胆假说的科学原理发现作用甚微,但对于面向生活的技术开发和应用却意义重大。从某种意义上讲,英国能够涌现较多的发明家从而率先发生工业革命,多少与培根式科学传统的影响有关。一旦新的发明产生并被广泛应用于工业生产,人们对于保护这些技术成果的法律形式即专利制度的需求就会更加强烈,且要求更高。

三是政治自由对专利制度的影响和促进。抽象来看,近代政府与专利制度都是某种社会契约的产物,是公民个人让渡部分自由以换取法律保护的自由和利益的选择。具体而言,专利制度必须经过立法这种政治决策的过程才能纳入国家实定法体系框架之中,具有稳定的效力和产生实际的效果。这就需要与新研究投入、新技术开发、新发明应用和新产品贸易等有关的利益主体或其代表者有机会自由表达自己的意愿和诉求,并在一种公开、公平、公正的辩论程序中达成对各方来说可以接受的最为妥善的方案。1624年《垄断法规》的制定就生动地展现了代表自由力量的议会尤其是下议院在专利制度创建过程中与王权的反复博弈。英国专利制度与政治自由的适应性还表现在专利制度实质是一种以意思自治为基础的"自下而上"式市场经济法律制度,有别于依赖政府判断的"自上而下"式科技奖励制度,后者更容易被具有较强实力和影响力的政治集团所掌控,因而有违制度设立的初衷,使富有天赋的科学家和发明家个人以及财力不够雄厚的企业等实际上处于不自由的境地。

四是自由思想对专利制度的诠释和演绎。专利制度在英国建立、发展、完善和向欧洲以及美国普及的过程也是其不断遭受质疑、挑战、反驳甚至否定的过程。这些反对的意见来自法学、经济学、科学哲学等各个领域,就英国本土的现实而言最有力的反对声音是认为专利制度会阻碍和破坏一直以来促进英国渐进式稳定发展、融入国民血液中的自由精神和行为模式,如自由贸易。积极有效回应这种反对声音的最佳方式就是"以子之矛攻子之盾",系统有序地梳理总结出古典自然法哲学、古典经济学和功利主义等以自由秩序为基本追求、自由利益为最终目标等思想理论与专利制度的诸多契合之处。事实上,尽管洛克、休谟、边沁和穆勒等英国思想家极少有直接关于专利制度的论述,但从他们一以贯之的理论精髓和零星呈现的具体讨论中我们可以窥见他们对专利制度的欣赏,并没有认为专利会不利于英国的自由经济发展和社会福利增进。

五是社会自由对专利制度的浸润和滋养。对17—19世纪中英国社会组织关系和道德规范的考察有助于我们发现,专利制度不仅意味着自然人个体将其创新能力物质化和财产化的自由平等机会,同时还直接彰显了科学家、发明家、企业家、技术工人、普通劳动者和商人等不同社会群体之间自由交往、彼此宽容互信的"绅士资本主义文化"。

围绕着上述几方面内容,本研究将主要运用到以下方法:

一是历史分析法。英国式的自由传统是一种"蕴蓄于中,形诸于外"的精神存在,在17—19世纪的特定历史情境下与专利制度发生着不同质、不同量、不同层次、不同维度、不同侧面和不同形式的联系和碰撞。为了理清这种关系和脉络,我们需要借助历史文献深入到当时广阔的社会生活中去考察各种文本、人物、争论、事件和现象,既要明白宏观上的规律和趋势,又要承认细节性的偶然和插曲,用一种非绝对化的思维去总结已经发生的事实及其所代表的意义。

二是实证分析法。在17—19世纪英国专利制度从初步建立到走向体系化的进程中,专利制度对自由投资、贸易和竞争等的影响,以及自由理念主导下的政府决策、企业行为等对专利制度的作用都需要通过若干具体数据或真实案例来说明。或许授权专利实施应用和许可转让这些主要出于个人决定和契约谈判的统计已经难以获得和湮没无痕,但是专利授权及其在各行业分布的状况、当时国民经济的整体形势往往还是有据可查,能够进行一些盖然性因果关系的分析。除此之外,司法上专利案件的数量、法官的意见和偏好、审理的结果以及对专利权人和其他利害关系人的影响也是比较具有说服力的论证方法。

  三是比较分析法。西欧各国从来都不是彼此隔绝的,在近代航海技术显著提高以后更是有了较多的接触和交流,所以尽管英国位处海峡一边的孤岛,但广阔的大西洋还是将她与法国、荷兰、西班牙等欧洲大陆国家连在一起,相互竞争又相互影响。英国有代表其本土文化特质的温和式自由,欧洲大陆也有通过革命开启的激进式自由。专利制度最先在英国付诸成文立法并实现体系化建构,其后欧洲大陆主要国家也都建立其自己的专利制度。通过适当比较这两种自由的不同以及它们对专利制度差异的影响,我们或许能够发现一些外部力量和因素的作用,得出一些新奇而有趣的结论,弥补单纯关注英国国内现象之不足。

第一章 自由传统的序曲与专利制度的孕育

民族气质的养成、文化传统的塑造以及法律制度的建构通常是一个从量变到质变的过程。因此,在我们正式进入17世纪以后英国自由传统与专利制度之间碰撞的研究之前,我们需要先探索一下中世纪后期和近代前期还处于萌芽状态的自由因子和专利形式,寻找隐藏在其中的似有若无的联系,由此揭开英国社会自由传统与专利制度之间以后几个世纪乃至永恒缠绕关系的序幕。

第一节 自由经济的初生与技术革新的萌芽

一、农业经济中的自由要素与技术变革

在整体上,中世纪的英国与西欧封建社会的其他国家一样,实行的是领主统辖和管理下以家庭为基本生产单位的庄园经济体制。庄园制经济最大的特点体现在农业生产者对领主的超强人身依附性。农奴和半自由民们除了基本的生活必需品外几乎没有私人财产,完全以自己的劳力和技能在领主的土地上耕作和劳动,一切为了领主的需要和利益服务。英国的特殊之处在于它的"自由农民"阶层。自由农民享有迁徙自由,可以脱离土地、更换领主,也不需要履行与人身有关的封建义务,不必缴纳相应的赋税;自由农民耕种的土地部分来自国王,部分属于租佃,一般只负担实物地租和货币地租,不必服劳役或只有轻微的劳役;自由农民的财产受王室法庭的保护。[①] 自由农民的经济、社会和法律地位决定了,他们有充分的动力和条件去进行生产工具、

---

① 裴辛超:《对中世纪英国"劳作的人"的探究》,《世界农业》2015年第4期,第149页。

耕种方式和作物种类等农业生产技术的改良,并对改良的技术本身和技术带来的成果寻求保护。

中世纪英国农业社会的人口流动始终存在,并形成了诸如约克、诺里奇、林肯、斯坦福、莱斯特等有较多人口聚居的城镇。这些城镇虽然还不是现代意义上的城市,但已经在农业之外形成了丰富多样的兼营性副业。与纯粹的乡村社区不同,这些城镇中有比较集中地居住在一起的泥瓦匠、陶工、织工、皮匠等工匠。①

14世纪末黑死病蔓延到英国,对英国的农业生产方式造成了巨大影响,直接加速了封建庄园制经济的瓦解。黑死病造成人口锐减,劳动力损失严重。一方面低工资地区庄园因无人耕种而普遍荒芜,另一方面劳动力的稀缺性也使得领主对农奴、半自由农民的超经济强制劳动在客观上被打破。领主们纷纷放弃对庄园的直接经营,改行租佃制。修道院和教会以及世俗的大地主也逐渐将庄园以短期租地的方式租佃出去。通过租佃制,农奴获得了真正的人身自由,庄园制经济在这场变革中濒临瓦解。② 劳动力的自由流动在一定程度上也促进了农业生产技术和经验的交流与传播,为瘟疫过后农业生产的复兴和生产方式的变革做好了准备,同时为"圈地运动"的发生提供了历史契机和平台空间。③

15世纪英国农业、畜牧业和工商业并举的经济发展格局造成了其农民经济生活的多样性和社会身份的复杂性。在这个时期形成的"约曼农"尽管作为一个社会群体是指那些主要以土地为生,生活水平达到殷实程度,以及在乡村社会中具有中等地位的人。但是,在该时代约曼农常常兼做小商人、手工业者和小店主,他们殷实的生活足以将下一代送进伦敦法律协会、牛津剑桥或宗教界学习,从而脱离农村而成为专业技术人士。他们本人也会随着所兼营行业的发达而脱离农村生活成为面包师、呢绒商、工匠,或者社会地位更高的非农业人口。④

15世纪末至16世纪初,为迎合呢绒工业飞速发展对羊毛的需求,以牧羊业为主要目的的"圈地运动"在英国逐渐盛行。在当时来说,"圈地运动"固然有很多负面的影响,造成了"羊吃人"的悲剧,但就社会生产方式的变革而言,它却有其必然性和积极的意义。"圈地运动"避免了土地的浪费,提高了

---

① 钱乘旦、许洁明:《英国通史》,上海社会科学院出版社2002年版,第97页。
② 付龙海:《英国庄园制衰落之原因探析》,《西华大学学报(哲学社会科学版)》2006年第2期,第78页。
③ 刘黎:《黑死病与中世纪英国经济转型》,《长春大学学报》2013年第1期,第22—24页。
④ 钱乘旦、许洁明:《英国通史》,上海社会科学院出版社2002年版,第135页。

土地的利用率,大幅提高了单位面积土地的生产能力,满足了英国国内人们日益增长的物质生活需要。更为重要的是,"圈地运动"进一步促使农民与土地、家庭手工业相分离,成为农业资本家雇佣的"自由"农业工人,创造了英国的农业资本主义生产关系。① 马克思就指出,从 15 世纪末开始,英国"从历史遗留下来的一切关系,不仅村落的位置,而且村落本身,不仅农业人口的住所,而且农业人口本身,不仅原来的经济中心,而且这种经济本身,凡是同农业的资本主义生产条件相矛盾或不相适应的,都被毫不怜惜地一扫而光"。②

在这种新式生产关系中,无论是资本家资本增值的目标还是农业工人增加工资的需求,都为技术革新提供了足够的动力。与此同时,与纺织工业无关、较为纯粹的农业生产在英国也随着土地的集中化经营而日趋合理与科学。到 16 世纪中后期,以改良排水系统、扩大耕地面积、改善轮作制度、拓展作物品种为主要内容的农业生产技术变革在英国全面展开,从而引发了其后英国长达三个世纪的农业革命。③

二、行会的变迁与手工业者的自由发展

历史研究中的一种考察认为,"行会的胚芽萌发于庄园经济的小天地中",分住在大庄园中不同地段的鞋匠、马鞍匠、车轮匠、织工、漂布工和铁匠等不自由的手工艺者逐渐组成同一行业的工人集团。④ 在此背景下,中世纪英国的手工业行会最早于 12 世纪出现在伦敦、温切斯特、林肯、牛津、诺丁汉、亨丁顿等城市的纺织业中,代表性的有织匠行会和漂洗匠行会。经历了向所有有资格工匠开放的富于民主精神的初始阶段以后,行会普遍发展成为一种抑制自由的封闭性封建经济组织,其以行业为组织,通过严格的规定约束和限制属于行会成员的手工作坊的技术设备、生产工具、生产手段、工作时间、产品规格和质量等,并禁止行会以外的人从事本行业的生产,抵制外来人员在本行业经营领域的竞争。在 13 世纪后期,伦敦的工匠取得领导地位后,手工业行会开始在英国各省全面普及开来。⑤

英国的手工业行会是以每年缴纳一定的钱款为对价,从国王那里获得特许状,授予其在一定区域范围内的垄断权而建立起来的。手工业行会的垄断

---

① 黄光耀:《英国农业近代化试探》,《江苏社会科学》1994 年第 1 期,第 91 页。
② 《马克思恩格斯全集》第 26 卷,第 2 册,人民出版社 1972 年版,第 263 页。
③ 杨杰:《英国农业革命与农业生产技术的变革》,《世界历史》1996 年第 5 期,第 10—20 页。
④ [美]汤普逊:《中世纪经济社会史(300—1300)(下册)》,耿淡如译,商务印书馆 1984 年版,第 243 页。
⑤ M. M. 波斯坦、E. E. 米奇、爱德华·米勒主编:《剑桥欧洲经济史(第三卷):中世纪的经济组织和经济政策》,周荣国、张金秀译,杨伟国校订,经济科学出版社 2002 年版,第 207 页。

是一种指向明确、范围清晰的垄断,即独占与某一产品,或某一产品的某一部件,或某一产品的某一工序有关的从业机会,非行会成员不得从事这个行业。① 由此可见,行会的技术垄断固然不同于后来作为私人自由财产权的专利权垄断,并且会阻碍行会内部成员的技术创新和产品开发,但是其作为行业集体的技术垄断,无论从实质内容还是外部形式上,都已经具备了专利的雏形。

随着中世纪后期经济的发展,过于狭隘、琐细劳动分工下的手工业行会已经成为许多行业加速进步的障碍。例如呢绒纺织业分别设有漂洗工、染色工、织工行会,皮革行业有鞣皮匠、生皮匠、科尔多瓦皮革匠、制皮袋匠、鞣白皮匠、制手套匠和制钱袋匠等行会,这些行会之间在实际生产的过程中彼此越界、交叉重叠、发生冲突的情况不可避免。为解决这个问题,应手工业行会的一再请求,英国议会于1363年专门颁布法令,要求手工业者各司其职、恪守本分,不得侵犯其他手工业行会的生产和经营领域。然而事实证明,这则禁止性、堵塞性法令是徒劳无功的。仅仅一年后,议会就不得不废弃法令,转而支持行会之间的合并,以消弭各行会之间的冲突和对抗,英国的行会也随之发展到同业公会的新阶段。②

同业公会的出现意味着以分割市场、限制竞争为本质的行会制度的衰落,公会再也无法像原来的行会那样对其成员的生产经营以及新成员的加入进行异常严密的控制和监督。事实上,这种手工业行会内部成员意图挣脱行会束缚,寻求自由发展的努力早在同业公会出现之前就已经不断在发生。一些有技术能力和经营头脑的手工作坊主渐渐突破了行会僵化的"平均主义"规则的限制,开始使用新技术,拓展业务的规模,增加产品的类型、改善产品的质量和采取更有利的销售方式等,③希望通过这些在当时看来属于"冒险和投机"的行为获得更多的经济利润。与此同时,在手工作坊内部,师傅、帮工和学徒也日趋演变和分化为资本家与雇佣劳动者阶层。为满足和顺应资本家对工匠自由雇佣的需求,中世纪后期,英国的市政当局乃至中央政府都采取了专门针对行会的改革措施。例如伦敦市公开承认过自由人兼业的权利;1519年约克市宣布"所有有权自由从事某一职业者,自此可从事一切职业";1536年,英国议会颁布法令,禁止行会以征收高额钱款方式阻止帮工独

---

① 金志霖:《英国行会史》,上海社会科学院出版社1996年版,第80页。
② 姚爱爱:《试论14、15世纪英国城市中手工业行会的变化和作用》,《齐齐哈尔大学学报(哲学社会科学版)》2002年第1期,第55页。
③ 李邢西:《世界中世纪经济史》,中国国际广播出版社1996年版,第34页。

立开业,违者罚款40镑。①

三、初始工业化与技术的自由引进开发

在庄园经济解体、行会控制削弱,农业生产者和手工业者获得越来越多自由的背景下,英国无论是乡村工业还是城市工业的发展都有了足够的劳动力和技术工人,因而开启了近代之前的初始"工业化"过程。

英国工业发展的先导和特色产业无疑是毛纺织业。早在12—13世纪,由于牧羊业发展能提供大量的优质羊毛和漂洗机等水力设备的广泛应用,英国的毛纺织业已经初步奠定了其在西欧的优势地位。随之而来的是,出口贸易迅速增加,金融资本纷纷注入,劳动力迅速集聚,推动着英国的毛纺织业进入良性发展的循环。在此过程中,英国对外国熟练纺织技术工人自由移民的开放态度也发挥着重要作用。例如,1271年,亨利三世规定"所有毛纺业工人,无论男女,凡是来自弗兰德或者其他地方的,都可以放心来到我们国家,在这里生产布",并给予他们5年免税的优惠。② 这种泛泛的技术移民自由到1326年转变为更有针对性的鼓励引进新技艺的政策。1331年,爱德华三世授予约翰·坎普(John Kempe)及其弗兰德编织工同僚以王室保护的特权,类似的特权于1336年被授予给亚麻短纤维粗布编织工。1337年,上述实践被固定为成文法令,统一规定:所有其他国家的织布工,只要在英国定居、实践并传授其技艺,就可以享有专门的许可和特权。这种特权也被延及单纯的新技术进口者,例如,1440年,约翰·斯希丹(John Shiedame)就因为向英国引入了一种新发明的制盐方法而被授予了"专利"(letters of patent)。③

除了经自由的技术引进而直接形成的国王专利特权授予实践外,初始工业化时期英国工业生产的自由灵活经营方式也为工人个体发挥其想象力进行技术改良创造了充分的条件。在对改良后的新技术进行产业应用的过程中,最初涌现的工业资本家就逐渐产生了垄断该技术并获得官方乃至法律认可的心理和利益诉求。具体来看,初始工业化时期,面向国内国际大市场、构成英国支柱产业的毛纺业、棉纺业、煤铁业、制铁业等主要都属于乡村工业。乡村工业较为普遍采用的是"家内制"的生产组织方式,其主要特点在于农业

---

① 赵文洪:《论英国行会的衰落》,《世界历史》1997年第4期,第77—78页。
② M. M. 波斯坦、D. C. 科尔曼、彼得·马赛厄斯主编:《剑桥欧洲经济史(第二卷):中世纪的贸易和工业》,王春法主译,经济科学出版社2004年版,第563—564页。
③ P. J. Federico, "Origin and Early History of Patents", *Journal of The Patent Office Society*, Vol.11, July, 1929, p.293.

工人可以在"家内"从事农业生产的同时接受和完成工厂分配的产品制造劳动,资本家对这些农业工人的控制较为松散。农业工人在经济上的独立地位、生产上的自由空间、技术的熟练程度和精神上的充分自信造就了英国第一批富有进取心、开拓心的发明家和企业家。① 与此同时,从14世纪开始,英国城市中自由的或者意图脱离行会控制的手工业者携带工具和设备转移到乡间进行工业生产。水力漂练机的应用加速了这个转移过程,织布工人被大批吸引到有漂练机的地方,从前的不毛之地变成了繁荣的工业中心,英国北方和西方的河流区域成为使人感觉自由而充满活力的工业区。② 英国的这个初始工业化过程可谓是"城市乡村化与乡村城市化"的双向发展过程,乡村以资源、能源、市场、劳动力等要素滋养着城市,城市又以其雄厚的资本、先进的技术和丰富的信息引导改良着农村。例如,16世纪,英国开始按照意大利轻质精纺毛料的规格和质地生产"新款布匹",这些"新款布匹"与英国的优质牧场、技术移民相结合,到17世纪时已完全将其模仿的意大利产品挤出了毛纺织品市场。伦敦作为"新款布匹"的货物集聚和流通中心,在此过程中也顺便获得了极大的发展。③ 在由乡镇发展而成的新兴工业城市的冲击下,英国一些传统的老牌工业城市也纷纷解放思想、转换机制以实现复兴。其中最核心的举措就是应用新的技术和发展新的产业,例如毛纺业衰落的莱斯特城、考文垂转而发展针织业、钟表业等。④

有学者将1540—1640年英国对后来大规模产业生长有利的技术进步概括为三种类型:首先是引入了在改革前几乎没有在英国立足的一系列资本主义产业。例如,第一批造纸厂、火药厂、加农炮铸造厂、制糖厂、大型硝化厂以及黄铜和电池厂。其次是将以前特别是在欧洲大陆的某些地区已知、但当时在英国很少使用的各种技术方法应用于旧工业,尤其是采矿技术、制铁技术和铜冶炼技术。最后是新技术方法的发现和应用,特别是煤炭使用和玻璃制造新方法。⑤

---

① 刘景华:《乡村工业发展:英国资本主义成长的主要道路》,《历史研究》1993年第6期,第136—137页。
② 周广远:《经济结构与英国封建主义向资本主义过渡的关系》,《世界历史》1982年第1期,第23页。
③ [英]罗伯特·艾伦:《近代英国工业革命揭秘——放眼全球的深度透视》,毛立坤译,浙江大学出版社2012年版,第29—30页。
④ 陈曦文、王乃耀主编:《英国社会转型时期经济发展研究:16世纪至18世纪中叶》,首都师范大学出版社2002年版,第33—34页。
⑤ J. U. Nef, "The Progress of Technology and the Growth of Large-Scale Industry in Great Britain, 1540-1640", *The Economic History Review*, Vol.5, No.1, 1934, pp.3-24.

四、自由商品经济与专利的制度化条件

中世纪后期,英国农业和工业的技术、组织以及生产方式变革是与商品经济的蓬勃发展不可分割地交织在一起的,并且与农业及工业相比,商业无疑更具活力、冒险精神和广泛的影响力,因此对于相关的制度创新和专利法定主义时代之前的社会环境塑造有着更加直接明显的促进作用。

13 世纪,英国的很多庄园开始采取集中式经营管理,生产的目的不再是仅仅满足庄园内部的生活消费,而是面向市场,满足日益扩大的外部需求。这一点在粮食和畜牧业产品上都有明显的体现。① 农业的"商品化"在封闭僵化、暮气沉沉的英国庄园经济内部撕开了一条缺口,人们可以贪婪地呼吸市场的自由空气,根据所处的环境和自己的技术特长选择从事的农业生产,实现了农业生产的地区化和专门化。米德兰的羊毛闻名遐迩,肯特郡的园艺远近皆知,柴郡的奶酪声名远播,伍斯特郡的果树享誉英伦,其他耕地肥沃的地方则仍然以生产谷物为主。② 英国农业的"商品化"还表现为村镇市集的兴起,市集以其特有的开放性和渗透力量在未与封建庄园发生直接对抗的情况下就轻易突破了其限制。市集培育了具有灵活性和流动性的大商人,创造和发展了新型的商业规则和技巧,从而促进了英国乃至西欧商业的一体化和理性化。③ 从英国农村成长起来的商人和熟谙英国农村市场行情的商人将商业资本注入潜力无限的乡村工业,或者在城市工业中开辟与农村特点相连接的经营领域,深化了工业生产中的劳动分工,促进了技术创新,丰富了商品种类,并增强了竞争意识。

14 世纪的英国还对外商贸易持完全自由开放的态度,外商甚至获得了比英国本土商人更多的特权和优惠。1303 年,爱德华一世颁布商业特许状,在通行税、居住、贸易等方面给予外国商人更多的便利。1335 年,爱德华三世颁布所谓的"自由贸易令",规定所有商人可以在任何地方与任何人交易,外国商人仅被禁止买卖红酒。1350 年,爱德华三世不顾伦敦等城市的特许状,让所有意大利国家的商人都能以批发和零售形式自由出售商品。④ 外国商人在英国的自由贸易不仅带来了英国经济发展所需的大量资本和技术移

---

① 谢丰斋:《13 世纪英国庄园农业"商品化"刍论》,《世界历史》2008 年第 5 期,第 118—124 页。
② 谢天冰:《英国经济近代化的农业前提》,《福建师范大学学报(哲学社会科学版)》1992 年第 1 期,第 90 页。
③ 赵立行:《西欧中世纪市集和新型商业意识的形成》,《世界历史》1996 年第 2 期,第 33 页。
④ 陈玥:《1272—1377 年:意大利商人在英国经济活动的研究》,山东大学 2013 年博士学位论文,第 37 页。

民,而且成功移植了西欧其他国家的进步制度经验,例如以先进技艺的保护乃至垄断地位为内容的专利特权,就是英国国王的传统特许权力融合意大利城邦已有经验的产物。不过,当外国商人的自由和包括专利在内的各种特权威胁到英国国内经济发展时,英国当局也会毫不犹豫地废止这些特权。例如,在英国国内拓殖公司的强烈要求下,1552年,英国枢密院就做出了废除汉萨同盟商人特权的"反对斯迪尔亚德的判决"。该判决指出:第一,汉萨自称的特权无效,这些特权究竟属于某个人还是某个城市并不明确,因而每年给英国造成近2万英镑的损失;第二,他们过去被授予特权时,规定不能用任何外国货物冒充汉萨商品,但他们并未遵守;第三,他们应该只把英国货物出口至他们自己的城市,或者把他们本城的商品运来英国,但现在他们却把英国货物出口至低地国家、佛兰德和其他各地,有悖于他们在亨利八世时期作出的承诺;第四,起初有利于这些商人而对英国无明显伤害的这些特权,现在由于他们的滥用已经变得如此不利于英国,以致英国大受其害而难以忍受;第五,根据爱德华四世所签订的互惠条约,英国商人在普鲁士和其他汉萨同盟城市应享有同样特权,但这则条约日益被破坏,特别是在但泽,英国商人在那里被禁止买卖,尽管英国商人多次请求纠正这种错误,但无结果。因此,所有汉萨商人的自由与特权应予剥夺,只保留跟其他民族相同的正常贸易的权利。①

英国本土的商人阶层也在自由出口贸易的历练中迅速成长起来,他们活跃在从波罗的海到西班牙、葡萄牙的国际市场上,地中海海路开放后又在西欧通向北意大利的广阔市场上繁荣兴盛起来。他们在对外贸易中逐渐增长了对外国商人的敌意,培养起英国商人的自信和自主精神,促进了民族经济的发展,推动着以商人阶层为代表的市民阶层与王权的携手合作。②

中世纪后期英国商品经济的自由发展还在更为广泛深入的几个方面为后来英国专利制度的建立奠定了基础。首先是商业竞争中的机会平等观念。它使大小商人、手工业者和技术工人等敢于投资、敢于冒险,希望创造出新奇而实用的设备、工具、技术或产品,以实现商业上的巨大成功。其次是商业交往中的契约精神。它使先进技术的发明者、所有者和掌控者可以放心地与国王、资本家和大商人等订立有关技术使用的各种契约,以最大限度地实现该技术的经济价值。再次是商业发展中的市民自治理念。商人的自由流动和贸易的无所不在使商人群体希望有一种不受任何差异化政治权力影响的普

---

① 蒋孟引:《英国史》,中国社会科学出版社1988年版,第308—309页。
② 钱乘旦、许洁明:《英国通史》,上海社会科学院出版社2002年版,第99页。

遍规则来调整他们之间的关系,在商业刺激下繁荣起来的城市为这种诉求提供了意识土壤和现实载体,与"政治国家"相分离的"市民社会"逐渐形成,私有财产不受侵犯成为市民社会自治的基本前提。最后是技术商品化的初步认知。商品经济独有的敏锐性和革命性决定了商人阶层不会受传统有形商品观念的束缚,开始认识到技术发明作为无形商品的重要价值并尝试进行相关的交易实践。技术被作为商品的经济事实显然有利于消除将其确立为法律上专利财产权客体的理论障碍。

第二节 自由的法治精神与可期的正当专利

一、《大宪章》与自由法治意识

在经济结构和生产方式日趋自由的同时,中世纪中后期的英国也正在经历着自由民主政治精神和正当公平法治理念初步养成的过程,这其中的标志性和里程碑事件就是《大宪章》的诞生。

1066年诺曼征服之后,英国建立起国王与贵族相互依赖配合又时有利益冲突对立的封建中央集权制度。1199年,约翰王在继承王位时就存在合法性争议,其继位之后新增"兵役免除税"等额外税赋,在与教皇的斗争中失败,又大量没收贵族的土地,干涉封建法庭的权利,终于酿成了贵族的兵变。1215年6月15日,约翰王与贵族达成和解,在泰晤士河畔的兰尼米德草地上签署了《大宪章》。[①] 1215年《大宪章》共有8个部分,63个条文。除了对教会自由和"自由人"自由的重申和保障外,《大宪章》还重点关注了伦敦和其他市镇的自治和遵循习惯的自由,航运自由和商业自由,未经合法审判不得逮捕、监禁、流放、处死并不得剥夺财产的自由,以及对国王在征税、司法、民事和军事等方面权力的约束和限制。其后《大宪章》又经历了1216年、1217年、1225年的修正,并于1297年得到爱德华一世的重新确认。到19世纪中期以后,《大宪章》的大部分条文都已失效,仅保留了3个有效条文,分别涉及议会的自由、伦敦古老的自由权以及正当程序原则。[②]

作为贵族与国王斗争的产物,在当时的历史情境下,《大宪章》应当主要

---

① 刘壁君、顾盈颖:《〈自由大宪章〉:影响历史八百年》,《检察风云》2015年第4期,第34页。
② 卜音英:《〈自由大宪章〉的文本分析》,《黑龙江省政法管理干部学院学报》2015年第2期,第1—3页。

被视为英国国王确认以贵族为主体之"自由人"的封建特权的"大特许状"(Magana Carta)。① 但无可否认的是,被后世冠以"自由"之名的《大宪章》对英国民主、宪政、法治乃至整个民族气质的影响是全面而深远的,其中当然也包括催生专利制度的间接作用。

首先,随着英国阶级关系和社会结构的变化,在后来的政治生活和司法审判中,《大宪章》原本仅赋予"自由人"即贵族阶层的权利和自由逐渐被广泛适用于包括工业资本家、技术工人、商人、平民等在内的社会各阶层,为 letters of patents 这种国王特许令状的推广消除了障碍,这才有了如前所述的亨利三世和爱德华三世等英国国王授予给手工业者的若干"专利"特权。其次,《大宪章》以一种相互妥协的方式使英国从"王在法上"转变为"法在王上",既使国王的荣誉和授予专利特权的资格及传统得以保留,又为专利摆脱国王个人意志的影响,成为法律上稳定、可期的财产权提供了前提条件。再次,《大宪章》所确立的协商征收、同意纳税的原则②使发明人和专利持有者不必为获得和维持其专利权而受国王的敲诈,而可以在合理的期限内以适当的对价取得新技术在法律上的垄断地位。第四,《大宪章》认识到当时英国商品经济发展的重要意义和潜在价值,维护商业自由,尊重商业社会的道德习惯,为商人地位、私有财产和交易规则的法律确认以及重商政策的出台奠定了坚实的基础。③ 专利作为商人投资、应用、经营、买卖的对象,自然也从这种大的潮流中受益匪浅。最后,《大宪章》为限制王权对国民财产权利的侵犯,作了充分的保护性规定。④ 尽管在当时的历史背景下,《大宪章》所直接明文保护的财产权利主要是各种不动产和动产所有权,不包括专利这种无形财产权利,但是其所确立的正当财产权利受法律保护的观念逐渐深深根植于英国民众的心中,⑤当专利经立法成为一种财产权后,它就是不可任意剥夺和侵害的。

二、民主化与新兴阶级利益

《大宪章》不仅通过直接的明文规定确立了贵族和平民自然享有的、国王

---

① 黎宏:《英国〈大宪章〉:神话与历史事实》,《人民法院报》2002年9月16日版。
② 梁发芾:《〈大宪章〉:奠定"无赞同不纳税"原则》,《中国经营报》2015年6月22日第E05版。
③ 龚敏:《〈大宪章〉与英国初始商业社会》,《武汉大学学报(人文科学版)》2005年第2期,第183—187页。
④ 刘伟、刘鹏:《试论〈自由大宪章〉对国民权利的构建》,《经济研究导刊》2010年第35期,第222页。
⑤ 于文杰、陆一歌:《〈大宪章〉与英国文明的研究方法——与英国历史学家对话》,《欧洲研究》2015年第3期,第133页。

不得干涉的各种具体权利,奠定了自由和法治的基础,更为重要的是,它的制定开启了英国的民主化进程,为新兴阶级利益诉求的政治化和法律化提供了商谈渠道。

从表面上看,《大宪章》是英国北方贵族通过武装起义的方式逼迫约翰王签署的和谈协议,也是代表这些贵族利益的权利法案。《大宪章》中还有一个当时最具革命性意义的"保证条款",规定由二十五名贵族组成委员会,他们有权强制国王按照《大宪章》的规定来行事,国王如违背之,该委员会有权对国王使用武力。① 如前所述,随着历史的发展变迁,《大宪章》的绝大部分条款,包括"保证条款",都已经失效。但是,《大宪章》的诞生过程及其"保证条款"所留下的"理念"并未消失,也就是说,在英国社会中居于主导地位或者具有较强实力的阶级,都确信自己具有提出利益诉求并将其落到实处的渠道和方式,尽管这种渠道和方式已经不再限于武力,而可能是其他制约当权者的手段。例如,通过控制王室的重要财政来源迫使王室答应某些合理的要求和条件。②

如果说《大宪章》在形式上还只是旧式英国贵族寻求确认、巩固和保护封郡、土地、庄园、房屋、园林、池塘、磨坊、谷物、商品等传统有形财产的法律文件,那么其后出现的新兴阶级希望通过民主政治程序取得、认可和保障的就是更富于时代气息的资源、人才、设备、技术和市场等无形生产要素。

15—16世纪期间,以土地移转为代表的财富变化导致英国自诺曼征服以来沿袭数百年的传统社会结构逐渐松动,各阶级、阶层、集团和群体在社会结构中的位置或主动或被动地发生改变,传承于中世纪骑士精神的社会准则和等级制度频频遭受僭越,英国社会开始由等级社会向阶级社会转型。在这种社会转型中,新兴阶级的涌现无疑是最为重要的因素。"他们是社会矛盾发展到一定阶段而从社会结构的内部滋生的自我否定的力量,包括从男爵、乡绅到骑士、缙绅等传统乡村社会的中间阶层,以及商人、教士、文书员、医生、律师等新兴专业技术的市民阶层"。③ 阶级结构的变化与生产方式的变革是紧密相连的。无论是乡村还是城市,无论是农牧业生产还是工商业经营,都离不开大量的手艺人或者说工匠,他们本身既是新兴阶级的重要组成部分,也在积累了一定的财富后转变为乡绅、商人等新兴阶级中的其他群体。

---

① 恺蒂:《〈大宪章〉:强迫出来的自由基石》,《东方早报》2015年5月10日第003版。
② 朱萌:《财政权的转移对英国民主发展的影响——13至16世纪英国财政史分析》,《东北师大学报(哲学社会科学版)》2014年第4期,第53—57页。
③ 肖先明:《中世纪至近代早期英国贵族社会地位的变化及其文学形象的嬗变研究》,华中师范大学2014年博士学位论文,第133页。

工匠群体与其他新兴阶级之间虽然也有张力和冲突,但他们在面对以世袭身份等为依仗的封建旧贵族时的立场和态度基本是一致的,就是要反对乃至取消旧贵族的等级特权,保护自己通过劳动、创新、冒险等途径取得的财产和其他利益,并且使这种自由发挥自身才能、通过竞争优胜劣汰的机制获得政治和法律上的正当性,成为英国社会发展的常态。

除了新兴阶级的自我生长以外,国王与封建旧贵族之间的争斗以及封建旧贵族的内耗也在无形中削弱了原先社会结构中有权势者的力量和影响,使得英国近代初期的专制王权只能与新兴阶级结盟以维护自己的统治。① 这客观上也有利于新兴阶级的利益获得王权的暂时承认,并具有某种形式的"合法外衣"。法律化、制度化之前的专利特权,便是英国早期民主化进程中代表新兴阶级利益的"冰山一隅"。

三、议会制与常态专利特权

新兴阶级实现其利益诉求的直接渠道是同样伴随着《大宪章》的签订而逐渐发展起来的英国议会制度。经历了1258年《牛津条例》、1295年"模范议会"和1376年"良善议会"等事件之后,英国议会取得了包括批准赋税、弹劾大臣、颁布法律,以及作为王国政治案件最高法庭在内的诸多权力。在组织形式上,议会也分为上下两院,上院由僧俗贵族组成,下院由乡绅、市民等新兴阶级组成。② 1343年,下院首次单独在威斯敏斯特宫的彩宫集会,开始取得了固定而重要的地位。议会下院的"集体请愿制度"也开始形成。所谓集体请愿制度,名义上是为了"让陛下知道我们的自由",实质是民众向国王要求权利的一种形式,也是指控国王滥用权力、侵犯臣民权利的一种合法程序。③

主导了议会下院的英国新兴阶级在一开始尚无掌控政权的想法,但他们充分利用了手中的立法权和上述"集体请愿制度"等来要求符合自己利益的权利。在对抗教权和维护国内政治稳定的过程中需要议会支持的王权,则不得不在很大程度上认可议会的权威,答应议会的要求和接受议会的立法。这种政治博弈的重要结果之一就是通过成文立法废除旧式封建垄断,保障商业自由,而在此基础上又逐渐赋予有利于建立新兴产业、促进英国经济发展的

---

① 陈晓律:《关于英国式民主的若干思考》,《南京大学学报(哲学·人文科学·社会科学)》2002年第3期,第164页。
② 陈传金:《英国议会制述论》,《历史教学》1988年第5期,第14—18页。
③ 牛笑风:《自由主义的英国源流——自由的制度空间和文化氛围》,吉林大学出版社2008年版,第87页。

专利特权以正当性。

1336 年、1352 年和 1354 年，英国数次通过立法废止无益于公众的贸易垄断特权。1378 年的《布匹法》在这方面最具代表性。它规定所有的商人可以在整个王国范围内不受干扰地购买和销售布匹，不管任何相反的法律、法规、章程、判决、许可、习惯或惯例。与此同时，应新兴阶级的要求，国王也在不断颁发以具体技术为保护对象的新特权。前述 1331 年的编织技术特权和 1440 年的制盐"专利"就是可以合法突破旧式垄断进行自由生产，并享有税收等某些其他优惠的特权。1449 年，听从国王命令从弗兰德斯归来的乌蒂纳姆的约翰（John of Utynam）被授予了包括彩色玻璃制造在内的多项新技术的二十年垄断特权，这是现有历史文献中发现的英国第一个垄断专利特权。[1]

到都铎王朝时期，专利特权的授予开始成为一种常规实践。这部分要归功于 16 世纪 30 年代亨利八世统治期间被称为"政府都铎革命"的行政管理体制改革。都铎"革命"将政府重组为若干就其特定领域向国王负责的国家部门。其中对于后来的专利制度具有重要意义的是 1535 年制定的《职员法》。该法对法律官员在官方文件上加盖部门印章和枢密院章做了系统性程序规定。枢密院决定或任何王室专利的生效都需要这些印章。这就把枢密院专利授权决定的实施纳入一种正式的行政管理模式，虽然专利授权的实质决定当时还是由直接对国王负责的机构做出。《职员法》的效力一直维持到 1851 年，尽管其繁琐程序给专利申请人带来的沉重负担并在后来广受诟病，但其在早期对专利授权实践的制度化形塑作用不容否认。

1540—1640 年，英国王室所授予的专利特权大体上包括以下五类：（1）用以缓和法律对特定行业严格控制的专利，即取得专利的人可以特许其他人从事该行业的生产。（2）授权个人直接以颁发许可的方式监督某现有产业的专利。（3）允许一人或者多人接管并为个人利润运营整个行业的专利。（4）开始一项新贸易或在某一新领域开展贸易的垄断专利。（5）一定时期内的专利特权："任何人出于自己的机智、行业或事业而发现了对联邦有利的任何事物，或带来了本王国每个臣民都可以使用的任何新发明；考虑到他的痛苦和旅行，女王陛下也许乐于授予只能由他或他的下属在一定时间内使用相同事物的特权"。[2]

---

[1] Ramon A. Klitzike, "Historical Background of the English Patent Law", *Journal of the Patent Office*, Vol.41, No.9, 1959, pp.625 – 627.

[2] Dirk van Zijl Smit, *The Social Creation of a Legal Reality: A Study of the Emergence and Acceptance of the British Patent System as a Legal Instrument for the Control of New Technology*, Doctoral Thesis, University of Edinburgh, 1980, pp.59 – 62.

其中，后面两项专利特权比较接近现代意义上的垄断性专利权。例如，1555 年，一部成文立法的序言提到了诺维奇的布匹商集体，他们因雇佣意大利工匠而极大地提高了斜纹布等布匹的制造水平，并在与外国对手的竞争中获得成功。他们因此获得了一项包括行业垄断和其他特权在内的实践性特许。这也是英国代表新兴阶级的资本主义规模企业和合作股份公司等在 16 世纪兴起，并不断增强自己的经济和政治影响力，到处挖掘资源、寻求投资的体现。伊丽莎白女王一世统治期间，前立法时代的英国垄断专利特权授予达到了巅峰，仅 1561—1569 年间就颁发了 20 件专利特权许可。①

随着专利特权授予的日渐频繁，它也与涉及土地、荣誉、自由、特惠等其他内容的王室特许状（charters）或公开许可证（letters patent）区分开来，成为一类专门的特许权。更为重要的是，在这种经常性的特权授予实践中，一些共性的条件和规则开始慢慢形成。例如，专利必须有利于建立或引入英国前所未有的产业，必须在规定的合理时间内在英国实施，应当雇佣英国的工人和培训英国的学徒，制造和销售的产品不能高于指定的价格，不能给民众造成不便等。② 这些显然有利于专利的成文立法和制度化，使专利从随意性、个别性很强的王室特权向稳定性、类型化的法定权利转变。

四、新司法与专利合理特许

在成文立法诞生之前，英国司法的渐进式变革在一定程度上保障了王室专利特权颁发的合理性。

首先是《大宪章》所确立的"法在王上"或者说"王在法下"原则被具体落实到法律适用和专利特权的授予过程中。1539 年，亨利八世发布《公告条例》，赋予国王在咨议会的建议下发布公告的权力，并以法律规定的形式要求人们"服从、遵守、维护"此类公告，"就像它们是议会通过的法案一样"。然而，法官们对这种超越于议会之上的国王立法权并不认可。该《公告条例》于 1547 年被废止。1555 年，法官们宣称，"任何公告本身都不能将以前不是法律的东西变成法律，而只能对旧有的法律加以确认，且不能改变它"。1582 年左右，法官们进一步特别强调，国王不能搁置任何为了公共利益而公布的

---

① Hulme, "The History of the Patent System under the Prerogative and at Common Law", *Law Quarterly Review*, Vol.12, 1896, pp.144 – 149.
② Oren Bracha, "The Commodification of Patents 1600 – 1836: How Patents Became Rights and Why We Should Care", *Loyola of Los Angeles Law Review*, Vol.38, 2004, pp.181 – 183.

法令,也不得通过特许令状或专利证书更改法律。①

其次是司法令状制度的建立对专利授权的积极意义。12世纪以前,令状原本是欧洲国家的最高统治者签发给政府官员、要求其作为或不作为的一种命令式文书,主要用于中央与地方的行政和财政管理。1154年继位的亨利二世将令状大量用于司法事务,从而建立起司法令状制度。虽然亨利二世创建司法令状制度的初衷是蚕食公共法院和封建领主法院的司法权,扩张国王的司法权,但司法令状制度在发展过程中起到了推进法治建设的客观作用。司法令状对案件的管辖主体、审判程序和方法都有明确规定,法官必须严格按照令状的规定来审理案件,这就逐渐形成了程序优先和正当法律程序原则。② 司法令状在专利授权中也起到了直接的作用。专利申请人向掌玺大臣提交经法官们讨论通过的有关专利的提案,掌玺大臣以国王的名义向大法官签发印章令状;申请人带着掌玺大臣签发的令状,等待大法官根据令状的要求在羊皮纸上正式誊写专利并用国玺封印。只有通过令状的授权,大法官才能将正式的专利证书交给申请人,作为他获得专利权的证明。③

再次,几乎在司法令状制度得以发展的同时,英国司法组织形式的变迁及其功能的演进也有利于专利的法治化。在14世纪,英国中央王室仍然试图以由贵族和中央法官组成的带有"官僚制"色彩的综合、民事、刑事巡回法庭作为地方治理的主要方式,而倾向于将"家产制"的治安维持官限制在辅助性角色。与此同时,以议会下院为中心的新兴阶级则试图在地方治理事务中获得更大的发言权,坚持为治安维持官获得司法权而努力。最终,治安维持官向治安法官转变并在地方司法中发挥了重要作用,昭示了一种"自下而上"的地方司法治理模式的胜利。④ 与治安法官一样消解着王权对司法控制的地方司法机构还包括经特许获得商业贸易自治权的城市商人法院。尽管商人法院的诉讼活动必须在咨议会的监督下进行,但它的审判基本上是独立按照交易习惯和商业惯例展开的,专利产业实施的有关案件相信也不例外。在中央司法机构中,曾经作为国王权威化身的普通法院也开始转向尊重习惯法上的个人权利和自由,反过来重点限制王权的滥用,尤其是在财产分配包括专利特许中的任性和恣意。

---

① [英]约翰·贝克爵士:《英国法律史中的法治》,孙晓明译,《经济社会史评论》2015年第1期,第36—37页。
② 程汉大:《英国司法现代化述评》,《法制现代化研究(第十二卷)》2009年刊,第59—60页。
③ 邹琳:《英国专利制度发展史研究》,湘潭大学2014年博士学位论文,第26页。
④ 于明:《法庭、司法与地方治理——中世纪英格兰地方司法史的法社会学解读》,《法学家》2013年第3期,第169页。

第三节 科学研究的自由与专利效益的激励

一、科学革命与英国基础

从1543年哥白尼《天体运行论》问世到1687年牛顿《自然哲学的数学原理》发表,这段历史时期被认为是西方发生科学革命和建立近代自然科学的时期。"科学革命是一系列思想上和方法上真正独一无二的创新的结果,这些创新提供了理解物质结构及其相互关系的钥匙。一方面是哥白尼和物理实验,另一方面是解析几何学和微积分,使得圣经、亚里士多德的观点和前科学的万物有灵说为关于自然的机械论理解所代替"。[①]

科学革命既是科学知识在累积到一定程度以后,科学在认识论、方法论等方面的革命,同时也是科学与技术的联系逐渐加深过程中酝酿的科学的社会活动方式的革命。[②] 尽管科学革命一开始的中心在意大利,但从15世纪开始,"英国在知识生产领域出现了一场以经验主义和归纳逻辑为思维基础,以知识研究团体和各类科学生产制度的建立为保障的知识生产方式的全面转型。自然科学成为知识生产方式变革的先锋,为英国近代知识生产方式的形成奠定了基础"。[③] 然而,在此之前,中世纪整个西欧的"科学"研究和技术创新,包括英国有关的智识积淀,是科学革命得以发生的重要基础和条件。

12—13世纪,对古希腊柏拉图、亚里士多德、欧几里得、阿基米德和托勒密等人的物理学、几何学和天文学著作的翻译风行一时,为西欧提供了"理论科学的丰满胴体",使哥白尼、伽利略、开普勒、笛卡尔、牛顿等科学巨匠们有了思考和批判的对象,并能够集中关注重大的物理问题。[④] 牛津大学的第一任校长罗伯特·格罗塞特(Robert Grosseteste)就是这样一位典型的翻译家和思想家。在翻译和注释《伦理学》《后分析篇》《辩谬篇》和《物理学》等著作的基础上,他继承并发扬了柏拉图关于数学是了解物质世界之基本钥匙的观点,又通过对宇宙现象的观察和从亚里士多德那里了解到抽象知识的重要

[①] Pietro Redondi:《17世纪的科学革命:新的透视》,范华译,《科学对社会的影响》1991年第4期,第64页。

[②] 王耀德:《对近代科学革命以前的科技关系的考察》,《自然辩证法通讯》2005年第11期,第94页。

[③] 姚远:《近代早期英国知识生产方式的变革》,《经济社会史评论》第六辑,2013年刊,第204页。

[④] [美]爱德华·格兰特:《中世纪的物理科学思想》,郝刘祥译,复旦大学出版社2000年版,第20页。

性,从而融合了古希腊两位思想家的学术传统,将自然哲学建立在数学与实验的基础上。罗伯特·格罗塞特由此提出的一套观察、设想和实验的完整制度,经后人演绎为方法论后,至今仍为现代物理科学所运用。[①]

亚里士多德的著作和知识体系不仅构成了中世纪后期西欧科学研究在内容上的中心,而且其形式逻辑和辩证法还造就了一种探讨问题的新的体系化方法——经院哲学。经院哲学在13世纪早期到14世纪中期的牛津大学达到巅峰,其突出的特点是用亚里士多德的形而上学方法论对基督教教义进行重新包装和诠释。受经院哲学的影响,许多神学学者都着力在自己的宗教言说上模仿亚里士多德的科学模式,将教义问题按照逻辑系统化,试图把神学变成"演绎科学"。经院哲学本身则把注意力更多集中在被创造世界的本体论上,并且借助与神学观念无甚关系的话语来建构关于物质世界的理论。[②] 经院哲学所形成的这种新的学术范式使科学和技术尤其是后者逐渐走出被神学彻底怀疑和抑制的深渊,而只需遵循理性的引领和探索自然的兴趣,这为12—16世纪在农业、冶金、机械、建筑、运输、军事等多个领域的经验性技术发明与近代科学革命的汇流奠定了坚实的基础。[③]

在新的科学范式和思想启蒙之外,科学革命中的很多科学发现在某些情况下本身就足以直接推动新发明和新技术的问世。例如,科学家对大气压力现象做出的科学解释,以及在提高计时装置精确度方面进行的有益探索,都直接促成了许多新发明、新技术应运而生。[④]

二、实验科学与培根主义

在中世纪后期英国顺其自然地为科学革命蓄力的过程中,有一位重要人物不可忽视,他就是罗吉尔·培根(Roger Bacon)。罗吉尔·培根在牛津大学读书时是罗伯特·格罗塞特的学生,后来还曾求学于巴黎大学,毕业后又先后在这两所大学任教。他最先提出"实验科学"的概念,认为实验科学是最有用、最重要的科学,被称为近代实验科学的先驱。[⑤] 在大学学习期间,罗吉

[①] 李建珊、刘树君:《中世纪欧洲科学技术浅析——也谈中世纪是近代的摇篮》,《天津大学学报(社会科学版)》2009年第1期,第32页。

[②] 何平:《中世纪后期欧洲科学发展及其再评价》,《史学理论研究》2010年第4期,第88—99页。

[③] 文成伟、刘则渊:《欧洲中世纪技术的形而上学反思》,《自然辩证法研究》2004年第4期,第71—75页。

[④] [英]罗伯特·艾伦:《近代英国工业革命揭秘——放眼全球的深度透视》,毛立坤译,浙江大学出版社2012年版,第371页。

[⑤] 徐兵:《欧洲中世纪大学的科学研究与科学教育》,《高等教育研究》1996年第6期,第88页。

尔·培根就对经院哲学用来研究科学的形而上学框架多有质疑。在牛津大学和巴黎大学任教期间,罗吉尔·培根不惜变卖家产以购置实验仪器。在科学实验的基础上,他研究金属、矿物、测量和农业等,根据光学原理提出了制造眼镜、望远镜和显微镜的设想,还制造兵器。罗吉尔·培根对于科学真理的自由、热切和务实追求触动了宗教神学的根本。1257年,他被学校驱逐并被幽禁于巴黎修道院。正是在十年幽禁期间,罗吉尔·培根以非凡的毅力完成了代表其科学思想的《大著作》。这部百科全书式科学巨著包含了罗吉尔·培根在天文学、物理学和数学等领域的独到见解,更为重要的是,它旗帜鲜明地重申了实验作为科学研究必要方法的意义。①

在罗吉尔·培根的影响下,当时的英国学者司各脱和奥康进一步发展和论证了"实验科学"。前者从认识的动力和过程出发,将知识划分为演绎知识和归纳知识,指出通过归纳得来的知识具有足够的证据,在科学上这种证据表现为观察实验;后者则从抽象和直观的角度将知识区分为自明知识与证明知识,强调证明知识不但可以知道自明知识逻辑推理的结论,而且可以证实非自明的事物。②

实验科学的思想和实践在英国延续到16世纪末的时候,终于结出沉甸甸的果实,绽放出更加耀眼的光芒。在剑桥圣约翰学院学习并获得医学博士学位的吉尔伯特(Gilbert)花费巨资购置书籍、地图、仪器、矿物和磁石,在二十年间不停地做实验、阅读和写作,不断地设想,并用新的实验检验自己的设想,最终在磁力现象研究上取得了突破性进展,并于1600年出版了《论磁》一书。③ 差不多在同一历史时期,曾经师从意大利著名解剖学家法布修里斯、后又在剑桥大学取得医学博士学位的哈维(William Harvey),通过数十年的反复实验、观察和总结,得出血流在体内反复循环的"心血运动论"观点,创立了影响深远的实验生理学。④ 吉尔伯特和哈维的成就及创见也构成了科学革命不可或缺的重要组成部分。

实验科学的蓬勃发展呼唤新的认识论和方法论问世。以1620年发表的《新工具》一书为代表,"英国唯物主义和整个现代实验科学的真正始祖"弗朗西斯·培根(Francis Bacon)完成了他的科学方法论体系建构。弗朗西斯·

---

① 王国聘:《罗吉尔·培根的科学伦理思想探析》,《科学技术与辩证法》1995年第5期,第28—32页。
② 刘丽锋:《中世纪晚期西欧的实验科学思想》,《前沿》2008年第4期,第44页。
③ 陶培培:《十六、十七世纪之交的西方磁现象探索之研究》,上海交通大学2014年博士学位论文,第64—78页。
④ 郭继鸿:《哈维:实验生理学之父》,《临床心理学杂志》2015年第2期,第145页。

培根认为,逻辑学应当成为一门科学发现或发明的艺术,必须肩负起解释自然,揭示科学真理的重要任务,但亚里士多德式的逻辑学,仅为抽象思辨和争论,而与科学发现或发明无关。① 因此,弗朗西斯·培根提出了一条全新的不断排除谬误、达至客观真理的科学认知路径:立足于系统的观察和实验,以原理的经验预见性为中介,将科学认识的经验来源、假设的提出与事实的反驳或验证这三个环节结成完整的认识之链,经由这条认识之链在经验和理论的相互作用中有效驱动认识的自我改进之轮,在不断排除谬误的过程中达至科学真理。②

弗朗西斯·培根还专门强调了发明的意义。他认为,"事物的发明"配得上"英勇的荣誉",因为"发明……是人的荣光,它们使其成为其他人类的上帝"。培根还指出:"发现的福祉可以及于全人类……政治条件的改善极少在没有暴力和失序的情况下取得,而发现在不造成任何主体受伤或痛苦的情况下扩展和传播了其福祉。"③

科学革命的英国表现,尤其是实验科学所奠定的培根主义科学传统,不仅使科学摆脱了神学的束缚和哲学的羁绊而获得了自由独立的地位,而且使科学与技术有了区分的基础。在现代意义上,科学是指人类关于自然、社会、思维等客观事物和现象的知识体系,它以概念和逻辑的形式反映事物和现象的本质与规律。技术则是基于自然科学的研究成果所提供的理论与方法,以及人类在控制自然力、转化自然界的物质和能量、改善生态环境过程中积累起来的实践经验而发展起来的各种工艺方法、操作技能、生产的物质和信息手段、作为劳动对象的产品的效能的总和。④ 得到实验证明的科学原理可以在各种新的实验中加以运用,形成具有生产实践性的技术发明,也就是专利的保护对象。例如,早在 16 世纪 90 年代,煤炭冶炼业的实验者就对他们所取得的某些成功技术例如对反射炉的应用寻求专利保护。⑤

三、科学组织与实用研究

虽然英国的实验科学发轫很早并形成了科学研究的重要路径,却在很长

---

① 周建国:《近代归纳逻辑的第一个形态——论培根的科学归纳法》,《上海大学学报(社科版)》1993 年第 4 期,第 44 页。
② 贺建立:《培根科学认识方法程序试析》,《学术界》1995 年第 3 期,第 33—37 页。
③ Jessica Ratcliff, "Art to Cheat the Common-Weale: Inventors, Projectors, and Patentees in English Satire, ca.1630–70", *Technology and Culture*, Vol.53, April 2012, pp.338–340.
④ 罗玉中:《科技法学》,华中科技大学出版社 2005 年版,第 10 页。
⑤ Zuala Zahedieh, "Colonies, Copper, and the Market for Inventive Activity in England and Wales, 1680–1730", *The Economic History Review*, Vol.66, No.3, 2013, p.814.

时期之内没有像样的进行实验科学研究的组织。19世纪40年代以后,有规模的大学实验室才逐渐兴起。在此之前,只有少数较为简陋的私人实验室。其实,这也符合英国科学一贯的"自下而上"传统,即依靠个人的兴趣爱好、财富能力和自由探索的精神来推进科学的发展,而国家财政对于科学研究的直接资助相对较少,所以长时间没有成规模的实验室也属正常。但是,这并不意味着英国缺乏对科学研究和技术创新的激励机制,其最重要的激励方式无疑就是对科技创新成果的专利保护。就不同形式、不同需求的科技研究和发展而言,"自下而上"和"自上而下"的模式各有其用武之地,难分轩轾、难谓优劣,但鉴于国家财政总额和预算的限制,"自上而下"的模式无疑更多适用于基础性、关键性的科技领域,而"自下而上"的模式则可以广泛应用于生产生活的各个领域。这也是专利制度优越于科技管理制度的地方。专利制度的另一点优势在于,其通过市场对科技成果的事后判断和选择将经济风险交由分散的私人主体承担,而不必像科技管理制度那样使国家在事先就得面对很多难以预知的研发失败风险。

尽管实验室的数量较少而似乎难以匹配其发达的实验科学,但是近代早期英国的却仍然可以称得上是欧洲发展科学研究组织最好的国家,而这种良好发展仍然是受益于私人主体的自由和自治。早在16世纪70年代末,商人兼金融家格雷山姆(Gresham)爵士就留下遗嘱,将其房产作为创建一所以科学教育为主的新学院的费用。该学院于1598年成立,后来被称为格雷山姆学院。格雷山姆学院主要由遗嘱人的公司、伦敦市长和参议员进行管理,相较于人文学科,天文学和几何学在该学院获得了优先的发展。格雷山姆学院对于英国科学组织和科学教育模式的良好影响,主要在于其倡导新科学的方向和原则。它是英国皇家学会第一次集会的地方,学会会员曾因此被称为"格雷山姆哲学家"。[1]

1645年左右,一批在伦敦的新科学倡导者,以每周聚会一次的方式组织了一个非正式社团。1660年11月28日,在格雷山姆学院雷恩教授的讲座之后,社团按惯例举行了聚会。聚会中,有人正式提议成立一个促进物理-数学实验知识的学院,以解决当时在英国出现的科学研究者人数激增与没有正式科学机构的矛盾。提议得到了赞同,与会者当即起草了一份"被认为愿意并适合参加这个规则"的41人名单,并确定"学院"成员每人每周交纳活动经费1先令。1662年7月15日,国王向"学院"颁发了特许状,将其正式定名为"皇家学会"。1663年4月22日,国王向"皇家学会"颁发了第二张特许状,将

---

[1] 陈光:《略论近代科学的制度化过程》,《自然辩证法研究》1987年第4期,第44页。

学会称为"促进自然知识增长的伦敦皇家学会",扩大了学会的权益,并引用了霍拉斯的名言:"我不追随任何领袖,也不乞求上帝保佑,我无需遵从任何权威的言论。"初创期和全盛期的皇家学会在科学研究上带有明显的实用倾向。1661—1662年,学会成员选择的科学研究课题60%与经济发展相关,整个六七十年代也保持了这种趋势,涉及造船、航海、采矿、植树、军事技术、纺织等多个行业。① 在1663年胡克起草的皇家学会章程草案序言中曾这样规定:"皇家学会的任务是:靠实验来改进有关自然界诸事物的知识,以及一切有用艺术、制造、机械实践、发动机和新发明。"②这与现代专利法的立法宗旨多么接近啊!

从格雷山姆学院到英国皇家学会,英国科学研究组织充分展现了其自发性、自主性和自治性,以及科学研究的自由性和实用性,这些无不与正走向成文法的制度化专利保护深深契合。

四、科学氛围与专利激励

16—17世纪英国科学研究的这种实用性与当时西欧经济社会发展的大时代背景密切相关。15世纪以后,货币经济的形成和西欧各国对东方黄金天国的梦想催生了利用远洋航海技术完成的地理大发现,扩大了世界贸易和资本流通的范围,使欧洲发生了商业革命和价格革命,导致了西欧经济中心从地中海向大西洋的转移。与此同时,英国也取代意大利成为第二个科学技术中心,从16世纪开始后的一个世纪里,科技发明和发现增长了十倍多。③英国还在与荷兰争夺霸权的过程中学习后者的制度经验,通过确立私人所有权提供更有效的利用生产要素的激励,将资源导向发明和创新的活动。④ 这也是英国从都铎王朝后期到斯图亚特王朝初期专利特权的颁发达到一个巅峰的原因。

国家的政策和专利的实惠对科学研究者的吸引力是显而易见的。例如皇家学会的成员胡克(Robert Hooke)曾经就一份关于船主使用其摆钟发明的协议说:"这份与我有关的意味着数千镑金钱的协定终于签署了,协议中没有写进那项有损于它的条款,即:在我展示了用船上的钟来确定经度的发明

---

① 朱伟忠:《伦敦皇家学会史略》,《科学》1988年第2期,第135—136页。
② [英]贝尔纳:《历史上的科学》,伍况甫等译,科学出版社1959年版,第260页。
③ 胡传安:《西欧文艺复兴时期的科学、技术与社会》,《烟台师范学院学报(社科版)》1988年第4期,第65页。
④ [美]道格拉斯·C.诺思:《经济史上的结构和变革》,厉以平译,商务印书馆1992年版,第146页。

以后（而这对于他们已经足够了），他或他们（而不是我）将因此在专利有效期内获得利益……我希望由于为完善它们而付出的全部劳动、研究和费用而获得某些利益"。为获得这种经济利益，科学技术发明的兴趣紧跟着各类经济生产领域中面临的困难和企业主们的需求。例如，16世纪之前，英国采矿业发展的最大难题是深部矿床的有效开采，具体的问题包括三个方面：矿井出水、新鲜空气的供给限制以及难以将矿石提升到地面。因此，在1561—1688年间英国公布的317件专利中，约有75%与煤炭工业的某个方面有关联。其中有43件，即约占14%的专利是解决矿井排水问题的。在1620—1624年间获得专利的发明中，约有20%是提水、排水装置方面的。在农业领域，城市中心对食物需求的增加刺激了耕作培育技术的改进。大卫·拉姆塞和托马斯·维尔德戈斯因为发明"不用牛马耕地""改良荒地"而于1618年获得专利授权。拉姆塞还在1630年因为"发现能使土地比通常更肥沃"的方法而获得另一项专利。① 诸如此类的发明和专利在16—17世纪的英国还有很多，充分说明了经济需求对科学研究的深度影响。当然，并非所有的科学研究都有着直接的实用目的，很多问题的选择是纯粹出于科学家个人的热爱，尽管他们的研究成果往往也能够转化为某种产业应用技术。

早期英国科学家们对实用技术的热情以及对专利财产回报的渴求有着几个方面的重要意义。首先，专利技术不再主要是作坊、工厂等里面直接从事生产劳动的技术工人的经验主义产物，很多只可"身教"无法"言传"，而是有系统理论指引、可以进行逻辑化归纳和普遍性应用的理性主义发明，"在英国本土培训学徒"再也不必作为专利授权的前提条件。其次，在这种工具性、实用性乃至可以称之为功利性的技术研究中，处于初生阶段的英国科学在统一的"自然哲学""实验方法"等思想和认识基础上又有了更加具体的类型，包括力学、光学、磁学、化学、生物学等，这对于后来专利分门别类的审查和统计，以及减少技术的重复研究，都是有益的。再次，面向需求而生的科学发明及其专利应用的巨大成功，搭建了资本与知识创造劳动相结合的桥梁，科学研究不再只是商人、贵族、牧师和医生等的业余爱好，而逐渐开始出现职业的科学家和发明家，他们赖以生存的主要物质基础就是为企业研发专利。

从更为深远的层面来看，"科学革命向外扩散产生的最为重要的文化意蕴……在于1750年前后的英国首先出现了一批新型人才"，即"养成了从机械化的角度出发来思索生产流程设置方式的男性企业家"。他们会把生产构

---

① ［美］罗伯特·金·默顿：《十七世纪英格兰的科学、技术与社会》，范岱年等译，商务印书馆2000年版，第216、190—191、267页。

想为"一种由机器来掌控的流程,或者套用更为抽象的概念化术语来表述,就是将生产分解为重量、动作的组合,力与惯性的交织,工厂和工人都被视为包含在上述流程中的元素。"这种科学成就与特定文化氛围共同产生的驱动效应,也是英国比法国等欧陆国家率先开启工业革命并取得经济领先优势地位的重要原因。①

第四节　思想的自由先声与专利的精神动力

一、文艺复兴与创新精神

文艺复兴作为一场 14 世纪末从意大利发端、而后两三个世纪席卷整个西欧的思想文化革新运动,其表现和影响绝不仅仅限于文学和艺术领域,而是遍及哲学、自然科学、政治学、法学、历史学和教育学等经济社会生活的各个方面。② 在所有这些领域中,文艺复兴的核心共性精神是人文主义。在哲学和科学方面,人文主义"通过复兴古希腊哲学思想,反对经院哲学的教义,造成了前所未有的智识发酵和科学探索中可贵的自由探讨精神,为使科学开始摆脱宗教神学恭顺婢女的地位,从虚幻的彼岸世界引导现实的自然界和有血有肉的尘世间打开了通道"。③

1617 年,英国学者弗卢德在其著作中的一幅名为"完整的自然之境和艺术想象"的插图比较直观地反映了人文主义精神在英国文艺复兴运动中的传播。这幅插图将世间万事万物都容纳在一个圆形之中,暗喻世界是上帝的艺术品,而人是世界的中心。因此,脱离个体的人讨论超越性和神圣性是毫无意义的,人可以在自我及自然界的一切事物中去感悟理念、原型,并享受由此带来的快乐。④ 人文主义者所追寻的这种快乐首先体现为人的不受禁欲主义束缚的物质享受,从而产生了加强科技开发以改造自然的基本需求。这种科技开发和物质生产活动在人文主义者那里必须根据理性的指引展开,顺应和遵从自然规律。在更富于广度和深度的实现人的自由和个性解放的过程中,每一个人也是无时无刻不需要技术的助力和支撑。人文主义者所倡导的

---

① [英]罗伯特·艾伦:《近代英国工业革命揭秘——放眼全球的深度透视》,毛立坤译,浙江大学出版社 2012 年版,第 14 页。
② 张屏:《人文主义与文艺复兴》,《徐州师范大学学报》1998 年第 4 期,第 93 页。
③ 刘则渊、王海山:《近代世界哲学高潮和科学中心关系的历史考察》,《科研管理》1981 年第 1 期,第 12 页。
④ 周春生:《论文艺复兴时期的人文主义个体精神》,《学海》2008 年第 1 期,第 119—120 页。

冒险和探索精神,更是直接激励了航海技术等发明和应用的诞生。①

文艺复兴及其人文主义精神显然成功塑造和蕴含了近代的科学精神,即不迷信权威、自由平等、批判创新、求真务实、勇于献身、至善臻美地认识、理解和把握宇宙、自然、人类社会和人自身的理性意识和态度,所以吉尔伯特说:"盲目信仰权威是白痴……坚持错误的庸人。"弗朗西斯·培根更是宣称:"知识就是力量。"②

恩格斯评价文艺复兴是"一次人类从来没有经历过的最伟大的、进步的变革,是一个需要巨人而且产生了巨人——在思维能力、热情和性格方面,在多才多艺和学识渊博方面的巨人的时代。给现代资产阶级统治打下基础的人物,绝不受资产阶级的局限。相反地,成为时代特征的冒险精神,或多或少地推动了这些人物……那时的英雄们还没有成为分工的奴隶,分工所具有的限制人的、使人片面化的影响,在他们的后继者那里我们是常常看到的。"③从意大利文艺复兴开始就不断涌现的杰出人物,大多如恩格斯所说是"多才多艺的",他们既是艺术家也是科学家,既是理论家也是发明家。其原因在于,一方面,人文主义所崇尚的古典著作,不少是科技著作,人文主义所重视的理性,正是近代科学技术的灵魂;另一方面,光学、解剖学、几何学、矿物学、生理学、机械学、水力学、化学和数学等诸多领域科学技术的进步以不同的方式推动着艺术的发展,丰富了艺术的形式。④ 当时的人文主义评论也认为:"艺术家应当因其观念性劳动、'发明'及构图的能力而被仰慕。"⑤

这种尚未在法律上被划分为作品之独创性和专利之进步性的整体性创造力,或者说创新气质,当然也被很多英国的科学家所继受。例如前述在格雷山姆学院授课的雷恩教授,不只在技术发明上跨越了天文学、气象学、物理学、航海学、解剖学、几何学、数学、测量学、制图学、工程学和乐器制作等多个领域,而且设计了英国文艺复兴风格的标志性建筑——著名的伦敦圣保罗大教堂。⑥

---

① 文成伟、刘则渊:《文艺复兴时期乐观主义的技术哲学思想》,《自然辩证法研究》2004年第10期,第70—74页。
② 张国臣:《论文艺复兴时期人文主义与科学精神的塑造》,《河南科技大学学报(社会科学版)》2006年第6期,第25—28页。
③ 恩格斯:《自然辩证法》,人民出版社1971年版,第7—8页。
④ 刘景华:《文艺复兴时代科技与社会的互动——兼谈"李约瑟难题"》,《经济社会史评论》第四辑,2011年刊,第141页。
⑤ Jaime Stapleton, *Art, Intellectual Property and Knowledge Economy* (AIPKE), Goldsmiths College, University of London, Doctoral Thesis, Chapter 2, 2002, p.76.
⑥ 刘景华、张耀功:《欧洲文艺复兴史·科学技术卷》,人民出版社2008年版,第250页。

二、清教伦理与科学动力

如果说文艺复兴对科学技术乃至专利发明的促进作用在英国尚不像在意大利那么明显的话,那么经宗教改革后的清教伦理所形成的科学动力则具有更加鲜明的英国印迹,这也是专利制度能在英国得以勃兴的重要原因之一。

16世纪30年代,为了使王权摆脱教权的压制,英王亨利八世进行一场保守的宗教改革,在继承天主教大部分传统而只做部分规范和形式改变的基础上,吸收了路德教和加尔文教的某些思想,创立了英国国教。服务于专制王权和旧式贵族,沉湎于繁琐仪式和奢侈生活的英国国教逐渐引发了底层教徒的不满,因而产生了主张教会和世俗生活民主化的清教运动。[1]

关于清教伦理的内容及其与英国近代科学发展可能的相关性,默顿(Robert K. Merton)在《十七世纪英格兰的科学、技术与社会》中有过系统全面的论述,有关的观点至今仍然极具启发意义。默顿认为,理性和信仰是清教同时推崇的两种美德,"清教主义在超验的信仰与人类的行为之间架起了一座新的桥梁,从而为新科学提供了一种动力"。一方面,科学成就和世俗活动反映了上帝的辉煌,增进了人性之善。于是,"在表达自己的动机时,在预期可能的反对意见时,在面对实际的责难时,科学家便到清教教义中寻找动力、核准和权威等等"。另一方面,清教主义认为,不引起疑问、未经理性权衡过的信仰并不是真正的信仰,而只是一种梦幻、想象或意见。这实质上赋予了科学以确证宗教信仰的权力。然而,随着科学学说与神学教义的冲突日渐明显,试图再次以权威取代理性的做法不能获得成功时,清教只能彻底放弃对科学的限制,使之成为自由独立的世俗化工作。清教伦理的功利性使科学在对科学家皈依状态的实际证明、扩大自然界的控制和称颂上帝方面都起着工具性的作用。清教主义将社会福利,即为多数人的善行,指定为一个必须牢记在心的目标,因而强调,科学应当得到培育以使之能够促进技术发明,从而改善人类在世上的命运。当这样的观念与清教的刻苦勤勉精神相结合时,就没有什么比实验科学这种"靠某个人的连续劳作、或那个最伟大的学会的前赴后继的力量都难能完结"的事业更活跃、更勤奋和更有系统性了。默顿强调,清教主义和科学二者都是一个由种种互相依赖的因素所组成的极其复杂的系统的组成部分。"清教的不加掩饰的功利主义、对世俗的兴趣、有条不

---

[1] 董小川:《论16—17世纪的英国清教运动》,《延边大学学报(社会科学版)》1992年第2期,第22—26页。

紊坚持不懈的行动、彻底的经验论、自由研究的权利乃至责任以及反传统主义——所有这一切的综合都是与科学中同样的价值观念相一致的。"①

清教伦理给科学提供的动力与专利给科学提供的动力是并行不悖的且可能相互促进的,是当时社会体制之下科学发展的两套动力系统。正如默顿自己所说:"就我所知,有关优先权争论最初在16世纪变得频繁起来……整个问题都和剽窃、专利、版权等概念以及其他管理'知识产权'的制度模式的兴起紧密相关。"从科学社会学的角度,默顿对"专利"进行了如下逻辑描述:对首创性的承认成为社会上确证有效的证明,证明一个人够得上作为一个科学家的最严格的要求。这种同行的承认成为科学中其他外部奖励形式的最终源泉。它为科学中的公有性提供了体制化的动机基础。这个过程进一步被科学中独特的财产权特征所加强,这种财产权约减到只剩这一点:他人所承认的该科学家在创造成果的过程中所作出的独特部分。②

三、大学教育与技术发明

从前述中世纪后期到近代早期英国科学的建立过程中,我们已经隐约可以看到大学对科学教育和传播的重要性。罗吉尔·培根、数学家约翰·沃利斯(1616—1703)、天文学家约翰·威尔金斯(1614—1672)、物理学家牛顿(1642—1727)、建筑师克里斯托弗·雷恩(1632—1723)、植物学家郝米亚·格鲁(1641—1712)、化学家波义耳(1627—1691)等,都曾在牛津或剑桥这两所当时英国仅有的两所传统大学中受过教育。③ 事实上,这也是当时欧洲科学界的共性特点。据统计,1450—1650 年之间出生的被认为有资格收录到《科学家传记词典》中的欧洲科学家,大约87%都接受过大学教育,同时有大学任职经历的也达到了45%。这一点至少可以证明,大学对科学理论中诸多智识流派的传播大有裨益,并且是对新旧观念进行严肃批判的主要阵地,进而构成了科学制度化的场所以及科学思想和论证的孵化器。④ 当然,在英国,这种作用的发挥与王室赋予大学的在政治、经济、文化和司法等方面的自治权密切相关,正是后者屏蔽和抵御了来自外部的诸多压力,使科学思想的

---

① [美]罗伯特·金·默顿:《十七世纪英格兰的科学、技术与社会》,范岱年等译,商务印书馆2000年版,第19—154页。
② Robert K. Merton, "Properties in Scientific Discovery: A Chapter in the Sociology of Science", *American Sociological Review*, Vol.22, No.6, 1957, pp.635-659.
③ 辛彦怀:《英国高等教育在其科学活动中心形成中的作用与影响》,《河北大学学报(哲学社会科学版)》2005年第2期,第58页。
④ [美]托比·胡弗:《近代科学为什么诞生在西方(第二版)》,周程、于霞译,北京大学出版社2010年版,第319—320页。

传播能够更加自由。①

尽管如此,我们也不应夸大大学在近代早期英国科学教育中的作用。近代科学革命以后,英国大学也未能摆脱中世纪大学传统的影响,仍然以培养牧师、律师、医生、官员等为主要目标,以"语法、修辞、逻辑、算术、音乐、几何和天文学"这"七艺"和"自然哲学、道德哲学和形而上学"这三门哲学作为必读科目,只对形成了比较系统严密的体系的新科学理论学科和新知识持有限的开放立场和欢迎态度,而大量经验性的、描述性的知识和应用性的、技术性的科学学科,则统统被拒之门外,既不开设这类课程,也不进行这类课题和学术研究。因而当时一名率直的清教徒诺亚-比格斯,在其1651年呈送给改革者议会的报告中抱怨道:"它们(指大学)究竟在哪些方面对发扬或发现真理做过贡献? 机械化学这个通过它倍增的实在经验而超越了其他哲学分支的自然之婢,在什么地方才与我们有关呢? 哪里才有对实验的考察和推理? 哪里才存在一个促进、完善、激励着新发明的新知识世界的鼓励? 在哪里我们读到生者或死者的解剖学、或者有关草药的演示呢? 是在那些考察旧实验和旧传统、倾泻着垃圾危害知识之庙宇的地方吗?"②比格斯的抱怨和批评自有其道理和底气,因为与传统大学相比,在当时英国的清教学院里,力学、流体静力学、物理学、解剖学与天文学、地理学等自然科学在课程设置中占据了重要地位。③

直到19世纪之前,英国的传统大学都没有给科学教育以足够的地位和一定的比重,也就当然不可能产生类似于今天的体制化的"产学研"合作机制。大学中的技术发明主要还是知识分子基于个人的自由兴趣而研究完成的。但是大学除了对人文主义精神和科学理念的传播外,仍然对近代科学的发展、实用发明的增加和自然科学学科的创立等起到了基本的保障作用。大学作为知识分子生活的主要场所,通过为其提供稳定的经济来源、认可其知识生产和学术规范的价值,庇护着知识分子的学术自由。随着工业化的发展,科学技术显示出推动经济发展和社会进步的强大力量,大学开始放弃"为知识而知识"这个中世纪的偏见,更加重视实用性知识和培养实用性人才。④

---

① 赵红:《英国的大学与社会(1560—1650)》,东北师范大学2011年博士学位论文,第90—91页。
② 徐继宁:《英国传统大学与工业关系发展研究》,苏州大学2011年博士学位论文,第35页。
③ 李朝晖:《宗教与科学教育——英国的清教和中国的儒教》,《教育研究与实验》2003年第2期,第35—36页。
④ 邢亚珍:《大学的科层化与知识分子角色的转化》,《现代大学教育》2007年第5期,第41—44页。

四、社会观念与创新土壤

人文主义文化理念、经验主义科学精神和清教主义宗教伦理等,只有与当时英国盛行的其他自由和多样化的思想观念融为一体,成为全社会的价值目标、心理认同和行为准则,才构成这个民族独特的精神气质,并成为驱动科学技术乃至产业创新的最深层因素。正如有学者所说:"当某一社会普遍的价值观念与科学的精神气质相容时,该社会就为科学活动的兴趣和发展提供了适宜的环境。反之,就会阻碍社会的发展。"[①]

15—16 世纪,随着印刷术在英国的普及和英国民众识字率的增长,英国的书籍生产能力有了极大的提升,图书的品种和内容也日渐丰富,与之相伴的便是专制王权所建立的较为严密的出版审查和管制制度。通过特许状取得政府出版审查代理人身份的书商公会,紧紧地将自己的垄断利益与王室言论控制的需求捆绑在一起,严重阻碍了新思想、新科学、新知识等的传播,也影响了技术创新成果实施所需的智力劳动者人数的增加。因此,当时的英国社会早就涌动着一股主张言论、表达和出版自由的思想。这一点在 1644 年弥尔顿(John Milton)向议会所作的《论出版自由》的演讲中得到了集中的爆发和体现。这篇演讲的主旨是要说服议会废止《出版管制法》,因此弥尔顿在演讲开始的部分提道:"我将力呈鄙见,说明某项已公布的法令假如能够撤销,将更符合于真理、学术和祖国的利益。"在演讲中,弥尔顿提到有一类人是"富于自由精神和天才的人,他们显然生来就宜于研究学问,而且是为学术本身而爱好学术;他们不为金钱和其他目的,而只为上帝和真理服务;并且追求一种流芳百世的令名和永垂不朽的赞誉,这是上帝和善良的人们对于出版书籍促进人类福利的人乐于赠与的"。弥尔顿还特别指出:"英国的发明、艺术、智慧以及庄严而又卓越的见解决不是一二十个人所能包容无遗的;更不用说,没有他们的监督这一切都不能通过。""所有尝试过学术的人都会认为:不满足于接受陈旧意见的人都可能精通并向世界上解说新的论点,使我们在许多方面获得益处,那么我们就不管为对方为自身都应当这样做。"[②]

从每一个社会个体的角度来看,出版自由只是给他们提供了更多的阅读资源和智识增长的机会,而要使这种机会开花结果则需要恰当的方法和运气的垂青。弗朗西斯·培根就向大家推荐了依靠专利致富的稳妥方法:"在某

---

① 王媛娟:《观念层面的文化对科学及其形态的影响》,《自然辩证法研究》2007 年第 7 期,第 99 页。

② [英]密尔顿:《论出版自由》,吴之椿译,商务印书馆 1989 年版,第 2—3、27、30、50 页。

种发明或特权上占有优先权,这种幸运有时能使人奇富,如加那利群岛之第一个糖业家是也。因此,如果一个人能作真正的论理学家,就是,既有发明之才,又有判断能力,他是可以大富的;尤其在好的时代为然……专利与独家承售某货之事如没有束缚,是很好的致富之术,尤其是做这种事的人若能知道某种货物将要有广大的需求因而预为购存的时候为然。"①英国特有的高工资经济模式则为这种发明致富之路提供了现实可能。高工资经济意味着大多数民众都拥有更好的经济条件,进而愿意花钱去接受教育和相关的技能培训,这显然有助于他们发明创造更多新产品和新工艺。②

16—17世纪,英国所经历的改造传统文化中消极方面的"移风易俗"运动,也激发了人们自我奋斗和不断进取的精神,为创新的努力和专利的追逐提供了良好的社会环境。所谓"移风易俗",主要是指减少宗教节日泛滥对公共福利造成的损害,抑制和消除奢侈浪费等非理性的经济行为和懒惰酗酒等不良生活习惯,以防止"对国家有利的和必须的好的技术和工艺的衰败"。③

本 章 结 论

中世纪的时候,在西欧社会共同的带有较强人身依附性的庄园封建经济中,英国就已存在着有改良生产工具和耕作技术需求及动力的"自由农民"阶层。14世纪末,黑死病在英国的蔓延造成了劳动力的锐减,也就在客观上促进了劳动力的自由流动,打破了农奴、半自由民等对固定土地的依附,加速了庄园经济的瓦解。随着15—16世纪"圈地运动"的发展,农业与家庭手工业进一步分离,分别进行着各自领域的技术变革。与此同时,以对内控制、对外排他为特征的行会组织从13世纪后期开始在英国普遍建立,并形成了一种集体技术垄断的"专利"形式。当行会之间的交叉冲突日益严重以及行会内部的技术竞争愈发凸显以后,行会被迫逐渐转变为更加自由松散的同业公会,市政当局也纷纷颁布有利于工匠独立自由开业的法令。农民和手工业者获得的更多自由为英国初始工业化进程的开启提供了充分的劳动力基础。

---

① [英]弗朗西斯·培根:《培根论说文集》,水天同译,商务印书馆1983年版,第129页。
② [英]罗伯特·艾伦:《近代英国工业革命揭秘——放眼全球的深度透视》,毛立坤译,浙江大学出版社2012年版,第23页。
③ 向荣:《移风易俗与英国资本主义的兴起》,《武汉大学学报(人文社会科学版)》2000年第3期,第382—387页。

在毛纺织业和其他先导性工业的发展过程中,英国为吸引掌握先进技术的外国移民,颁发了不少的专利特许状。乡村与城市紧密相连而又自由灵活的工业生产方式为技术改良和产业新生创造了宽松的外部环境。新的系列资本主义产业、西欧其他地区的成熟先进技术以及一些新的制造方法促进了后来英国大规模工业的建立和发展。初始工业生产的成果,通过充满经营活力和冒险精神的自由商品经济,从观念、制度到实践为无形技术成果之上的私有财产权制度即专利制度的建立,奠定了良好的基础。

当上述经济生产方式萌发出反对限制束缚却又以技术垄断为内容的"专利"权利需求时,与之相适应的英国政治法律制度的自由传统也在发轫之中。1215年《大宪章》确立了"法在王上"的原则,并明确了以贵族为主体之"自由人"的特权内容。"自由人"所享有的权利和自由,后来逐渐被广泛适用于包括工业资本家、技术工人、商人、平民等在内的社会各阶层,专利权也不例外。根据《大宪章》在征税等问题上衍生出来的理念,专利等私有财产权是不受国王恣意侵害的。《大宪章》还开启了英国政治的民主化进程,即社会的主体和进步阶级将会有政治上的商谈渠道来表达和争取自己的利益诉求。初始工业化进程中所形成的新兴阶级所追求的主要就是对技艺革新及其生产成果的法律确认和保护。这种诉求随着英国议会制的建立和发展而形成了"集体请愿制度"等固定的实践路径,使得专利特权的授权成为在议会监督之下不会妨碍市场贸易自由的正当特权。都铎王朝时期的政府机构改革,尤其是1535年制定的《职员法》为专利授权的"官僚主义"程序准备了充分的组织条件。在当时所授予的专利特权中,已经有相当接近于后来成文法时代的垄断技术专利。不仅如此,12—16世纪,以令状制度为代表的英国司法的渐进式改革也为后来专利授权的规范化和专利权的保护提供了重要保障。

如果说经济结构的自由变革产生了专利保护的需求,政治制度的自由演进稳固了专利保护的制度形式,那么近代英国科学革命的展开则为专利保护提供了直接的对象。英国在科学革命的过程中形成了经验主义的研究传统和实验为先的研究方法,从而比理性主义的科学传统更加具有应用性,也与专利制度更加接近。从罗吉尔·培根到弗朗西斯·培根,英国实验科学的整套认识论和方法论体系被全面建立起来,科学不仅摆脱了神学的奴婢地位和哲学的单纯思辨逻辑,而且与技术有了内在的区分。16世纪热衷于自然科学的英国爱好者们自发成立的科学组织——格雷山姆学院,经过一段时间的锤炼,在17世纪演变为对整个英国科技和产业发展都有举足轻重影响的皇家学会。皇家学会所界定的任务与现代专利法保护的对象几乎相同,即"靠实验来改进有关自然界诸事物的知识,以及一切有用艺术、制造、机械实践、发动机和新发明"。随着西欧经济中心从地中海向大西洋的转移,以及英国取代意大利成为世界上第二个科学技术中心,以对外霸权竞争和对内经济发展为实用目的的海上航行技术发明、科学研究工具发明和产业应用机器发明等专利技术增长迅速。

在科学革命不断深入进行的同时,席卷西欧的文艺复兴运动同样在英国掀起了一股解放个性和实现自由的浪潮。英国人文主义者突破了禁欲主义的物质约束,强调在遵循理性指引和自然规律的情况下进行物质生产并享受其成果的快乐。在探寻自然规律和科学真理的过程中,他们也形成了不迷信权威,自由思考、锐意创新的精神。艺术的想象力与科学的创造力在很多英国杰出人物身上完美融合在一起。科学革命还使英国最早诞生了一批以机械化、工程化视角来考虑生产过程和生产要素的男性企业家,这对于以机器发明为中心的专利的经济实践无疑具有深远的影响。相比于在意大利影响更大的文艺复兴,英国的宗教改革运动为其近代科学技术的发展和专利这种"优先权"的追求提供更加直接也更具英国特色的动力,即清教伦理精神。清教主义是世俗的、进取的、功利的和自由的,这一切都迎合了当时英国科学研究和产业发展中人们的名誉和物质追求。清教主义者们将他们的自由创新理念贯穿于力学、流体静力学、物理学、解剖学与天文学、地理学等清教学院中的自然科学课程教学之中,也在一定程度上推动着英国传统大学的近代变革。跳出大学教育的框架来看15—17世纪英国的社会观念,我们可以发现当时英国普通民众获取知识的渴求、表达自由的呼声,以及在自由平等的竞争中凭借自身能力创造财富的欲望。所有这些都为后来英国专利制度的建构提供了充分的社会心理积淀和文化认同机制。

第二章 古典的自由理念与专利的初始立法

英国于 1624 年颁布的《垄断法规》通常被认为是世界上第一部近现代意义上的专利成文法。然而,事实上,它是一部"先破后立"的法律,即一开始并没有以建立系统的专利制度为目标,而是旨在反对一般意义上的经济垄断,将包括国王特许在内的一切垄断特权纳入普通法的规制范畴,并规定违法垄断的责任和提供反垄断的司法救济渠道。专利权只是被作为一种无需由司法事后判断而由立法事先预设的"合法垄断",被规定在这部法律之中。这样的立法安排显然并非英国议会议员们心血来潮而为之,而有着特定的经济政治背景。被认为不违背甚至可以促进经济自由的专利制度,尽管还很原始和粗糙,但也在一定程度上起到了应有的作用,并获得了自由主义学说的辩护。

第一节 反对垄断的声音与《垄断法规》的诞生

一、新建产业的自由与专利特权的异化

16 世纪末,当西班牙和法国争夺欧洲政治霸权之时,工商业的领导权却落到荷兰和英国手中。当时的欧洲各国纷纷实行以出口垄断、外汇管制和追求贸易顺差为内容的重商主义政策,[①]通过制定航海条例和关税法等措施,以对外排除竞争,保护国内商业。但是,单纯的商业繁荣显然不足以支撑一国经济的持久发展。"贸易所经历的各种变化或许可以归因于各种发明而带来的制造业的转变",在生产领域缺乏深厚基础的荷兰,逐渐在与英国的竞争

[①] [美]约瑟夫·熊彼特:《经济分析史(第一卷)》,朱泱等译,商务印书馆 1991 年版,第 501 页。

中败下阵来。① 英国则在重商主义政策的推行过程中有一个明显的"重工主义"转向,即将扩大对外贸易建立在发展本国出口工业基础上,对新兴的资本主义工场手工业采取保护贸易的政策,限制国内原料的输出和国外产品的输入,鼓励外国原料的输入和本国产品的输出,实现外贸顺差,保证金银货币不断流入国内。②

重工主义政策之下,发明、技艺和专利等可以充分将原料转化为产品的生产要素,自然备受重视。当时英国著名的重商主义者、大商人、东印度公司的董事托马斯·孟(Thomas Mun)就说:"对于一切的事物,不论是自然的或人为的,我们都必须竭尽所能以获得最大的效果……因为在人数众多和技艺高超的地方,一定是商业繁盛和国家富庶的……在我们知道自己的自然产物,并不能使我们获得像我们工业那样多的利润的时候,试问我们还要再找什么例证呢?因为在矿藏里的铁砂的价值,倘使与经过以下的程序——采掘、熔炼、运销、买进、卖出、铸造大炮、步枪和其他许多在战争中用作进攻和防御的器械,或制成铁锚、螺栓、大钉、小钉和其他类似的东西专供船舶、房屋、二轮马车、四轮马车、犁和其他耕具之用——之后的价值相比,就显得没有多大了。请将我们的羊毛与需要剪毛、清洗、梳理、纺、织、浆、染、整理以及其他种种修整工作的纺织品一比,我们就将发觉这些技艺的确可以比自然财富带来更大的利益。"③以当时占据主导地位的毛纺织业为例,新技术发明对生产效率的提高显而易见。当时,一些为躲避西班牙当局迫害而从佛兰德移居英国的工匠,带来了一种用长毛纤维纺织轻便精呢的方法,这种毛呢在地中海一带颇受欢迎。同时,兰开郡的纺织工人开始制造一种粗斜纹布,这种亚麻与棉纱合成的织物销路甚好。④ 在采矿业中,从1561年开始,英国与德国资本家和技术专家经过多次谈判,终于在1568年建立了两家公司:皇家矿业公司以及矿物与金属器具公司。前者拥有在英国西部和北部开采贵金属和铜矿的独占权,后者拥有开采锌矿和制造黄铜的独占权。17世纪,这两家公司合二为一。⑤

意识到新发明和新技艺的价值之后,如前所述,都铎王朝尤其是伊丽莎白女王一世,充分发挥了授予专利垄断特权以促进英国产业新建的作用。

---

① E. E. 里奇、C. H. 威尔逊:《剑桥欧洲经济史(第五卷):近代早期的欧洲经济组织》,高德步等译,经济科学出版社2002年版,第364页。
② 初明强:《英国历史上的重商主义及其社会历史作用》,《历史教学》1987年第2期,第37—40页。
③ [英]托马斯·孟:《英国得自对外贸易的财富》,商务印书馆1981年版,第12页。
④ 钱乘旦、许洁明:《英国通史》,上海社会科学院出版社2002年版,第131页。
⑤ 蒋孟引:《英国史》,中国社会科学出版社1988年版,第315页。

1550—1600 年间,英国平均每年大约都要授予一项或者更多垄断专利特权。① 这些专利特权的授予在早期都较为严格地遵循了"产业激励"的原则和标准。例如,1565 年,一项涉及炉甘石、锡和铅的生产方法专利被宣布部分无效,因为在德比郡已经有类似于该专利中的"滤网"工具被使用。1571年,一项有关刀柄的专利因其只是对旧工业的微小改进而在争议中被英国财政会室法院撤销。1572 年,财政会室法院在另一起专利争议中进一步明确,专利不应当被授予给既有产业的某项改进。② 在这种积极进取专利政策的影响下,织袜机、起毛机、回旋织布机、冶金高炉、深井采矿设备等一批新机械发明得到应用,英国的呢绒业、成衣业、皮革业、食品加工业、日用器具业、采煤业、冶金业、造船业、建筑业等都获得了全面发展,不仅满足了英国国内的需求,而且为其海外扩张创造了条件。③

到了伊丽莎白女王统治后期,为了缓解战争带来的财政压力和维持王室的巨额开销,专利特权的授予在一定程度上被滥用,成为了敛财的工具。大部分的垄断专利特权被重复授予达三次之多,并且涵盖了惊人的制造领域:白色肥皂、西班牙皮革、家庭供水系统、硝石、疏浚机器、制盐方法、明矾、碾磨机器、乐器、排水机器、谷物磨具、制铁方法、壁炉、航海布匹、染色和化妆布、硫酸铁、淀粉、金、银、锡、铅等各种金属的采矿方法、碳酸锌、硫黄、陶制火罐、意大利玻璃制造、啤酒、菜籽油等。至此,专利特权悖离其产业激励之初衷的"异化"已经非常明显,并且给社会公众的生活造成了不便。1601 年,英国议会提交了一份公告,希望可以消除垄断专利滥发和恢复自由贸易。经过一些天的讨论后,伊丽莎白女王签发声明,宣告大量的垄断专利无效,并承诺以后颁发的专利可以由王国法律下的某一主体进行审查。1601—1603 年,在其统治的最后三年,伊丽莎白女王未再颁发任何原创性的专利特权。④

二、达西的纸牌专利与艾伦的销售自由

在上述议会对垄断专利授权政策进行认真反思的历史时刻,1602 年,英

---

① Frank D. Prager, "A History of Intellectual Property (from 1545 to 1787)", *Journal of The Patent Office Society*, Vol.XXVI, No.11, November, 1944, p.724.
② Chris Dent, "Patent Policy in Early Modern England: Jobs, Trade and Regulation", *Intellectual Property Research Institute of Australia Working Paper* No.06.07, July, 2007, ISSN1447-2317, p.11.
③ 陈曦文、王乃耀:《英国社会转型时期经济发展研究(16 世纪至 18 世纪中叶)》,首都师范大学出版社 2002 年版,第 241—242 页。
④ Ramon A. Klitzike, "Historical Background of the English Patent Law", *Journal of the Patent Office*, Vol.41, No.9, 1959, pp.634-645.

国发生了爱德华多·达西（Edward Darcy）在王座法院诉托马斯·艾伦（Thomas Allein）侵犯其以制造、进口和销售游戏纸牌为独占权利内容的王室专利的案件。

为了遏制娴熟技术工人将劳力浪费在纸牌制造之上的趋势，以及减少过度沉溺于纸牌游戏造成的社会懒散和懈怠，1588年，伊丽莎白女王向拉尔夫·鲍尔斯绅士颁发了一项为期十二年的垄断专利特权，赋予他从国外进口及在英国国内制造其认为好的纸牌。1598年，女王修改其专利特许证书后赋予了枢密院侍从爱德华多·达西以内容相同的专利权，期限是二十一年，同时还授予他用以表明专利纸牌合法性和垄断性的印章。达西声称，截至1600年6月，"为女王所允许臣民的必要使用"，他花费5 000英镑制造了400罗纸牌。托马斯·艾伦是伦敦的一个服饰用品零售商。达西起诉称，艾伦在明知达西专利特权的情况下，未经女王特许或达西同意，制造了80罗纸牌，并将这80罗纸牌与其他同样未经达西许可制造或进口的100罗纸牌中的大部分一起，销售给了不知名的人。达西认为艾伦的行为导致自己的纸牌无法出售，进而支付不了专利"租金"，因而主张艾伦行为的违法性和200英镑的赔偿。艾伦的主要答辩理由是，自己是具有悠久历史的伦敦的城市自由民，并且是早已存在的服饰用品商公会的成员，而在伦敦存在着古老的习惯，即允许公会的成员购买和销售所有合法的商品。①

王座法院在审理中集中关注了两个一般性问题：（1）授予原告在王国范围内制造纸牌的独占性专利是好的还是坏的？（2）使原告享有外国纸牌进口独占权利的许可或特许是否合法？

对于第一个问题，法院从王权包含对国家过度娱乐或消遣的现象采取适当控制措施的权力这个角度，简单论述了女王授予这个专利之出发点的正当性。重点的讨论在第二个问题，法院分析认为，根据普通法，原告的这个专利是无效的。具体的理由包括以下几个方面：第一，所有产品的贸易都具有奖勤罚懒，维持劳动者及其家庭生计和改善生活的作用，制作和销售纸牌也不例外。第二，任何技艺产品的贸易垄断不只是对同行业者是一种损害和不公，而且有害于其他所有主体的利益，因为：（1）垄断者可以根据自己的喜好定价而导致商品价格上涨；（2）获得垄断授权后，垄断者通常只关注自己的利益而非公共福祉，商品的质量可能不如从前；（3）垄断可能导致更多制造纸牌的工匠失业，靠流浪和乞讨为生。第三，伊丽莎白女王颁发该专利的本

---

① Jacob I. Corre, "The Argument, Decision, and Reports of Darcy v. Allen", *Emory Law Journal*, fall, 1996, pp.1273-1276.

意是增进公共利益,显然她在专利授权中受到了欺骗。第四,达西作为女王枢密院的侍从,没有任何制造纸牌的技巧,其专利反而可以禁止有纸牌制造技艺和技巧的人从事此项贸易,该专利应当被彻底无效。第五,纸牌游戏本身是空虚而无实益的,但制造纸牌的工作不是。因此,与骰子、碗、球、鹰罩、铃铛以及其他类似的商品一样,纸牌由于是劳动和技术的产物,尽管被用于开心、娱乐和消遣,但女王无权限制它们的生产、使用和贸易,除非通过议会的立法。最后,这项违反贸易和流通自由的专利特许,与议会的许多立法相违背,应当是完全无效的。①

达西诉艾伦案的历史意义在于,它使英国政治和法律传统中"自由"概念的两方面矛盾含义浮出水面,即自由一方面指王室颁发的"自由权和特许权",另一方面指习惯法或普通法上的"自由"。前者代表着上级对下级的关系,后者则意味着同一阶级各成员间的平等关系。② 对于逐渐掌握政治权力的新兴资产阶级而言,无论他们是议员、法官还是其他身份,显然倾向于认为专利属于后一种自由,是基于平等主体关系之间的权利,尽管该权利的内容可能是排他性的。

三、议会的权利请愿与国王的空头支票

确保专利成为一种人人可以平等获取的自由财产权的方式只能是将达西案的做法固定下来,使专利授权成为稳定法律(普通法或成文法)规制的事项,而不再受国王个人权力和意思的影响。由于先前的专利都是国王颁发的特权,虽然也曾形成了一些共性的条件和规则,但是并没有成为普通法上的系统明确规范,所以早在都铎王朝末期,即伊丽莎白女王统治的最后几年,议会就不断试图通过成文立法来约束专利的授权,只是尚未成功。③

1603年,在达西案判决作出的同一年,詹姆斯一世继承伊丽莎白的王位,英国进入斯图亚特王朝时期。詹姆斯一世即位时继承了40万英镑的债务,为举办伊丽莎白的葬礼和自己的加冕礼又耗资无数,加上这个时期的通货膨胀严重和王室开支增加,致使王室的财政陷于严重的困难之中。到1606年,王室欠债达73.5万英镑。④ 为了应对债务危机和维持王室开销,詹

---

① *The Case of Monopolies*, 11 Co.Rep.84b, 77 Eng.Rep.1260 (1603).
② [美] 约翰·R. 康芒斯:《资本主义的法律基础》,寿勉成译,方廷钰校,商务印书馆2003年版,第62—66页。
③ 刘新成:《都铎王朝的经济立法与英国近代议会民主制的起源》,《历史研究》1995年第2期,第132页。
④ 陈祖洲:《斯图亚特王朝早期议会与王权的斗争》,《史学月刊》2000年第6期,第94页。

姆斯一世一方面按照惯例召开议会,要求议会批准增加税赋和补助金,另一方面更加泛滥地征收骑士捐、卖官鬻爵、出售王室森林和颁发专利特权。[1]除此之外,詹姆斯一世对"君权神授"理论和专制王权统治的坚持,以及由此而采取的乖张失措的宗教和外教政策,也加剧了他和议会之间的猜疑、紧张和冲突。

1606年,在詹姆斯一世统治时代第一届议会的第二次会议上,下议院申诉委员会提出了一个一般性的请愿,其中包括要求终止伊丽莎白时代所滥发的许多不当专利。直到该届议会的第三次会议召开之前,詹姆斯一世对此都没有任何回应。在第三次会议召开时,詹姆斯一世声称其在王座法院首席大法官巴隆(Baron)和王室顾问大法官的协助下审阅了请愿中的具体问题。詹姆斯一世的回应主要是重申他作为国王所享有的任命管理机构代表、颁发超越法律的特许和贸易垄断特权的权利。詹姆斯一世维持了绝大部分重要贸易垄断特权的有效性,但承诺惩罚任何以实施专利为名的特权滥用,使部分垄断特权适用普通法院审查,同时撤销了一些专利。不过,詹姆斯一世的上述承诺都未能兑现,1610年7月,在该届议会的第四次会议即将结束的时候,下议院提出另一次同样申诉内容的请愿,并抱怨詹姆斯一世未能实现其诺言。对此,詹姆斯一世除了重申其使专利适用于普通法院审理的空口承诺外,还颁布了大胆却无执行力的《奖励书》。詹姆斯一世在《奖励书》中宣称王室贸易特权是有违其自己的政策和普通法的,表达了不再颁发类似特许的决心,并且提醒潜在的诉讼者反对甚至谴责他对随意颁发此类特权的追求。[2]

实际上,《奖励书》不过是詹姆斯一世开出的又一张漂亮的空头支票。1614年,到詹姆斯一世执政期间的第二届议会召开时,他还是在限制王室颁发的贸易垄断特权方面无所作为。又一个申诉委员会在议会组织起来以考量所有旧的以及部分新的垄断特权。但是在上议院,有关关税问题的争论打断了涉及外贸管制的王室特权问题的讨论。由于在增税问题上未能获得议会同意,詹姆斯一世一怒之下解散了第二届议会,此时距该届议会的组织不过才两个月。垄断专利特权的讨论也只能因此暂时搁置。[3]

---

[1] 徐煜:《斯图亚特王朝早期的宪政斗争》,《武汉大学学报(人文科学版)》2009年第3期,第364页。

[2] Harold G. Fox, *Monopolies and Patents: A Study of the History and Future of the Patent Monopoly*, University of Toronto Press, 1947, pp.96-97.

[3] Thomas B. Nachbar, "Monopoly, Mercantilism and the Politic of Regulation", *Virginia Law Review*, vol.91, 2005, pp.1345-1346.

四、特权专利的终结与《垄断法规》的诞生

解散议会后的詹姆斯一世在专利特权颁发方面变本加厉地倒行逆施。为了获取更多的专利特许费以弥补财政上的缺口,专利特权被颁发后又经常性被撤销,然后再授予另外一人。专利的撤销是如此频繁,以至于后来的专利特权证书里都有明确的语言允许枢密院通过投票撤销专利。专利特权的获得者对这个时期变化多端的专利政策很不满意。当局对待专利的非同寻常方法让他们有一种损害其潜能、机会和实际价值的不安全感,而这必然导致削弱他们原本可能拥有的各种形式的社会实用性。专利持有人持续抱怨与其特权相对立的竞争性项目的必要性。比较引人注目的例子是玻璃专利,持有人需要以年金或退休金的形式向专利被废止的原专利权人支付年均 1 000 英镑。在很多其他的事例中,当一项基于最新技术改进的专利覆盖了整个产业时,其往往由于生产能力不足而不得不推迟一段时间才能获得独占性的权利。另外一方面,对于专利获得者的竞争对手而言,詹姆斯一世所颁发的专利还经常赋予持有者监督整个行业以搜寻和逮捕侵犯专利者的宽泛权力,这种权力经常被严重地滥用,造成了人们对垄断和垄断主义者的公共恐慌。①

在这样一个敏感时期,1615 年,英国发生了延续达西案思路并进一步在实质上促使王室专利特权终结的伊普斯维奇案。伊普斯维奇的裁缝公会是经詹姆斯一世特许成立,管理该地区裁缝贸易的行会。根据特许专利证书,未经公会师傅和监督人的同意,任何人不得在伊普斯维奇从事裁缝业务。威廉·森因格(William Shening)从外地移居到伊普斯维奇并开设了裁缝铺。裁缝公会因而起诉森因格,并索赔 3 英镑 13 先令 4 便士。在案件审理中,王座法院认为,没有议会制定的法案,任何合法贸易中的工作都不应当因任何理由受到限制,并且普通法也不禁止任何人根据自己的意愿使用多种技艺和技术秘密。旧的和富有的贸易商,无论是通过推迟行业准入、其他细微的安排还是压迫新贸易商的手段,来敲诈勒索、暴敛横财,使新贸易商不能依其贸易生活,限制任何主体的行为自由,都是违反法律和公共福利的。但是,若某人以其生命、房产或股票等为代价将一项新发明或新贸易引入王国境内,或者有关于某种产品的新发现,国王可以基于其恩惠,通过特许状赋予该臣民在一定时期内独占该项贸易的权利,以补偿其成本和努力。因为在这种情况下,英国国内民众起初对此一无所知,且没有使用该发明的任何知识和技巧。

---

① William Hyde Price, *The English Patents of Monopoly*, Harvard University Press, 1906, pp. 28-31.

但是一旦专利到期以后，国王不能再次授予新的专利，因为此时该项贸易已经成为普通的贸易，其他同行业者已经有熟练的技艺，没有任何理由去禁止这些技艺的使用。因此，法院判定，国王仅可以就王国内的一项新发明、新发现或新贸易合法授予一定期限内的排他性特权。①

1621 年春天，当詹姆斯一世迫于财政压力而不得不召集第三届议会的时候，垄断问题立刻成为第一次会议讨论的焦点。下议院成立了由科克（Coke）领导的申诉委员会，伊普斯维奇案所代表的议员们反对王室一般垄断特权的态度，在科克的提案中一览无遗。詹姆斯一世对此的态度仍然是表面上热情回应，而实质上拖延推诿，建议将此问题留待下次会议做优先讨论。科克的提案于 1621 年 5 月 12 日在下议院获表决通过，但是因为一些非核心问题的争议未能在上议院获得通过。第三届议会的第二次会议的中心议题是詹姆斯一世希望让其王储查尔斯与西班牙公主联姻的问题，议会对此坚决反对并引发了 1621 年 12 月 18 日的抗议活动，最终导致詹姆斯一世再次独裁地解散了议会。反对垄断的提案因此在本次会议上并未获得讨论的机会。联姻计划破灭后，詹姆斯一世召集了第四届议会，讨论对西班牙的战争准备。本次会议留下了充裕的时间讨论"自由贸易"问题。埃德温·桑蒂斯（Edwin Sandys）领导的专门委员会对大量的专利特权进行了积极调查，特别关注了商人冒险公司的专利实践。与 1621 年内容基本相同的提案迅速在下议院获得通过后，被提交到上议院，提案的发起者们希望能结束三年前就已经开始的两院间谈判，并取得良好的结果。如同 1621 年一样，上议院原则上赞同提案的内容，但在其实施的若干问题上存有疑虑。例如，他们认为，提案没有定义"垄断"，也不清楚反对垄断特权的诉讼是适用普通法还是该成文法本身等。两院之间关于《垄断法规》的矛盾最终通过在法案中加入一系列例外规定（一些适用于所有专利，一些适用于具体的专利）而得以解决。1624 年 5 月 22 日，上议院投票通过了法案，下议院于 5 月 25 日批准其生效。②

第二节　专利授权的规范与市场竞争的自由

一、往事如烟云与自由新专利

《垄断法规》是 1948 年英国《关于垄断和惩罚性法律上的处置及其财产

---

① *The case of the Tailors of Habits &c. of Ipswich*, 11 Co.Rep.53a, 77 Eng.Rep.
② Thomas B. Nachbar, "Monopoly, Mercantilism and the Politic of Regulation", *Virginia Law Review*, vol.91, 2005, pp.1346 - 1351.

没收的法律》的简称。《垄断法规》的序言主要是对詹姆斯一世1610年《奖励书》内容的重申:"高贵的国王基于英明的决断和国民的福祉与安宁,践行1610年向全体国民颁印的、体现了本国自古以来的基本法律精神的原则——所有垄断授权都与神圣的法律相违背。不过,由于错误的信息和假冒的公共利益,许多垄断被不当授予并非法实施,导致民众不堪其苦,怨声载道,这既与神圣的法律相违背,也不符合前述陛下的崇高意愿。为此而制定本法。"[1]

《垄断法规》第1条开宗明义:"所有的垄断以及所有此前作出或授予的或者此后将要作出或授予的任何个人、政治组织或公司等有关在王国或威尔士境内独家购买、销售、制造、实施或使用任何事物的委任、授权、许可、特许和专利,或者有关任何其他的垄断,或者有关排除任何他人的权力、自由和职权,或者有关给予从事、使用或实践任何有违法律或成文法要旨或目的的许可或容许;或者已经或将要给予或作出的有关此类排除、许可或容许的任何保证;或者同意或附和受成文法限制的针对任何他人的惩罚或财产没收;或者有关任何应当在判决前受任何成文法规制的财产没收、惩罚或金钱总数的利益、利润或商品的授权或承诺;以及所有关于协助的声明、禁止、限制、保证和任何不管怎样倾向于组织、建立、加强、推动或纵容相同垄断的方式,或者这些中的任何一种,全部违反了本王国的法律,所以应当彻底无效并没有任何效力,且不应当付诸任何实施。"第2条规定上述所有的垄断、特权及相关事务此后应当毫不例外地永远受普通法审查、审理、审判和决定。第3条则强调任何主体都不得拥有、使用、实践或从事任何上述的垄断和其他类似特权。第4条为在该法通过后四十天内因他人垄断特权之侵害而受损的主体提供了王座法院、民事诉讼高等法院和税务法院等在内的多种救济渠道,救济的内容则包括滥用垄断特权致人损害的三倍或受损害者花费的两倍,并且滥用垄断者还应承受成文法和国王理查德二世第十六年所规定的蔑视王权罪的痛苦、惩罚和财产没收。[2]

上述规定意味着,尽管专利的授权在形式上仍然需要国王颁发证书,并且国王也肯定会试图保有自己特许垄断专利的权力,但是英国以往建立在不受法律限制之至高王权基础上的专利特权时代的终结已是历史大势所趋。《垄断法规》第6条则为新的可以依法自由申请的专利独占权利设定了统一的条件:"上述任何公告都不延及此后在本王国范围内授予给任何形式之新

---

[1] 杨利华:《英国垄断法与现代专利法的关系探析》,《知识产权》2010年第4期,第80页。
[2] 李宗辉:《历史视野下的知识产权制度》,知识产权出版社2015年版,第63—64页。

产品的真正的第一个发明人和制造者的,独占实施或制造该产品的 14 年以下的专利和特权,只要该产品在授权时未被他人使用,且不违反法律,不会造成国内商品价格上涨或损害贸易或在一般意义上不方便而有损国家利益。今后颁发的专利或此类特权的 14 年期限自授权之日起计算,但与本法制定之前的专利有相同效力。"从构成上看,有关一项新发明、新方法或新产品的专利授权应当满足以下七个条件:(1)专利被授予真正的第一个发明人;(2)专利期限不超过十四年;(3)授予专利时其他生产者未使用该发明;(4)不违反法律;(5)不会造成国内商品价格上涨;(6)不会损害贸易;(7)在一般意义上不会不方便。

二、真正第一个与专利新制造

法律史学研究的主流观点认为,《垄断法规》本身并没有创造新的基础性法律观念,其所规定的原则在普通法上早已确定。在法案制定之前二十年的垄断案件中,这些原则已经得到了阐述,为公众所熟知,并成为了法律。《垄断法规》不过是对普通法的明确宣示。①

根据这种观点,《垄断法规》对专利权主体和客体的界定,即"真正的第一个发明人"和"新制造(New Manufactures)",也可以从法案制定之前的英国历史情境和法律实践中去寻找答案。在都铎王朝时期,王室专利特权一般被授予两类主体,一类是自己完成了发明创造之人,另一类是将一项发明首次进口到英国国内之人。后者的进口方式通常又分为两种:一种是直接从外国进口已经声称出来的装置,另一种是向英国引入具有在国内生产新制造所需知识和技能的外国工人。《垄断法规》并没有提出新的"发明人"概念,其所指的"发明人"也是上述两类主体。② 将"发明的进口人"也作为专利权人的做法是为了与都铎和斯图亚特王朝鼓励贸易和商业的前述重商主义经济政策保持一致。此时法案的中心是引进或建立整个新的产业,尚没有细化到促进技术领域新知识的增加。

在《垄断法规》生效后长达两个多世纪的时间里,英国有不少案例涉及"真正的第一个发明人"的解释。例如,在 1669 年的一起涉及船舶装饰技术的专利案件中,权利人主张伦敦染色和油漆公会侵犯其专利权,在王室枢密院任命的专门委员会的调查过程中,被控侵权人承认他的材料全部提

---

① P. J. Federico, "Origin and Early History of Patents", *Journal of The Patent Office Society*, Vol.11, July, 1929, p.303.

② Hulme, "The History of the Patent System under the Prerogative and at Common Law: A Sequel", *Law Quarterly Review*, Vol.16, 1900, p.55.

取自外国而专利权人的材料则源自英国本土。最后,根据枢密院的建议,国王宣布该发明是"一项新的制造,其专利权人是真正的第一个发明人",并因此禁止其他任何人的侵权活动。① 但是,本案具有一定的特殊性,因为它涉及国内发明人与技术进口人之间谁享有专利权的问题,英国最终选择支持前者并不令人意外。在 1676 年的"卡尔索普管理者诉怀亚曼(Calthorp's Administrators v Wayman)"一案中,法庭认定分割大理石的机器在荷兰已经使用 15 年之久的事实不具有实质性影响,"如果其在国内此前未被知晓或使用"。②

当两个异议者"证明在专利通过很早之前……该发明就已经被发现和使用"时,一项用于制造人造大理石的 1686 年专利就无效了。1687 年,在制表者公会证明专利申请提出之时,国内已在构建这种机械,因此国王拒绝授予"钟表重复机械"的专利。在 1719 年的一起案件中,丝绸编织者公会撤销"纺织有机丝绸"专利的申请以失败而告终,因为他们"未能证明专利权人使用的三种引擎中的任何一种曾经在英国境内制造或使用"。③ 在 1795 年的"博尔顿和瓦特诉布尔(Boulton and Watt v Bull)"一案中,法官援引 1691 年的"艾吉波利诉斯蒂芬斯(Edgeberry v Stephens)"一案称:"该案证明了,一项海外已实施发明的首个引入者,应当被视为第一个发明人:法律旨在鼓励有利于王国的新装置,无论是通过旅行或研究,都具有相同意义。"在 1829 年的"里维斯诉马尔令(Lewis v Marling)"一案中,法官仍然认为:"原告毫无疑问有义务证明其机器是新的,但是这些机器不必须是从他们自己的脑袋中发明出来的;机器对于本王国内的一般使用和公共实践而言是新的就足够了。"④由此可见,直到 19 世纪初,《垄断法规》所认定的"真正的第一个发明人"依然包含发明的首个进口人,这对于英国技术进口贸易的激励作用不言而喻。

正是在这样的背景下,约翰·隆贝于 1716 年从意大利"引入"先进捻丝机的冒险故事一直被英国人所津津乐道。约翰·隆贝到里窝那去,不但能够看到机器,而且可以进入机器所在的建筑物。在一名意大利教士的包庇下,

---

① Hulme, "Privy Council Law and the Practice of Letters Patent from the Restoration to 1794", *The Law Quarterly Review*, Vol.33, Jan, 1917, p.17.
② Helen Mary Gubby, *Developing a Legal Paradigm for Patents: the Attitude of Judges to Patents during the Early Phase of the Industrial Revolution in England (1750s – 1830s)*, Erasmus University Rotterdam, Doctoral Thesis 2011, p.132.
③ Adam Mossoff, "Rethinking the Development of Patents: An Intellectual History, 1550 – 1800", *Hastings Law Journal*, Vol.52, August, 2001, p.1282.
④ Helen Mary Gubby, *Developing a Legal Paradigm for Patents: the Attitude of Judges to Patents during the Early Phase of the Industrial Revolution in England (1750s – 1830s)*, Erasmus University Rotterdam, 2011, p.104.

他秘密绘制了图样并将其藏在绸缎里寄回了英国。完成该危险的使命后,他立即上船,并侥幸逃过了追捕而回到英国。次年,约翰·隆贝在德比郡附近依照其从意大利带回的图样安装了机器,所需资金由其兄弟托马斯·隆贝提供,后者因而在1718年获得了保护期为十四年的专利权。①

在另外一种意义上,"真正的第一个发明人"要求其实还起到了鼓励"在先申请"专利的作用。在1819年的"福赛斯诉里维耶尔(Forsyth v Riviere)"一案中,阿伯特大法官就指出:"如果几个人同时发明了相同的事物,第一个在专利名下将其传播给公众的人,可以获得其利益;法律并不要求专利权人应当是字面上的第一个发明人,或者新事物的发现者,而是专利权人是发明的第一个发布者或传播者即已足够。"②

《垄断法规》所规定的可授予专利权的"新制造"同样是一个模糊易变的概念。结合前述当时英国的"重工主义"政策和该用语的字面含义来看,"新制造"应当是指有形的、可销售的物品。如此一来,方法专利的授权就整体性地被不当排除在外了。所幸的是,在长时期的专利授权和司法实践中,《垄断法规》用以强调"新制造"包容性的定语"任何形式"(any manner of)起到了良好的法律解释效果。可授予专利的发明被认为包括了任何可销售的物品:"手工或技术制造的,机器或其改进,或机器的添附物,或制造可销售物品的机械安排,或一种特定的方法或流程,例如提取糖分或熔铁。"③

界定"新制造"的争议在前述1795年"博尔顿和瓦特诉布尔(Boulton and Watt v Bull)"一案中得到了较为集中的体现。该案的原告代理人认为,"制造(manufactures)"术语是指"任何由技术制作或生产的物品",如果发明在专利中被描述为一种方法也是无关紧要的。原告代理人指出"几乎所有登记备案的被授予给就机械技术做出新发现或改进的那些专利,都是授权给制造物品的方法,而不是制造出来的物品……类似的是近些年在化学和药品领域就不同的改进而授予的大量专利"。被告则抗辩称,瓦特没有任何新的机械发明,而只有原理和被描述为应用该原理的方法。这些原理是陈旧的,它们已经被应用于纽可门的蒸汽引擎中,因为人们早就知道蒸汽具有膨胀能力,并且会因冷而凝结。新的东西只是对这些原理的应用,而这不适于成为专利的

---

① [法]保尔·芒图:《十八世纪产业革命》,杨人楩、陈希秦、吴绪译,商务印书馆1983年版,第150页。
② Helen Mary Gubby, *Developing a Legal Paradigm for Patents: the Attitude of Judges to Patents during the Early Phase of the Industrial Revolution in England*(1750s - 1830s), Erasmus University Rotterdam, 2011, p.104.
③ Henry Lund, *A Treatise on the Substantial Law relating to Letters Patents for Inventions*, London: S. Sweet, 1, Chancery Lane, 1851, p.6.

客体。卢克(Rooke)法官认为:"根据留给我们的记录清单,用于制作特定物品的方法或技术的专利非常之多,以至于这种方法可以被认为是这种工具的通用表达。因此,如果承认这种口头反对,将损害专利权人的利益。……无论是专利权人称其为原理,发明或方法,还是其他任何称谓,我们都不必考虑他的用语,而应考虑其改进的真实性质以及他对此所作的描述。我想我们可以在不违反任何法律的情况下保护他。"黑斯(Heath)法官则认为,"制造"一词涵盖两类:第一类是机械,第二类是通过化学和其他工艺形成的物质。但是,最终结果必须是有形的物品,否则它就不是制造品。布勒(Buller)法官强调了原理不可以成为专利的基础,他将原理定义为"科学和技术的首要基础和规则,或者换句话说,它们的要素和基础"。因此:"对原则是什么的陈述,就证明它不是专利的基础。专利必须授予这些要素的某种新产品,而不是要素本身。"然后,其检验了"约减为实践"的原理是否适于成为专利的客体。他的观点是,"约减为实践"的原理只能"意味着一项实践以原理为基础,并且该实践是完成或制造物品的,或者换句话说,制造被发明了"。相同的推理被用于方法是否适于成为专利的客体:"没有产生效果和生产某种新物质的方法是不可能被支持获得专利的……当物品被完成或生产后,方法就成为了制造,是适当的专利客体。"艾尔(Eyre)法官的意见与其他三位法官不太相同,他认为方法在"制造"的含义之内,如果没有体现在字面上。他观察到,"任何新制造方式"一词与第一部分中的"任何事物"一词都非常短;"但最为确定的是,就用法而言,该法案的阐述已经超出了文字范围。以萨克尔(Salkeld)案为例,'新设备'一词被替换并与'新制造'一词同义。"按照这条解释路径,艾尔法官认为,"制造"应具有"广泛开放的意义",不仅适用于制造的物品,而且适用于制造的实践。制造的实践,也即"制作的方法",是指"所有产生对公众有益效果的,在任何技术领域的,新的手工或依靠常用工具的人工操作方法或者流程"。艾尔法官最关键的突破性观点在于:"当所产生的效果并非物质或物品的组合,专利只能授予给机制……我们并没有动摇这些专利的基础。我可能并没有夸大表述,当我说三分之二时,我甚至相信我可以说自法案通过以来所授予的所有专利中有四分之三是授予不生产新物质并且不使用新机械的操作和制造方法的。"[①]

根据当时顶尖专利律师威廉·欣德马奇(William Hindmarch)的判断,

[①] Helen Mary Gubby, *Developing a Legal Paradigm for Patents: the Attitude of Judges to Patents during the Early Phase of the Industrial Revolution in England (1750s - 1830s)*, Erasmus University Rotterdam, 2011, pp.111 - 114.

到 1842 年的"克莱恩诉普莱斯(Crane v Price)"一案时,英国的专利权人已经能够在相当大的程度上确信,法院认可方法和流程是适当的专利客体。①

三、不违反法律与贸易的保护

如前所述,除了专利授权的积极要件外,《垄断法规》还规定了不违反法律,不会造成国内商品价格上涨,不会损害贸易和在一般意义上不会不方便等消极要件。这四个要件事实上都与当时英国的贸易自由和正当竞争有一定的关系,只是前三个要件在用语上比较明确,最后一个要件更像是一个兜底性规定。因此,我们可以先分析前三个方面要件的含义。

"不违反法律"既是指抽象一般意义上的不违反法律精神、法律原则和普通法,也指具体意义上的不违反议会制定的成文法。《垄断法规》制定之前,王室专利特权异化的根本原因就在于,国王认为自己的专利特许是基于不受法律限制的王权作出的,因而出现了很多荒诞、腐败和不公正的专利授权,以全国大部分人的损失为代价而使极少数人获益。这种公众的损失,正如达西案和伊普斯维奇案所反映出来的,主要是指专利对公众原先享有的自由的限制或剥夺,或者阻止他们从事合法的贸易。这两起案件的报告同样体现了"不违反法律"在具体意义上的所指,达西案中提到了爱德华三世时期的古老的"自由贸易令"、第 25 部成文法、第 9 部法令和城市特许状等,以及爱德华四世时期的第 3 部法令;伊普斯维奇案则认为裁缝公会的垄断有违爱德华三世时期的第 7 部法案、第 37 号法令,伊丽莎白女王的第 5 部成文法,以及亨利七世的第 19 部成文法。

《垄断法规》对专利授权"不违反法律"要件之强调确有其必要。在《垄断法规》生效后,1625 年继承詹姆斯一世王位的查尔斯一世仍然滥发了不少违反法律的专利特权。在 1640—1648 年的长期议会期间,对王室垄断特权的批评构成了议会的主要议题之一:"它们(指王室垄断特权)是横行于这片土地之上的害群之马。仿佛侵占我们家园的埃及迷雾,我们还要被迫献出一个房间任其自由活动。它们享用我们的香茗和美食,坐在我们的火炉旁取暖。我们可以在染料、饭碗和粉桶中随处发现它们。它们在仆役长的盒中与其共享利润。它们不会给我们丁点施舍。非经它们的中介,我们连衣服都无法购买。这些水蛭对公共福利的损害是如此严重,差不多已是灭顶之灾。"最终,议会成功地撤销了部分垄断专利,并于 1641 年取消了王室垄断特权的主要

---

① Harold Irvin Dutton, *The Patent System and Inventive Activity during the Industrial Revolution*, *1750 - 1852*, Doctoral Thesis, University of London, 1981, p.160.

执行和保护法院——星室法院。这也意味着议会成功地巩固了《垄断法规》所赋予的以立法制约王室垄断特许的权力,并实现了对普通法法院的强有力支持。①

"不会造成国内商品价格上涨"的专利授权要件则与《垄断法规》制定之前相当长一段历史时期内英国的物价水平有关。15 世纪末至 17 世纪,"价格革命"席卷西欧,英国也未能幸免,其物价上涨在 16 世纪 50 年代和 70 年代表现最为明显。针对这种情况,都铎王朝时期,王室敕令作为一种重要的价格控制工具被频繁运用。据统计,当时共有 30 项敕令规定了食品、肉类、糖类、啤酒花、酒类、弓箭盔甲等 6 类商品的最高限价。这些敕令的施行,在一定程度上抑制了物价上涨的势头。② 但是,在当时英国的法律制度下,同样作为王室特许的垄断专利却可以无视上述价格限制敕令,而如前所述,都铎王朝后期滥发的专利已经遍及一般消费品和生活必需品领域,所以它必然会助长物价上涨的趋势。议会在起草《垄断法规》的时候充分意识到了这一点,所以专门规定了相关的专利授权限制性条件。

与"不违反法律"相比,"不会损害贸易"的专利授权要件更多是从专利实施的潜在结果角度做出的规定;与同样是从潜在结果角度规定的"不会造成国内商品价格上涨"要件相比,"不会损害贸易"显然更具有一般性。它包括了在形式上不违反法律,也不会造成国内商品价格上涨,但是可能阻碍商品自由流通或者有其他不当损害自由贸易可能的一切垄断专利。

四、公众便利性与专利实用性

《垄断法规》同样没有明确界定"在一般意义上不会不方便"这样一个用语模糊的专利授权要件。不过有一点可以确信的是,这里指的是不会给"社会公众"而非任何特定的个体造成不便。由于《垄断法规》已经要求颁发的专利"不会造成国内商品价格上涨"这种具体的不便,所以在这个兜底性要件上就使用了"在一般意义上"的限定语。

就《垄断法规》制定的历史背景和政治过程来看,只有较少的有关社会公众对垄断专利之直接态度的例证。1591 年,英国的伟大诗人埃德蒙·斯宾塞(Edmund Spenser)在其诗作《埃斯特洛菲尔》中"痛苦地描述了朝臣们追求垄断的活动",表达了对王室垄断特权的反感之情。1601 年,罗伯特·塞西

---

① Steven G. Calabresi & Larissa Price, "Monopolies and the Constitution: A History of Capitalism", Northwestern University School of Law Scholarly Commons, 2012, p.21.
② 柴彬:《英国近代早期的物价问题与国家管制》,《世界历史》2009 年第 1 期,第 63—65 页。

尔(Rober Cecil)爵士在其记述中写道:"议会事务已经成为街头巷尾的常规话题。我听到人们说我自己在席位上大声疾呼:'上帝赞同进一步推翻那些垄断'。"1621年,有新闻报道也提到垄断主义者的不当行径和因此锒铛入狱的议员。但是,这样的事例毕竟太少,还是无法证明在《垄断法规》制定之前一般社会公众中就已弥漫着反垄断主义的态度。毕竟,在近代早期的英国议会中,即便是下议院,也不可能代表社会公众中普通人的意见。①

上述立法背景导致了《垄断法规》中代表公共利益检验之"在一般意义上不会不方便"要件的多种不同解释。有学者就认为,下议院将"明显有害于公共福利,但却无法被证明确定违法"的专利界定为"不方便的"授权。也有历史学家认为,该要件的检验应当立足于"财政视角"。科克的观点则是,如果一项发明导致"大量的劳动者无所事事",那么它就是"不方便的",并因而违反了《垄断法规》。倘若严格遵循客观主义的法律解释路径,科克的观点是最符合立法原意的,这一点从前述达西案和伊普斯维奇案的报告中已经可以看到。不仅如此,在1621和1622年,英国因大的灾荒和贸易衰落出现了大量失业和贫困加剧的现象。因此,"促进就业"作为17世纪20年代英国议会的主要经济关切,很有可能构成《垄断法规》的重要立法动机之一。②

"在一般意义上不会不方便"的用语过于宽泛和模糊,自然也就在司法中带来了文义解释的难题。在1785年的"雷克斯诉阿克莱特(Rex v Akright)"案中,布勒(Buller)法官就指出:"如果对不方便做开放解释,就意味着对可提出的任何理由做开放解释。"

从主观主义的法律解释路径出发,18—19世纪的英国法官们更愿意强调"在一般意义上不会不方便"的专利授权要件是旨在进行一种广泛意义上的公共利益检验。法官们的意见很明确,专利授予的垄断权是为了回报所赋予国家的某种利益。例如,在1787年的"特纳诉维因特(Turner v Winter)"一案中,布勒(Buller)法官指出"专利权人为自己的垄断所付出的对价是公众在其专利到期后将从其发明中获得的利益。"在1803年的"哈达特诉格里姆肖(Huddart v Grimshaw)"一案中,艾伦布拉霍(Ellenborough)法官强调专利权"是一类非常重要的财产,因为其尊重个人的利益,以及与权利人相连的公众利益"。鉴于公共利益和公共政策的时代变迁性,因此对"在一般意义上不会不方便"的司法解释也随之而发生着转变,最为明显地体现为

---

① Chris Dent, "'Generally Inconvenient': The 1624 Statute of Monopolies as Political Compromise", *Melbourne University Law Review*, Vol.33, 2009, pp.433-437.

② Chris Dent, "'Generally Inconvenient': The 1624 Statute of Monopolies as Political Compromise", *Melbourne University Law Review*, Vol.33, 2009, pp.445-446.

对节省劳力型发明的接受,不再将可能增加失业的专利视为"不方便"的发明。①

在解释"在一般意义上不会不方便"和"不会有损国家利益"的过程中,很多法官事实上引入了《垄断法规》没有明确规定的"实用性"要件。例如,直到1837年的"摩根诉塞沃德(Morgan v Seaward)"一案,法官都还在判决中明确写道:"一项无用的发明垄断专利,应当被认定是'有损国家利益,损害贸易或在一般意义上不方便的',这是法律的应有之义。"②

尽管《垄断法规》没有明确规定关于专利在技术和经济上积极的"实用性"标准,但在法案制定之前即有少数获得专利授权的发明人阐述过自己的观点。例如,1612年,一名原籍德国、名为西蒙·斯特蒂文特的人,获得了一项用煤火冶炼铁矿石技术的专利权。斯特蒂文特在其著作中就指出,任何新的技术方法,它能取代别的方法,都应完成三个最起码的条件:必须保证至少有等量、等质和等价的生产。只有在超过这种最少限度以及生产变为更加丰富、更加完善或更加廉价时,新技术方法的真正效用才得到证明,它的成功才是真实的。斯特蒂文特自认为他的专利达到了等量和等质的要求。③《垄断法规》实施后,1691年的"艾吉波利诉斯蒂芬斯(Edgeberry v Stephens)"一案率先提到了"《垄断法规》旨在鼓励对英国有用的新设备"。1814年的"曼顿诉帕克(Manton v Parker)"案则认为"该发明的实用性和该专利的目的完全失败了"。1815年,当"曼顿诉曼顿(Manton v Manton)"案在普通上诉法院审理时,吉布斯法官指出必须证明一项发明"不仅是新的而且是对公众有用的"。在1817年的"希尔诉汤普森(Hill v Thompson)"案中,艾尔登(Eldon)法官表示,发明必须是新颖且实用的,而实用性问题是由陪审团决定的。④ 在17—19世纪英国专利司法的历史进程中,虽然也有少数法官认为,实用性并非专利授权的法定要件,但总体的趋势是将其纳入授权考量的必要范围。

---

① Helen Mary Gubby, *Developing a Legal Paradigm for Patents: the Attitude of Judges to Patents during the Early Phase of the Industrial Revolution in England*（1750s - 1830s）, Erasmus University Rotterdam, 2011, p.136.
② *Morgan v Seaward*, [1837] EngR 176; 2 M & W 544; 150 ER 874; 1 Murph & H 57; 1 Web Pat Cas 167.
③ [法]保尔·芒图:《十八世纪产业革命》,杨人楩、陈希秦、吴绪译,商务印书馆1983年版,第226—227页。
④ Helen Mary Gubby, *Developing a Legal Paradigm for Patents: the Attitude of Judges to Patents during the Early Phase of the Industrial Revolution in England*（1750s - 1830s）, Erasmus University Rotterdam, 2011, pp.142 - 143.

第三节　生产方式的变革与技术创新的加速

一、手工生产工场与熟练技术分工

《垄断法规》的实施在一定程度上促进了英国的专利实践。统计数据表明,《垄断法规》制定之前,1610—1619 年,英国登记的专利数量为 15 件;1620—1629 年,增长为 33 件;1630—1639 年,更是增加了一倍有余,达到了 75 件;到 1640—1649 年,才因为政治动荡和 1648 年革命而急剧锐减为 4 件。[①] 这些专利技术和其他未申请专利的科技发明的产生及其工业化应用,与 16 世纪中期英国就已经开始的工业生产的日渐规模化和组织化密切相关。

这种工业生产的规模化和组织化主要是指集中的工场手工业。工场手工业一般以两种具体的方式进行生产。"一种方式是:不同种的独立手工业的工人在同一个资本家的指挥下联合在一个工场里,产品必须经过这些工人之手才能最后制成。例如,马车过去是很多独立手工业者,如马车匠、马具匠、裁缝、钳工、铜匠、旋工、饰绦匠、玻璃匠、彩画匠、油漆匠、描金匠等劳动的总产品。马车工场手工业把所有这些不同的手工业者联合在一个工场内,他们在那里协力地同时进行劳动。"另一种方式恰恰相反,"许多从事同一个或同一类工作(例如造纸、铸字或制针)的手工业者,同时在同一个工场里为同一个资本所雇用……各种操作不再由同一个手工业者按照时间的先后顺序完成,而是分离开来,孤立起来,在空间上并列在一起,每一种操作分配给一个手工业者,全部操作由协作工人同时进行。这种偶然的分工一再重复,显示出它特有的优越性,并渐渐地固定为系统的分工。商品从一个要完成许多种操作的独立手工业者的个人产品,变成了不断地只完成同一种局部操作的各个手工业者的联合体的社会产品"。[②] 后一种属于大规模的工业发展,需要大量投资。例如,在当时要发掘一个煤层,至少需要上千英镑,等于一个普通工人 100 年的收入。同时,大规模的工业,也需要大量劳动力。当时一个冶炼场雇佣的工人达 4 000 人。在这些大规模的工业部门中,独立的手工工匠已无人问津,只能由手握巨资的大资产阶级和新贵族去进行集中式

[①] D. C. Coleman, *The Economy of England*, 1450 - 1750, Oxford University Press, 1977, p.154.

[②] 卡尔·马克思:《资本论(第一卷)》,人民出版社 2004 年版,第 373—374 页。

经营。①

　　劳动工具的分化和专门化,是工场手工业的主要特征之一,也是其相对于个体手工业者和分散的手工工场的优势所在。这就意味着,在工场手工业中,各个生产环节必然发生有目的、有计划地应用技术发明的机器化革命。例如,在1589年威廉·李(William Lee)发明织袜机以后,英国纺织业中的技术革新可谓是一日千里、进步神速。"纺纱、梳毛和粗梳的机械、荷兰织机、针织机、捻丝机和在漂白及棉布印花中的后道技术开始发展起来,并且日渐普及。毛纺织业部门普遍地从生产厚重的粗呢产品转向轻薄的新呢布产品,降低了产品的生产时间,提高了生产效率。在酿造、制砖、麦芽制造、制糖和煮皂,还有冶金和金属加工等新的工业中,通过技术革新,普遍地采用煤炭作为燃料。在金属制造业中……在17世纪和18世纪开始普遍地使用鼓风炉、水力锻铁炉、刀刃机、棒铁机以及切割机等机械。"②集中式手工工场的另一大优点是缩短了各行业技术工人对劳动工具的适应时间,增强了他们对劳动工具的熟悉程度。这既为技术工人自身在生产过程中的技术革新创造了可能,也为工业生产中职业科学家和发明家技术成果的推广应用提供了足够数量的符合要求的劳动力。

　　随着工场手工业的发展,英国从16世纪开始逐渐形成了一些区域产业中心,包括伦敦的皮革制造业、苏塞克斯威尔德林区、什罗普郡和米德兰西部的冶铁业、埃克塞特等西南部的呢绒业等。③ 16世纪后期至17世纪初,在英国的建筑、造船、造纸、玻璃、肥皂等行业,集中的手工工场也开始陆续建立和发展。随着新的工业城镇的崛起,集中的手工工场在曼彻斯特、伯明翰、谢菲尔德等工业城市中逐渐扩展。④ 产业的区域集中又进一步推动了技术革新,催生了一些以新产品为主要生产对象的手工工场,从而形成了一个较为良性的循环。

二、剩余价值追逐与创造劳动价格

　　16—17世纪的英国工场手工业已经初步具备了资本主义生产关系的基本特点。在手工工场中,资本和劳动已实现初步的分离,即工场主不再参加

---

① 蒋孟引:《英国史》,中国社会科学出版社1988年版,第332—333页。
② 张卫良:《现代工业的起源——英国原工业化与工业化》,光明日报出版社2009年版,第194页。
③ 孙海鹏:《论近代早期英国集中制手工工场的发展》,《贵州社会科学》2016年第4期,第72页。
④ 陈曦文、王乃耀主编:《英国社会转型时期经济发展研究:16世纪至18世纪中叶》,首都师范大学出版社2002年版,第47页。

劳动,成为专业的经营管理者,负责提供场地、原料、设备,雇佣工人进行生产;劳动者出卖自己的自由劳动力,成为纯粹的工资劳动者;工场主占有产品并将其出售,支付给劳动者的是工资。① 在这种生产关系中,由于一般有形商品的价值会随着使用价值的消失而消失或转移到其他商品上,只有劳动力商品能够在生产过程中为其购买者创造出比自身价值更大的价值。因此,在资本主义生产关系中,资本的唯一动机和直接目的就是追逐这部分由雇佣工人创造、超过劳动力价值的剩余价值。

资本家追逐剩余价值的方式主要有两种:一种是绝对剩余价值的生产,即通过延长劳动者的工作时间和增加工人的劳动强度来创造更多的价值;另一种是相对剩余价值的生产,即通过技术革新提高劳动生产率以使工人在相同的劳动时间内创造更多的价值。绝对剩余价值的生产毕竟受人的体力和精神极限的限制,并且随着雇佣工人反抗意识的增强以及劳动社会保障立法的陆续出台和完善,变得越来越难以为继。真正可以依仗并可以说具有无限可能的,只能是相对剩余价值的生产。另外,从客观的生产过程来看,马克思也指出:"机器使手工业的活动不再成为社会生产的支配原则。因此,一方面,工人终生固定从事某种局部职能的技术基础被消除了。另一方面,这个原则加于资本统治身上的限制也消失了"。② 这表明资本可以出于生产利润和剩余价值最大化的目标而更加自由灵活地投向不同的工业领域,而受雇于资本的工人则可以通过不断学习而熟悉新的生产机器和工作领域,不必局限于某一特定的工种乃至特定的行业,这样工人也可以争取获得出卖自己劳动力的最高对价。

资本家对最大相对剩余价值的追逐和雇佣工人对最高劳动工资的追求形成了一股技术创新的合力。雇佣工人的技术创新途径是在简单重复性劳动的基础上增加复杂的创造性劳动,即探索、发现、使用人类不曾使用过的知识、技能、手段、材料、工具,创造新的产品或新的生产方式从而以更高的效率从事商品生产的劳动。③ 由此可见,创造性劳动的"物化"形式既包括工艺创新,也包括产品创新。工艺创新主要涉及的是生产工具、生产资料、生产手段和生产流程等的创新,其与发明、专利的紧密联系,我们在前述英国工场手工业生产的机器化过程中已经进行了描述。相对而言,产品创新的重要性容易被人忽视。然而,单纯的工艺创新一般无法突破某一生产部门的限制,只有

---

① 刘金源:《论近代英国工厂制的兴起》,《探索与争鸣》2014 年第 1 期,第 84 页。
② 卡尔·马克思:《资本论(第一卷)》,人民出版社 2004 年版,第 406 页。
③ 冯俪:《创造性劳动与劳动价值论——对马克思劳动价值公式的补充》,《河南师范大学学报(哲学社会科学版)》2008 年第 5 期,第 17 页。

产品创新才能够扩张出新的需要,发现和创造新的使用价值。产品创新扩大了既有的交换价值的体系,为资本创造了对等价值的新的源泉,也为商业资本对工业生产的补充提供了重要渠道。可以说,没有重大产品创新和新兴产业部门的建立,建立在相对剩余价值生产基础上的经济增长根本难以持续。① 英国的早期资本家显然清醒地意识到了这一点,所以当英国传统的呢绒业走向衰落时,英国仍然可以凭借新的棉纺业、冶金业等保持其在西欧近代工业发展中的领先地位。

三、内外特许公司与专利垄断追求

在资本原始积累的过程中,英国的早期资产阶级除了按部就班地采用新的生产方式追逐剩余价值外,他们的投资也相当富有冒险精神。这种冒险精神首先体现在对外贸易领域。16 世纪末 17 世纪初,英国成立了很多股份贸易公司。这些公司最初由一些商人自愿出资组成,大多从事地理大发现以后各条新航路上的海外贸易。当时成立的主要特许公司有:莫斯科公司(1553年)、商人冒险公司(1564 年)、西班牙公司(1577 年)、东陆公司(1579 年)、利凡特公司(1581 年)、东印度公司(1600 年)、弗吉尼亚公司(1606 年)、法国公司(1611 年)、百慕大公司(1612 年)和马萨诸塞公司(1628 年)等。② 到 17 世纪中叶的时候,"有时是通过某个命令作为补充,有时是通过专利证书或是正式宣告作为补充",③这些公司基本上都通过特许权获得了明确的法律地位,成为英国历史上第一批正式的法人组织。

整体而言,贸易特许公司的发展促进了 17 世纪英国利率的降低、投资的增长、就业的增加和技术变革的加速。1500 年,英国的利率为 10%,到 1624 年《垄断法规》生效时已降至 8%,1714 年更是只有 5%。17 世纪英国生产性资本的年形成率在很长时期内平均达到国民收入 3%—4%的水平。从 17 世纪中叶开始,英国公、私两部门均不断加大对河流、公路和桥梁等交通运输领域的投资。投资的增长自然地带动了就业的增加,仅东印度公司建立之初的二十年间,就在泰晤士河上建立了两个造船厂,建造了 76 艘船,成为伦敦最大的劳动力雇佣者。利率降低和投资增长还降低了英国的技术革新成本,不仅促进了英国原有工业部门,如毛纺织业和呢绒业的发展,同时还促进了

---

① 孟捷:《产品创新:一个马克思主义经济学的解释》,《当代经济研究》2001 年第 3 期,第 35—38 页。
② 王觉非:《近代英国史》,南京大学出版社 1997 年版,第 13 页。
③ E. E. 里奇、C. H. 威尔逊:《剑桥欧洲经济史(第四卷):16、17 世纪不断扩张的欧洲经济》,张锦冬等译,经济科学出版社 2002 年版,第 223 页。

新兴工业部门如造船业、采矿业乃至棉纺业的进步。例如,商人冒险公司的呢绒出口使英国国内的毛纺织工业进入广阔的欧洲大陆市场,为其发展创造了更大的空间,加上其后东印度公司的棉花进口和转口,进一步促进了英国棉纺工业的发展,使其成为后来产业革命的先驱部门。① 冶炼业的产量则从1690年的10吨增加到1698年的160吨,到1720年代已经达到800吨左右,与之相伴的是不断改进的熔炉技术实践。②

这些贸易特许公司对英国的技术引进和技术创新显然有着直接而重要的作用。例如,莫斯科公司的一份备忘录就强调了学习波斯工业技术的重要性,并提议派工匠到波斯学习刀、铠甲、地毯和斗篷等的制作技术。③ 可以说,贸易特许公司是当时英国重商主义政策的重要践行者。对于引入到英国的先进技术,无论在《垄断法规》制定之后还是制定之前,贸易特许公司都有很大机会获得专利授权。贸易特许公司从海外掠夺的资料为英国国内的技术创新和工业生产提供了更加丰富的原材料,进口的新产品则有效刺激了国内的产品创新。与此同时,在17世纪下半叶,建立已有进口产品之制造业的发明被频繁推荐给国王,作为改善"贸易平衡",确保关税收入的方法。④

贸易特许公司在经济制度上做出了巨大的创新和改进。股份公司这种新的资产组织形式和资本运作方式与英国商人的冒险欲望相结合,驱动了英国经济内外相辅相成的共生发展。不过,英国贸易特许公司在发展的过程中除了要随时面对航运过程中的各种风险以外,也面临着产品、技术和市场等方面的国际国内双重激烈竞争。在建立之初,贸易特许公司要依靠国家授予的垄断特权达成自己的财富聚敛目标,同时实现了国家的海外扩张战略。在发展过程中,贸易特许公司则开始面对国内反对垄断的巨大压力,需要逐渐挣脱国家的权力控制,不再负担国家的任何政治任务,不再作为无创新贡献的单纯的贸易垄断者,而要成为自由市场上自主决策的经营者,在法制的框架内就自己真正的创新寻求正当的专利权。

事实上,仅就英国国内的情况来看,《垄断法规》的最大弱点之一就是并

---

① 胡明:《现代企业的国家工具理论——基于16至17世纪西欧特许公司的实证研究》,《中国政法大学学报》2014年第2期,第105页。
② Zuala Zahedieh, "Colonies, Copper, and the Market for Inventive Activity in England and Wales, 1680–1730", The Economic History Review, Vol.66, No.3, 2013, p.820.
③ 杨美艳:《16世纪后期英国的外贸公司及其历史作用》,《史学月刊》2000年第2期,第75页。
④ Christine MacLeod, Inventing the Industrial Revolution: The English Patent System, 1660–1800, Cambridge University Press, 1988, p.22.

未能敏锐地把握到以组织而非个人形态出现并发展的垄断趋势。当时各类垄断在其组织形态上的最常见转向就是初级的合股公司。个人垄断因此在其组织上开始扩张,手工艺者或作坊主的公会忙于通过合同以集体贸易替换个人,并使多数人服从于少数人的规则。组织上的同化也带来了相应的功能同化。公司理论上是为管理而设,专利则是为应用而生,但两者的区别日益变得不重要,因为当不同的专利权人要介入既有产业时,只能是以管理性的方式,而公司要变得更具有严密的独占性,也必须借助于专利的实施。例如,威斯敏斯特的煮皂者公司最初是由一群专利权人发起以实施某项发明的组织,但他们很快就接管了制皂业的管理,并因而取得了对所有肥皂生产的垄断。专利和章程特许权之间在组织和功能类似性上的发展主要是由于经济上的原因,部分是因为特权的内在集中化趋势,部分是因为对资本的需求。《垄断法规》制定时期的议会偏向于支持产业安全和小作坊主的独立性,认为对手工业者公司的专断保护是一种虚假的垄断政策,因此这些公司的特权免受了《垄断法规》的责难。鉴于管理控制和财政收入等方面的考虑,国王在保护小作坊主方面与议会一样不遗余力,但其是在原则上支持这些组织的特权,而不是作为例外形式。公司的设立在 1624 年《垄断法规》制定后达到其巅峰,尤其是在 1635—1640 年间。其中最疯狂的计划之一是将伦敦郊区的所有贸易商纳入公司的管理和规制之下。虽然在 1639 年"短期议会"和 1640 年"长期议会"召集前后,一大批专利特权被撤销,但这也只是剔除了专利授权背后的不当政治利益,一些公司的专利仍然得到了保留,并且公司这种组织形式对专利授权和实施的影响也得到了有效延续。[①]

四、市场制度雏形与专利应用实践

尽管对外贸易尤其是出口贸易对 17 世纪初英国国家财富增长的直接作用十分明显,并且为英国工业的发展提供了充分的动力机制,但"资本主义生产方式往往是排他性的,摧毁其他一切(生产方式)的……决定这种排他性倾向的条件,在于它必须以扩大和加深国内市场为基础"。[②] 那么,当时英国国内市场的情况究竟如何呢?

16—17 世纪的私人日记和交易文件等历史档案表明,英国当时已经是一个高度发达的货币化社会。包括农村居民在内的英国广大普通民众基本

[①] William Hyde Price, *The English Patents of Monopoly*, Harvard University Press, 1906, pp.35-46.

[②] [埃及]萨米尔·阿明:《不平等的发展——论外围资本主义的社会形态》,高铦译,商务印书馆 2000 年版,第 11 页。

上都是个人主义的、理性的、精于算计之人,共同参与了一种市场经济,共处于一个高度流通的社会。差不多每一样物品都有其价格和所有权人,从土地到房屋,乃至一切价值更小的东西,无非商品,都可以在市场上交换。① 这样一种市场经济的初步建立首先是受益于英国所确立的资本主义私人财产所有权制度。16—17世纪,英国的土地所有者开始维护自己的土地财产所有权以反对国王的特权,而公簿持有农则维护他们对土地的财产所有权和习惯以反对他们的领主。随着17世纪末损害赔偿诉讼与驱逐诉讼之间区别的消失,不动产与动产在权利形式方面的区别也不复存在,动产权利形式成为统一的标准,包括不动产在内的财产在法律上都是一种动产化的存在,绝对所有权也指向的是这样一种整体性财产。② 与私人财产权制度同时建立的还有契约制度和信贷制度。前者奉行契约自由和契约信守的原则,是各类产品在市场上自由流通的基本依据。后者则是为商品生产和贸易提供配套资金的保障制度。例如,1694年英国议会通过《商品运输吨位法令》,成立了英格兰股份银行公司:"凡用英格兰银行和公司名义将所有承购人和捐助人、其继承人或代理人组成一个法人团体,同样以英格兰银行总裁和公司名义,享有永久继承权和共同的印章者,陛下均认为应属合法。"③

形式上统一动产化的私人财产权制度无疑十分有利于接纳以无形技术成果为客体的专利财产权。契约制度则方便了专利技术本身及其所制造产品的市场交易。信贷机制的成功运作为资本与专利技术的结合以及专利技术价值的实现消除了障碍。在这种背景下,17世纪末,英国的专利数量明显有所增加,实践应用情况也较为良好。例如,1691—1693年,英国的专利数量分别为20件、25件和19件,产业应用中潜在可申请专利的技术分别达到33件、40件和44件。④ 更为重要的是,英国的这些专利实践是面向市场而非王室和贵族的腐败需求的。"在英国不仅没有任何与(法兰西)国家一手操办的奢侈工业相似的工业,而且——更为重要的是——在英国也没有大量的和广泛的拥有任何可能特权的皇家私人制造业……这种差别至关重要……'工业主义'或'资本主义'意味着面向大众消费而进行的大众化的生

---

① [英]艾伦·麦克法兰:《英国个人主义的起源》,管可秾译,商务印书馆2008年版,第87页。
② 魏建国:《自由与法治——近代英国市民社会形成的历史透视》,中央编译出版社2005年版,第124页。
③ 舒小昀:《市场与英国社会转型》,《河北大学学报(哲学社会科学版)》2004年第2期,第60页。
④ Richard J. Sullivan, "England's 'Age of Invention': The Acceleration of Patents and Patentable Invention during the Industrial Revolution", *Explorations in Economic History*, Vol.26, No.4, 1989, p.449.

产,这里,奢侈工业完全处于从属地位。因此,领导权转移到了英国。"①

17世纪末,初具规模的英国金融市场也对专利制度的应用产生了积极的影响。其为缺乏现金的发明人,以及迫切希望采用任何合理可行商业计划或者实施任何类似发明的项目经理提供了黄金机会。此前被搁置的专利申请开始重新提出,从未被应用的专利被拂去尘埃和制定了实施方案。很多公司为实施17世纪80年代授予的专利而得以成立,取得一项专利也成为不少公司使自身崭露头角的初步举措。还有一些专利权人选择将其专利折成公司股份,或者干脆卖给出价最高者,避免了许可的麻烦和成本。②

总而言之,虽然17世纪的英国在政治上波诡云谲、斗争不断,资产阶级为彻底掌握政权还在不懈努力,但其国内市场的发展却是基本规范有序的,并且在不知不觉中完成了体系化的制度建构。在市场规律的引导和市场制度的保障下,符合《垄断法规》授权要件而真正具有价值的专利技术渐渐展现出其应有的活力,也日积月累地奠定了英国工业领先的基础。

第四节　古典的自由学说与专利的正当解释

一、格劳秀斯的理念与专利的合法先占

作为近代理性主义自然法即古典自然法的鼻祖,荷兰法学家雨果·格劳秀斯虽然没有就英国的专利权法律制度有过任何专论,但其财产权理论及观念显然对17世纪英国的专利法律实践产生了一定的影响。

格劳秀斯认为,自然法是对人的自然权利的确认。一方面,人类享有一种原始共有财产权的自然权利。另一方面,每一个个人都享有对自己的"生命、身体和自由"等的完整所有权,使人可以为自我保存这些基本权利而正当地占有和使用共有的自然资源,或从事特定的行为,从而取得合法的私有财产。格劳秀斯强调:"关于行为的自由等同于对物质资料的支配权。"这就意味着私有财产权与某人的生命权、自由权等绝对排他性权利具有道义上的等同地位。③ 由于将自然法视为正当的理性准则,所以格劳秀斯所认为的私人

---

① [美]伊曼纽尔·沃勒斯坦:《现代世界体系(第二卷)》,庞卓恒等译,高等教育出版社1998年版,第111页。
② Christine Macleod, "The 1690s Patents Boom: Invention Stock-Jobbing?", *The Economic History Review*, Vol.39, No.4, 1986, p.560.
③ 王铁雄:《格劳秀斯的自然财产权理论》,《河北法学》2015年第5期,第111—122页。

财产权正当性基础还包括社会性的内容,即社会成员的一致同意。格劳秀斯指出:"自然法不但尊重那些由自然产生的东西,而且也尊重那些由人类行为而产生的东西。例如,现实存在的财产就是根据人类的行为产生的东西,一经确认,自然法就指示我们,违反任何一个人的意志而拿走他人的东西就是非法的。""当财产成立之后,一人若违反另一人的意志而掠夺他的财产,即为自然法所禁止。"①

在格劳秀斯那里,契约构成私人财产权的重要基础,双方应当拥有平等的地位和完全的意志自由。关于与自由相对的垄断,格劳秀斯也有专门的论述。他认为,并非所有的垄断都是与自然法相矛盾的,在某些时候垄断可以基于某个正当事由而在一定程度上获得主权者的许可。②

1648年,在一起涉及英国东印度公司的贸易垄断专利权案件中,格劳秀斯的上述部分理论观点被原被告双方和法官直接加以引用和评述。原告认为,贸易本身是自由的,任何独占某项贸易的垄断因为违背了自然法,因而是恶的。被告东印度公司则辩称,它已经"占有"这项贸易接近百年之久,这种占有理应使其获得一项权利。大法官杰弗里斯支持东印度公司垄断专利的有效性,但不是从东印度公司享有某种自然权利的角度,只是重申了格劳秀斯关于"并非所有的垄断都违背自然法"的观点。杰弗里斯法官指出:"尽管垄断是被禁止,但这不应当被理解成普遍为真(正如以往的任何一般法律一样),不是说在任何方面,以及无论基于何种场合或紧急情况,都不承认任何例外或限制。"③

格劳秀斯的自然法财产观由于将基于正当理性的"占有和使用"行为视为财产权取得的必要前提,所以其只能限于有形商品及其贸易之上,尚无法为无形技艺之上的专利排他权利进行充分的辩护。但东印度公司一案的意义也十分重大,它意味着在英国司法实践中,除了以习惯和实践为主导的普通法财产权解释路径外,理性主义的自然法财产权理论谱系也被引入并且日渐受到重视。对于面向技术发明的专利财产权这种新生事物而言,由于实践的经验较为匮乏,直接诉诸理性主义的自然法解释当然更为便利。

二、霍布斯的思想与专利的权力保障

与格劳秀斯一样,霍布斯也采用了自然状态和自然权利等概念,但霍布

---

① 占茂华:《自然法观念的变迁》,法律出版社2010年版,第143—144页。
② Hugo Grotius, *The Right of War and Peace*, Book II, Liberty Fund Inc, 2005, pp.739-749.
③ Adam Mossoff, "Rethinking the Development of Patents: An Intellectual History, 1550-1800", *Hastings Law Journal*, Vol.52, August, 2001, pp.1270-1271.

斯对自然状态的观察和描述有着完全不同于其他自然法学者的视角。

霍布斯认为:"在没有一个共同权力使大家慑服的时候,人们便处在所谓的战争状态之下……在人人相互为敌的战争时期所产生的一切,也会在人们只能依靠自己的体力与创造能力来保障生活的时期中产生。在这种状况下,产业是无法存在的,因为其成果不稳定。这样一来,举凡土地的栽培、航海、外洋进口商品的运用、舒适的建筑、移动与卸除须费巨大力量的物体的工具、地貌的知识、时间的记载、文艺、文学、社会等都将不存在……没有共同权力的地方就没有法律,而没有法律的地方就无所谓不公正……那便是没有财产,没有统治权,没有'你的''我的'之分;每一个人能得到手的东西,在他能保住的时期便是他的。"①

在霍布斯眼中,自然状态下的自然权利是指,每个人都有按照自己所愿意的方式运用自己的力量保存自己的天性,也就是用自己的判断和理性认为最适当的手段去做任何事情的自由。这种自由意味着,凡是人之理性支配下可以利用的一切事物,都可以帮助其抵抗敌人、保全生命。每个人因而对每一种事物都有权利,甚至对彼此的身体也是如此。但是,倘若每个人都坚持自己的自由和权利毫不让步的话,那就会陷入上述"人人相互为敌"的战争状态。因此,为了实现自我保存所必需的自由,每个人就要在尊重对方对自己享有之自由权的限度内,放弃对一些事物的权利。人们依靠这种相互转让权利的契约组成一个共同体,但这还不够。为了抵御外来的侵略,以便保障大家能通过自己的辛苦和土地的丰产为生并生活得很满意,就需要一种外在于契约的能使契约得以巩固和持久的东西,即使大家慑服并指导其行动以谋求共同利益的共同权力。形成共同权力的路径是唯一的:将大家所有的权利托付给某一个人或一个能通过多数意见使大家的意志转化为一个意志的集体。这就是具有绝对权力的主权者,也即国家的产生过程。②

国家通过共同权力创制了保存和维护人们自然权利的各项法律,其中就包括了区分和保护"我的""你的""他的"东西的私有财产制度。在自然状态中,依靠个人的智力、理性和经验而完成的技术发明显然是私有财产的重要类型。霍布斯指出:"要维持一个国家,单单是每个人对一份土地或少数商品享有私有财产权,或是对某些有用的技艺享有所有权是不够的,何况世界上的技艺也没有一种不是几乎对每个人的生存或福利说来都是有必要的"。③

---

① [英]霍布斯:《利维坦》,黎思复、黎廷弼译,商务印书馆1985年版,第99—101页。
② 艾克文:《霍布斯政治哲学中的自由主义》,武汉大学出版社2010年版,第119—120页。
③ [英]霍布斯:《利维坦》,黎思复、黎廷弼译,商务印书馆1985年版,第204页。

霍布斯还强调,"人类的劳动也和其他任何东西一样是一种可以营利的商品"。①

由此可见,在霍布斯的政治哲学中,人在自然状态下的自我保存权利及由此而决定的理性行动自由具有优先地位,是所谓的第一自然律。除了生命本身外,基于身体和智力之创造天赋所完成的有用技艺也是自我保存的重要内容,构成私有财产的首要部分,并且是一种可交易的商品。而无论是对于技艺的专利财产权,还是这种技艺商品的交易契约,都需要国家主权之下的公共权力加以保障,否则人们又会回到战争状态中去。例如,霍布斯在强调司法权的意义时指出:"因为不裁决争执就不能保障臣民不互相侵害,关于私有财产权的法律就形同虚设……这就是战争状态,与每一个国家按约建立时的目的都相违背"。②

三、洛克的学说与专利的劳动取得

洛克延续了霍布斯关于自然状态下人的有限度自由以及通过国家权力对这种自由加以保障的观点。洛克指出,自然状态虽然是自由的状态,却不是放任的状态。"在这状态中,虽然人具有处理他的人身或财产的无限自由,但是……自然状态有一种为人人所应遵守的自然法对它起着支配作用;而理性,也就是自然法,教导着有意遵从理性的全人类:人们既然都是平等和独立的,任何人就不得侵害他人的生命、健康、自由或财产。"由于自然状态缺乏确定的、众所周知的法律、知名和公正的裁判者以及保障正确判决执行的权力,所以人们需要"联合成国家和置身于政府之下",以保护自己的财产。③

不过,洛克的财产权学说中最为重点的部分仍然是其对人们将自然状态下的共有财产拨归私有的正当过程描述,这也是洛克的财产权学说被称为"劳动财产权学说"的原因所在。洛克认为:"没有人对于这种处在自然状态中的东西原来就具有排斥其余人类的私人所有权;但是,这些既是给人类使用的,那就必然要通过某种拨归私用的方式,然后才能对某一个人有用处或者有好处。……土地和一切低等动物为一切人所共有,但是每人对他自己的人身享有一种所有权,除他以外任何人都没有这种权利。他的身体所从事的劳动和他的双手所进行的工作,我们可以说,是正当地属于他的。所以只要他使任何东西脱离自然所提供的和那个东西所处的状态,他就已经掺进了他

---

① [英]霍布斯:《利维坦》,黎思复、黎廷弼译,商务印书馆1985年版,第201页。
② [英]霍布斯:《利维坦》,黎思复、黎廷弼译,商务印书馆1985年版,第144页。
③ [英]洛克:《政府论(下篇)》,叶启芳、瞿菊农译,商务印书馆1964年版,第6页、第77—78页。

的劳动,在这上面掺加他自己所有的某些东西,因而使它成为他的财产。……既然劳动是劳动者的无可争议的所有物,那么对于这一有所增益的东西,除他以外就没有人能够享有权利,至少在还留有足够的同样好的东西给其他人共有的情况下,事情就是如此。"①

洛克的财产权学说是作为其有关政府性质之哲学的一部分而存在的,并且从其论述和举例来看,他主要关注的应当是有形财产。尽管如此,洛克的财产权学说还是经常被用来解释知识产权的正当性。② 这是因为洛克的财产权学说与知识产权之间存在着天然的契合性。首先,洛克所称的使事物脱离其所处的自然状态与知识产权的原创性非常相似。在知识产权世界,从无主或广泛共有的材料中取得先占的情形要远多于有形财产领域。其次,洛克所描述的自然状态下的共有财产可以很好地解释知识产权中的公有领域,"至少在还留有足够的同样好的东西给其他人共有"也可以被理解成必须为别人留有充分的发明和创造的素材。再次,洛克财产权学说中的"劳动"作为一种特殊的"所有物",其与知识财产结合的紧密程度要远超过有形财产。所谓的"掺进",表明洛克理论中的劳动不同于单纯的先占,是以一种创造全新事物的方式应用于、贴附于和指向现有资源的。③

事实上,洛克在不经意间也曾提到过有关发明和技术的财产权:"虽然自然的东西是给人共有的,然而人既是自己的主人,自身和自身行动或劳动的所有者,本身就还具有财产的基本基础。当发明和技能改善了生活的种种便利条件的时候,他用来维持自己的生存或享受的大部分东西完全是他自己的,并不与他人共有。"④当然,从更深层次来看,这段论述暗含的是自由主义的理论。个人只有作为自己完全意义上的"主人",才能自由支配自己的智力和身体,从而通过劳动创造财产。此时,洛克实质上不仅是在人与物的自然关系上考察财产权,而且是在人与人的社会关系上讨论财产权。⑤ 具体到专利权方面,专利财产权实质上是发明人将自己的天赋、创意、能力等内在个性品质自由投射于外部世界,得到其他人尊重与认可的结果。专利权人还可以通过交易谈判赢得利润,从而带来更大的创造自由。⑥

---

① [英]洛克:《政府论(下篇)》,叶启芳、瞿菊农译,商务印书馆1964年版,第18—19页。
② Peter Drahos, *A Philosophy of Intellectual Property*, Dartmouth Publishing Company Limited, 1996, pp.47-48.
③ Robert P. Merges, *Justifying Intellectual Property*, Harvard University Press, 2011, pp.32-48.
④ [英]洛克:《政府论(下篇)》,叶启芳、瞿菊农译,商务印书馆1964年版,第29页。
⑤ 易继明:《评财产权劳动学说》,《法学研究》2000年第3期,第101—104页。
⑥ Robert P. Merges, *Justifying Intellectual Property*, Harvard University Press, 2011, p.67.

四、休谟的理论与专利的伦理基础

与霍布斯、洛克一样，休谟也使用"自然法则"这一术语，但这里的"自然法则"却不是指自然状态下的法律规则，而是指自然而然或者说必然性的社会规则。休谟认为，自然状态"只是一个哲学的虚构，从来不曾有、也不能有任何现实性"。与身体和力量等占优的其他动物相比，"人只有依赖社会，才能弥补他的缺陷，才可以和其他动物势均力敌，甚至对其他动物取得优势"，所以人类的最初状态就应当是有社会性的。①

休谟指出，在社会状态下，人类所有的福利共有三种：内心的满意、身体的外表的优点和对自己凭勤劳和幸运而获得的所有物的享用。第一种别人无法剥夺，第二种夺而无益，只有第三种可能成为暴力争夺的对象，而这种财富又没有足够的数量可以供给每个人的欲望和需要。人类也不可能自然地控制偏私的感情和本性，从而克服外部条件所引发的财产争夺诱惑。在这种背景下，人类通过总结长期交往实践的经验，缔结了全体社会成员认可的事实协议，确认了财物占有的稳定的规则。在这种戒取他人所有物的协议达成，并且每个人都获得了所有物的稳定之后，正义和非正义的观念即刻产生，也因而有了财产权、权利和义务等观念。因此，休谟说："正义只是起源于人的自私和有限的慷慨，以及自然为满足人类需要所准备的稀少的供应。"②

在上述正义观之下，休谟将财产权定义为："在不违反正义的法则和道德上的公平的范围以内，允许一个人自由使用并占有一个物品、并禁止其他任何人这样使用和占有这个物品的那样一种人与物的关系。"③在休谟这里，"自由使用"并不像其字面含义所反映出来的那样简单。因为人的行为与其动机、性情和环境都有一种恒常的结合，所以"自由"是自然原则的同样的一致性和它的有规则的活动，遵循的仍然是社会整体性的权利及其行使规则。④ 那么，除了已有的稳定的现实占有外，财产权自由合法取得的途径主要有哪些呢？休谟指出了四种：占有、时效、添附和继承。其中的"占有"实际上已经包含了对于无形技艺的"持有"："不但当我们直接接触任何东西时，我们可以说是占有了它，而且当我们对那种东西处于那样一种关系，以致有能力去使用它，并可以随着自己现前的意愿或利益来移动它、改变它或消灭

---

① [英]大卫·休谟：《人性论（下篇）》，关文运译，商务印书馆 1980 年版，第 533 页、第 525 页。
② [英]大卫·休谟：《人性论（下篇）》，关文运译，商务印书馆 1980 年版，第 528—536 页。
③ [英]大卫·休谟：《人性论（上篇）》，关文运译，商务印书馆 1980 年版，第 345 页。
④ 靳继东：《在权利与功利之间——近代自由主义视域中的休谟政治哲学》，吉林大学 2005 年博士学位论文，第 153—154 页。

它的时候,也可以说是占有了那个东西。"①

除了私有财产权伦理正当性的一般论述外,休谟还专门论述了技艺对于社会和国家的积极意义,这可以更加直接地证明专利财产权的必要性。休谟指出:"在工业发达技术进步的时代,人们终年操劳,安居乐业;作为对他们的报偿,这种操劳本身,也象作为他们的劳动果实的消遣一样,使他们感到心满意足。……工业和机械技术进步的另一点好处是:往往促使文化艺术进步;这两者,在某种程度上是相辅相成、互相促进的。……勤劳、知识和仁爱,非但在私生活方面显示出其益处,而且也在社会生活中扩散其有利的影响:它们既使个人富庶幸福,又使国家繁荣昌盛。"②休谟还特别强调了技艺对自由的促进作用:"如果我们从一个适当的角度来考虑问题,就会发现:技艺进步对自由是相当有利的,它具有一种维护(如果不是产生的话)自由政府的天然趋势。……手艺人和商人都挣了一笔财产,赢得了第二流人物的势力和声望。这第二流人物正是自由社会最优秀最坚定的基础……他们渴望人人平等的法律,以保障自己的财产不受君主以及贵族暴政的侵犯。"③

本 章 结 论

16世纪末,在采用风行西欧的早期"重商主义"政策时,英国更好地把握地经济发展的长远命脉,有一个明显的"重工主义"转向,即将对外贸易的优势建立在本国强大的出口工业基础之上,而不是单纯地依赖商业贸易本身的顺差。这就形成了鼓励引进外国先进技术并授予专利,从而实现在英国自由建立新产业的激励政策。都铎王朝的伊丽莎白女王统治前期,专利的这种激励作用得到了很好的发挥,但是到了女王统治的后期,专利的特许违背了良好的初衷,大量的专利滥发不仅妨碍了经济的自由发展,而且给公众的日常生活都造成了很大不便。以王室宠臣达西与伦敦市民艾伦之间关于前者的纸牌专利纠纷案件为契机,英国新兴资产阶级开始努力将国王颁发的专利特权纳入普通法的规制范围。这种努力在斯图亚特王朝开始的詹姆斯一世时期演变为议会与国王之间的博弈。在这个过程中,詹姆斯一世屡次开出保证专利特许受普通法约束的空口承诺,例如1610年的《奖励书》。不过,议会在财政和税收问题上的立法权确保了他们在这场斗争中的最终胜利。1624

---

① [英]大卫·休谟:《人性论(下篇)》,关文运译,商务印书馆1980年版,第546页。
② [英]大卫·休谟:《休谟经济论文选》,陈玮译,商务印书馆1984年版,第19—21页。
③ [英]大卫·休谟:《休谟经济论文选》,陈玮译,商务印书馆1984年版,第25—26页。

年,以废除和禁止任何形式的限制自由贸易的特权为主要内容的《垄断法规》在英国正式生效。

《垄断法规》第6条实质上设立了发明专利权的授予标准,包括(1) 专利被授予真正的第一个发明人或制造者;(2) 专利期限不超过十四年;(3) 授予专利时其他生产者未使用该发明;(4) 不违反法律;(5) 不会造成国内商品价格上涨;(6) 不会损害贸易;(7) 在一般意义上不会不方便等七个要件。这也是《垄断法规》被称为近代第一部专利成文立法的重要原因。不过更为重要的是,这些条件在正反两方面都蕴含着对自由贸易的保护。在禁止性要件方面,"不会损害贸易"和"不会造成国内商品价格上涨"的含义毋庸多言,"不违反法律"所指的也主要是不违反英国古老的自由贸易法令和城市商业自治的特许状,"在一般意义上不会不方便"则是强调不会对公众的日常生活等社会公共利益造成妨碍或不利影响,"授予专利时其他生产者未使用该发明"是为了防止专利影响既有产业的经营自由,"专利期限不超过十四年"则是为社会将来对专利技术的自由公开使用提供确定的预期。在积极性要件上,将专利授予"真正的第一个发明人或制造者"实际上是在重申,每个人都有依靠在技术上的发明天赋或商业上的前瞻眼光来获取法律上财产权的自由机会。从《垄断法规》到1852年专利法改革之前,虽然英国的专利法案件绝对数量不多,但也有1695年的艾吉波利诉斯蒂芬斯案、1785年的博尔顿和瓦特诉布尔案、1785年的雷克斯诉阿克莱特案和1787年的特纳诉维因特案等若干典型案例对上述法律要件的具体内涵不断作出详细的解释。

在《垄断法规》刺激下数量明显增长的英国专利,其生产应用与工场手工业的发展以及由此而更加细致的劳动分工密切相关。在工场手工业中,生产日趋流程化、集中化,熟练的技术工人大量增加,区域的产业中心也慢慢形成,这些都为革新技术和发明创造的规模化应用提供了便利条件。在这种生产方式之下,资本家开始注重对最大相对剩余价值的追逐,而"自由"流动的雇佣工人也在不断学习操作新机器和使用新技术的过程中追求最高的劳动工资,所以资本与劳动力共同的趋利特点造就了技术创新及其工业应用的合力与良性循环。一些区域性的产业中心开始形成,例如伦敦的皮革制造业、苏塞克斯威尔德林区、什罗普郡和米德兰西部的冶铁业、埃克塞特等西南部的呢绒业等,从而在规模生产和激烈竞争中进一步促进了技术革新。商业性的冒险资本则积极着力于设立各类贸易特许公司,既为管理和独占的需要而积极追求各种专利特许状,也为英国国内造船业、交通运输业等直接相关产业和棉纺业、采矿业等间接相关产业的发展与技术革新提供了必要的资源、人才乃至先进技术本身。与此同时,英国国内已经建立起以尊重私有财产权、成熟的契约制度和信贷制度为基础的自由市场经济，有利于接纳以无形技术成果为客体的专利财产权，以及接受技术的市场交易。

《垄断法规》颁行和实施的时代也是古典自由主义思想在欧洲尤其是英国产生重要影响的时候。格劳秀斯的自然法思想，尤其是其中的财产权观念，例如关于贸易"先占"的理论，对专利正当性的辩护大有裨益。霍布斯则将人在自然状态下的自我保存权利及由此而决定的理性行动自由作为第一自然律，依靠个人的智力、理性和经验而完成的技术发明构成了私有财产的重要组成部分，无疑是个人自我保存的重要手段，也是自由致富的重要途径。洛克的劳动财产权学说能够一步一步地论证专利权的合法性，既然每个人的身体和劳动是他自己的，而自然状态下的资源是人类共有的，那么当某个人在留有足够多和好的东西给别人的情况下，将自己的劳动"掺入"人类共有资源中，由此而获得的成果当然可以划归私有。休谟则在社会状态下人与人之间的相互关系中描述人们对财产的"自由使用"，这其中就包括了无形技艺的"占有"。休谟还强调了技艺对于促进社会进步和维护自由政府的天然意义。

第三章　专利制度的发展与自由的产业革命

18世纪中叶,英国率先开始了举世瞩目的技术和产业革命,全面进入了工业化时代,并在一百多年的时间里保持着在世界上的经济领先地位。与技术创新密切相关的专利制度,以及其他各种正式和非正式的制度,对工业革命无疑起到了极大的促进作用,而工业革命显然也在多方面给这些制度尤其是专利制度的完善以重要的反哺。在这种互动性的经济历史结构中,英国的制度、技术、产业、贸易和思想都充分体现了自由资本主义发展的特点,自由、竞争、分工、合作、组织、创新和充满活力。

第一节　自由的制度体系与良好的创新环境

一、光荣革命的性质与《权利法案》的意义

1624年《垄断法规》通过以后,英国先后经历了1648年革命、斯图亚特王朝复辟和1688年光荣革命。这种政治上的动荡不安无疑在一定程度上影响了专利制度的实施和英国经济的发展。不过,随着光荣革命以后资产阶级对政权的基本掌控,英国的政局重新趋于稳定,专利申请的实践和经济发展的动力也开始强劲复苏,前述1691—1693年间英国专利授权量的明显增长就是极好的例证。当然,作为奠定英国资本主义发展政治基础的重大变革,光荣革命显然具有更加深远的影响,这种影响可以说持续渗透于整个英国工业革命时代。概言之,光荣革命后英国建立了一种合适的政治制度,这种制度保证社会有宽松、平和的环境,让人们追求个人的目标,最大限度地发挥创造能力。[①]

---

① 钱乘旦、许洁明:《英国通史》,上海社会科学院出版社2002年版,第222页。

光荣革命虽然被冠以"革命"之名,但与18世纪末的法国大革命相比,其本质上只能算是一场资产阶级改革。"那时候的封建贵族看来已是日薄西山,气息奄奄的样子,然而在此时期依旧有它的位置,发挥它的作用,取得它的一份成果。整个英国历史过程都是这种情况。没有一种旧因素彻底消亡,也没有一种新因素彻底胜利,或者某一种原则取得了独霸的优势。各种力量总是在同时发展,各种利益和要求总是在折衷调和。"①相较于法国大革命的强烈政治性和民族性,光荣革命则具有明显的社会性和个人性,即体现的是纯粹作为个人、有意识地不代表普遍原则的人们的利益。基于此,光荣革命成功地区分了财产权与统治权,用财产的神圣权利取代了国王的神圣权利,将政治权利交给了有产者,并清除了一切不利于有产者的意识形态。英国的贵族就在这种背景下跳出原有的身份等级,而与工商业阶层组成了新的有产阶级。由资产阶级控制的议会,也取得了高于国王及司法和行政官员的地位。②

光荣革命最重要的成果是1689年10月议会颁布的《权利法案》,也即《宣布臣民权利和自由与确定王位继承法案》。顾名思义,《权利法案》是将尊重臣民的权利和自由作为王位继承的条件确定下来的,是臣民与国王之间的社会契约。这一点在《权利法案》的具体内容上也体现得较为明显。一方面,《权利法案》规定国王不得超越自己所拥有的传统权力,包括未经议会同意不得废止或实施任何法律,不得以特权为借口征收赋税,不得在国内征集会议,不得建立宗教事务机构等等;另一方面,《权利法案》明确列举了各项英国国民自古享有的权利,包括议会征税权、议定国事权、议员言论自由权、议会定期召集权和臣民自由请愿权等。1701年,英国又颁布了补充性的《授权法案》,即《进一步限制国王和更好地保障臣民的权利和自由的法案》。《授权法案》规定:国家的一切法律与条例未经议会通过和国王批准均为无效;法官非经两院奏请罢免得终身任职;凡议会弹劾定罪之人,国王不得任意加以赦免;直接依附于国王之人,不得当选下议院议员等。③

《权利法案》和《授权法案》延续了中世纪后期以来英国的传统自由精神,并成功确立了全面限制王权的"议会主权"原则。"议会主权"原则在17世纪末期以后英国政治、立法、经济和司法生活中的贯彻,为英国建立保持自由与

---

① [法]基佐:《欧洲文明史》,程洪逵等译,商务印书馆2005年版,第246页。
② 魏建国:《自由与法治——近代英国市民社会形成的历史透视》,中央编译出版社2005年版,第188—192页。
③ 牛笑风:《自由主义的英国源流——自由的制度空间和文化氛围》,吉林大学出版社2008年版,第116—117页。

秩序平衡性的法律制度体系奠定了坚实的基础。在议会的主导下,18世纪的英国在发展中特别注重两点:政治上的任何运作都考虑其经济成本和经济效益,无论是战争还是其他事项,以确保私人财产和国家财产安全;如果政府管理不善,就应放任经济自由发展。① 在此背景下,作为先前议会请愿斗争的成果,代表着新兴资产阶级利益的《垄断法规》在18世纪得到重视,并且成为工业革命的重要推动力,也就是一种历史的必然了。

从专利授权的具体实践来看,在光荣革命之前的复辟时期,虽然查理二世已经相对比较"低调"和"收敛",但总体上仍将专利制度作为回报其忠实支持者的赞助基金。除了移民者、清教徒、贸易商和工匠外,复辟时期的专利获得者几乎全是宠臣、官员或者他们的代理人。国王在直接涉及自己切身利益领域的专利授权上可谓是不择手段。最为臭名昭著的例子是有关"海水清新"的竞争性专利。威廉·沃尔科特(William Walcot)在1675年被授予了一项专利,总检察长报告称"该发明(如果改善臻至完美的话)对国王您的服务……有非常大的用处"。然而八年后,理查德·菲茨杰拉德(Richard Fitzgerald)寻求一项类似发明的专利授权,并向查理二世提供了非常优厚的条件以将其专利设备安装在军队和船舶上。沃尔科特的专利因为菲茨杰拉德及其合伙人的申请而被撤销了。尽管国王并未实际安装菲茨杰拉德的任何引擎,但其倾向于让对其作出最佳交易承诺的人获得专利。② 光荣革命虽然没有给专利授权的此种弊端带来立竿见影的改变,但17世纪90年代英国专利数量的激增毫无疑问与更加民主且稳定的政治环境息息相关。

二、利益集团的诉求与产业立法的作用

在正在兴起的英国近代工业生产的体系里,仅有专利法律制度显然是不够的,因此代表相关产业的利益集团,在工业革命之前和工业革命期间,不断向议会表达自己的诉求,促进有利于自身发展的法律的出台。

整个18世纪,英国的呢绒业生产者就一直为实现本行业的利益最大化而不断进行着各种立法游说。1720年、1731年和1739年,呢绒业的工厂主就数次游说议会制定禁止向国外出口羊毛的立法。利兹的呢绒业手工工场主则每次都能在下议院的委员会上,就涉及约克郡呢绒工业的每部立法表达他们的观点。绒布商们花钱大方,他们不知疲倦地去伦敦旅行,向那里代表

---

① 朱孝远:《在自由与秩序之间——保守主义在英国政治运作中的制衡作用》,《人民论坛·学术前沿》2014年第3期,第25页。

② Christine MacLeod, *Inventing the Industrial Revolution: The English Patent System*, 1660 - 1800, Cambridge University Press, 1988, pp.28, 36 - 37.

约克郡不同选区的议员进行游说。当然,这种立法游说经常也涉及英国不同地区、不同行业之间的利益冲突和博弈。①

为促进交通运输业的发展,英国仅在1740—1760年间就为修筑和维护道路颁布了400多项法令,其中涉及的主要内容包括:允许私营道路信托投资公司承包公路修筑和运河开发工程;议会通过私人法案规定用征收通行税来设立信托公司等。18世纪初,不少筑路公司纷纷筹集贷款修筑公路,然后以通行税收入归还贷款。可以说,上述交通运输方面的法律法规有力地促进了英国大量筑路公司的组建,极大改善了英国的交通运输状况,为英国国内市场规模的扩大创造了良好条件。②

向议会提交权利请愿书、举行公众集会以及出版散发有关的宣传手册成为当时英国纺织业、冶铁业和其他制造业业主们惯常的立法游说方式,并且多数取得了一定的效果。1773年,为争取议会支持在伯明翰和谢菲尔德设立化验所,工业家马修·博尔顿(Mattew R. Boulbton)起草了立法文本,并给很多议员写信,同时亲自游说争取了40多位上议院贵族的支持。两年后,博尔顿尽更大的努力团结议员们,支持延长詹姆斯·瓦特(James Watt)对改进后的蒸汽机的专利权。他亲自与议员们打交道,向他们寄送信件和倡议书,先后联系了一百多位议员,最终成功使瓦特的专利权期限延长了25年。与此相似,另一位工业家兼伟大的发明家理查德·阿克莱特(Richard Arkwright)爵士,也与其同行们为英国有助于建立棉纺工业的立法而积极奔走。1774年,面对传统呢绒和亚麻织品在销售上的垄断法律地位,阿克莱特及其诺丁汉的"棉花纺纱工",向议会请愿,寻求产业发展上的救济。他们充分展示了棉纺这种新技术方法的价值和棉纺业的庞大规模,使议会确信必须通过立法对之予以保障。下议院通过了支持新工业的决议案,宣布取消各种涉及销售和购买棉纺产品的禁令。接着很快就颁布立法,允许人们穿戴纯棉制的织品,并对含棉的纺织品减税。到1780年,棉纺主也被允许用中立国的船只进口原棉,成功解决了工业生产的原料问题。③ 1793年,威廉·皮特(William Pitt)在下议院里批评道:"住所法阻碍了工人到他可以根据最有利的条件出卖其劳动力的市场上去,同时也阻碍了资本家雇佣那能为

---

① 范成东:《英国工业革命时期的利益集团和议会立法:从十八世纪中期到一八三二年》,东南大学出版社1993年版,第49—50页。
② 罗松山、赵荣祥:《英国工业革命的制度基础、法制环境与启示》,《山东师范大学学报(人文社会科学版)》2002年第1期,第22页。
③ 范成东:《英国工业革命时期的利益集团和议会立法:从十八世纪中期到一八三二年》,东南大学出版社1993年版,第50—52页。

他所投的资本带来最高报酬的能干人。"随后,1795 年的法令就撤销了地方当局的预防性驱逐权,结束了企业所受的束缚以及工人阶级所受的难以忍受的压迫。① 从此以后,劳动力的流动就充分了,也为各类产业中的专利实施提供了足够的技术工人供给。

从 1689 年到 1801 年,英国议会共通过了 13 600 部立法,其中有很多是对政府治理机制的纠正和补充,因此向英国法引入了很多新理念。这些理念中有不少源自英国产业发展中的实践、探索和创新,是"自下而上"的自由经济影响的结果。② 从前述博尔顿和阿克莱特的例子中我们可以看出,在利益集团的推动下,英国当时不乏与专利权、新发明的产业应用及保护直接相关的立法。其他的产业立法也或多或少能够间接形成对产业变革及各产业内部技术创新的激励。重要的是,这些变革和创新的成果,无论是有形还是无形,都能够获得法律的认可和保护。

三、资本贸易的活力与专利生产的导向

制造业的立法一般解决的是较为直接的技术和产品问题,而制造业发展所需的原始资本和广阔市场则有赖于金融和商业贸易方面的制度安排。

1708 年,我们前面提到的 1694 年成立的英格兰银行,获得了发行英格兰和威尔士货币的专营权。然而,深受伦敦金融界传统影响、与上层贵族联系密切的英格兰银行,对世界范围内的汇兑有着特别的兴趣,它大量贷款给贸易公司或国家,承兑或承保汇票,并对世界范围内的支付提供保证。除了英格兰银行这样的金融巨擘之外,英国各省还有很多通常由制造业者创建的银行,如劳埃德家族和巴克莱家族的银行,它们可以满足批发商-制造商们较为微小的资金需求。据统计,伦敦金融界在 1725 年有 24 家银行,1770 年有 42 家,1786 年则增长到 52 家;而地方银行的数量,1755 年有 12 家,1776 年已经有 150 家,1793 年更是多达 400 家。③ 这些大大小小的银行为 18 世纪英国的工业生产提供了充分的资本保障,从单个的专利技术创新到大规模的新兴产业扩张,制造业主们都有很多机会从银行获得贷款。不仅如此,金融业的发达还极大方便了当时英国着力推行的国债制度,有力地促进了国家整

---

① [法] 保尔·芒图:《十八世纪产业革命》,杨人楩、陈希秦、吴绪译,商务印书馆 1983 年版,第 352 页。
② Norma Landau, *Law, Crime and English Society, 1660 - 1830*, Cambridge University Press, 2004, pp.7 - 8.
③ [法] 米歇尔·波德:《资本主义的历史:从 1500 年至 2010 年》,郑方磊、任轶译,上海辞书出版社 2011 年版,第 73—74 页。

体经济的发展。18世纪后期,英国政府就在下议院宣称:"这个民族的生机乃至独立建立国债的基础之上。"1771年的一条札记也写道:"英国自身弱小,若无商业、工业及其仅存在账面上的信贷,决不可能对几乎整个欧洲发号施令。"①

资本对英国工业生产的影响既体现在行业划分也体现在区域分布上。从行业上看,裁缝、铁匠、木匠和水管工等自己可以独立或者在学徒帮助下完成生产的工匠,最少只需要50—100英镑就可以建立自己的事业,很少需要超过500英镑的资本。与这几类工匠相比,磨坊工、引擎制造者和制框匠更多承担了作为资本商品生产者的特定功能。衣袜、带扣和纽扣等外包行业制造者,以及钟表、工具、橱柜和沙发等都市行业制造商,需要的投资一般不少于100英镑,通常在500—1 000英镑之间,有时甚至需要5 000英镑之多。分工细化的技术密集型产业,如酿造业、蒸馏业、肥皂业和鞣革业等,则需要非同寻常的巨额投资。从地区上看,18世纪伦敦以外领跑英国专利榜单的外省制造中心主要是由资本阶层控制的金属制造业和纺织业城镇,例如伯明翰的玩具制造业、诺丁汉的袜业和曼彻斯特的印花布制造业等。②

资本信贷业的发达还与航运业、保险业和其他服务行业一起,在18世纪英国的对外贸易中创造了非常可观的收益。这个时期英国以制造业为主体的对外贸易尤其是出口贸易也在总量上有突飞猛进的增长。18世纪,英国工业品的半数利润是由出口贸易实现的,而且大部分是通过传统的欧洲市场吸收后销往海外。英国则在大西洋贸易中增加了食品和原材料的比例,逐渐放弃传统欧洲贸易网络的一部分,增加对美洲和亚洲的贸易。英国出口的产品也日趋多样化,除了传统的纺织品外,金属制品的比例也逐渐有所增加。③出口贸易在产品需求、原料供给和资金来源等方面对英国工业革命的促进作用毋庸置疑。④ 以出口产品为主的产业纷纷采用更加资本化的结构和更深度的劳动分工,我们甚至在出口贸易中可以看到早期的"专利密集型"产业。例如,在1750—1799年的伦敦,20%的专利都产生于钟表制造业、科学工具

---

① [法]费尔南·布罗代尔:《15至18世纪的物质文明、经济和资本主义(第三卷)》,施康强、顾良译,生活·读书·新知三联书店2002年版,第433页。
② Christine MacLeod, *Inventing the Industrial Revolution: The English Patent System, 1660-1800*, Cambridge University Press, 1988, pp.118-129.
③ 张亚东:《18世纪英第一帝国的贸易与经济成功》,《湘潭大学学报(哲学社会科学版)》2004年第2期,第69—75页。
④ 王文丰:《工业革命时期的英国对外贸易与贸易政策》,《辽宁师范大学学报(社会科学版)》2009年第3期,第125—128页。

制造业、眼镜业、乐器制造业和沙发制造业这五类产业。① 另一方面,为了保护国内新兴产业而在一定时期内采取的进口限制政策,也同样推动了英国进口替代的发明创新。据统计,在1700—1760年间有关纺织业的发明中,"流程创新"即一般不可能包含进口替代成分的"要素节约型"发明占到32.1%,而明确等于进口替代的"材料节省"和"产品开发"型发明占28.6%,剩下的"产品开发"型发明也包含有进口替代内容;其后的1760—1790年间,明确等于进口替代的发明仍然占到16.3%。②

不过,18世纪后期的英国重商主义政策已经进入相对完善的阶段。尽管在很多产业领域仍然奉行较强的贸易保护主义,但已经开始承认国际贸易的互利性,承认地域分工和专业化是国际贸易的基础。③ 在这种政策转向之下,英国开始在国际经济关系中尝试实践自由贸易,其中最典型的表现就是1786年与其欧洲的主要贸易竞争对手法国签署的双边贸易协定。该协定赋予英法两国在欧洲商业和贸易权利上的完全自由,约定了包括金属制品、棉花、羊毛、细布、麻纱、瓷器和玻璃等当时主要工业制品及其原料的较低关税。④ 这体现了英国对自己工业实力的充分信心,以及从过去以贸易保护等待产业成长转变为以贸易竞争促进产业创新的发展政策。

从国内贸易的情况来看,18世纪英国劳动力的高工资水平带动了一场"消费革命",也促进了以消费品为目标导向的发明专利化潮流。木底鞋、皮套、溜冰鞋、手套、大衣、雨伞、马裤、矫正器、假发、剃须材料、桁架、眼镜和假牙等个人消费品在18世纪70年代产生了6件专利,占专利总量的2%;在18世纪80年代产生了25件专利,占专利总量的5%;在18世纪90年代产生了17件专利,占专利总量的3%。火栅、火警器、洗衣机、盥洗室、烛台、炊具等家用消费品也有很大的数量,在18世纪70年代产生了35件专利,占专利总量的12%;在18世纪80年代产生了76件专利,占专利总量的16%;在18世纪90年代产生了77件专利,占专利总量的12%。实用性稍欠的附属消费品也呈现出类似的模式:乐器分别为9件(3%)、13件(2%)和14件(2%)专利;钟表和科研工具分别为16件(5%)、18件(4%)和22件(3%)专利。总计来说,药品、食品和建筑以外的国内市场个人消费品,在18世纪70

---

① Christine MacLeod, *Inventing the Industrial Revolution: The English Patent System*, 1660-1800, Cambridge University Press, 1988, p.137.
② 梅俊杰:《自由贸易的神话——英美富强之道考辩》,上海三联书店2008年版,第80页。
③ 李新宽:《英国重商主义思想的分期问题》,《武汉大学学报(人文科学版)》2008年第6期,第744页。
④ 康波:《18世纪的英法贸易竞争与1786年英法贸易协定——重商主义的演进与嬗变》,《学术交流》2009年第8期,第107—110页。

年代产生了 92 件专利,占专利总量的 31%;在 18 世纪 80 年代产生了 176 件专利,占专利总量的 37%;在 18 世纪 90 年代产生了 140 件专利,占专利总量的 22%。① 不仅如此,由于英国劳动力工资在各项生产要素总成本中所占比例以及与资源价格的比值,远高于其他国家,就促使了发明家绞尽脑汁地去开发以燃煤装置作为动力源的机械化生产技术,以降低相对昂贵的雇工成本,这也直接增加了专利的数量。②

四、社会规范的养成与经济交往的实践

无论从经济学还是政治学的角度来看,制度既可以是正式的也可以是非正式的规则、程序、规范和惯例等。在社会学制度主义中,制度涉及的范围更为广泛,包括了习俗、惯例、社会规范、宗教和文化信仰、家庭、亲属关系、种族界限、组织、共同体、阶级、阶层、市场、法律和国家。③ 制度中的非正式社会规范会产生规范预期,在道德上约束着所有或一部分参与人的某些行动决策。由于参与人对违反规范义务所导致的后果具有信念或预期,所以社会规范可能得到参与人的遵守。事实上,那些表现为明确化、条文化符号形式的制度,如成文法、协议或系统界定社会不同角色的社会结构和组织等,也需要社会成员的内心确信才构成有效的制度。④ 工业革命前夕和工业革命时期的英国,显然逐渐形成了使社会成员具有内心确信和规范预期的社会准则,为他们彼此之间的经济交往和创新竞争奠定了良好的基础。

18 世纪,为了应对因人口增长、经济发展和物质财富增加所带来的财产犯罪率增长,英国除了大量采用针对财产犯罪的"严刑峻法"外,还建立了若干社会预防性机制。这些社会预防性机制的主要"作用原理"就是提供获得收入和财产的渠道来减少和抑制财产犯罪。例如,菲尔丁就建议,创设贫民习艺所,组织穷人和流浪者学习外国和英国的新技术,从而增加就业,摆脱贫困。⑤ 18 世纪后期,不少因发明和实施专利技术而一夜暴富的居民获得了成为治安法官的机会。例如,格罗斯特郡就有不少布衣工厂主进

---

① Christine MacLeod, *Inventing the Industrial Revolution: The English Patent System*, 1660-1800, Cambridge University Press, 1988, p.154.
② [英]罗伯特·艾伦:《近代英国工业革命揭秘——放眼全球的深度透视》,毛立坤译,浙江大学出版社 2012 年版,第 51 页。
③ 戴扬、张良:《经济学中的制度分析与政治学中的制度主义》,《财经科学》2012 年第 1 期,第 48—55 页。
④ [日]青木昌彦:《什么是制度? 我们如何理解制度?》,周黎安、王珊珊译,《经济社会体制比较》2000 年第 6 期,第 28—38 页。
⑤ 吴铁稳:《亨利·菲尔丁与 18 世纪英国治安改革》,《学海》2015 年第 4 期,第 158—162 页。

入了郡治安委员会。① 这些治安法官的新鲜血液因本身是勤劳合法致富的财产所有者,因此以高涨的热情和敬业的精神投身于地方的经济和行政事务管理之中,对维持地方社会的安全稳定起到了较为重要的作用。

不只是良好社会治安和秩序的维持,在18世纪的英国,与经济发展直接相关的财产权保护和交易安全,也更多依赖的是社会惯例和具有自我执行力的社会规范,而较少诉诸正式的司法治理机制。商业纠纷通常是通过仲裁解决而非由法院审理的。专利纠纷亦是如此,在1770—1850年签发的近12 000件专利中,只有257件曾经涉诉。整个18世纪,英国民事案件的数量比17世纪中期有非常明显的锐减,1750年王座法院和普通上诉法院审理的案件量仅为1670年的六分之一。这一方面体现了当时英国商业、金融和产业界各主体彼此之间的信任关系和纠纷发生后的自决机制,另一方面也表明,由于已经形成较为成熟的商业道德和交易惯例等社会规范,纠纷发生的概率本身就处于较低的状况。这种社会规范主要表现为对财产和社会地位的自愿尊重,以及在经济交往中的诚信"礼貌"。有学者将18世纪英国的这种经济发展现象称为"绅士化资本主义",即建立在荣誉和道德义务基础之上,并阻止投机行为的合作和共赢模式。商人、工业家、工程师、发明家和金融家等互动和信息交换网络的出现,如俱乐部和共济会等,对"绅士化资本主义"社会规范的形成具有直接的推动作用。② 这种社会规范不仅仅是绅士和中产阶级奉行的行为规范,而且也得到了一般民众的普遍遵守。可信任度或者信用构成了人们公共声誉的最主要部分,而一个人在社区中的主要声誉则来自他对其交易和承诺的勤勉及尊重。③

对于"绅士化资本主义"工业家而言,工业已经不单纯是致富的手段,而且是他们专心致志的事业,他们在这种事业上极力追求完美。他们不断地改进设备和产品,并不只是为了在商业竞争上击败那些缺乏良心或不够谨慎的对手,还由于他们认为与科学、艺术密切相连的技术进步本身就是一种值得追求的目的。④ 事实上,相关的统计记录表明,在18世纪,大约有五分之一的发明人因为各种各样的理由在其专利登记中自己冠以"绅士"之名。其中

---

① 刘显娅:《英国治安法官研究——以17—19世纪英国治安法官的嬗变为线索》,华东政法大学2008年博士学位论文,第102—103页。
② Joel Mokyr, *The Institutional Origins of the Industrial Revolution*, in Elhanan Helpman, ed., *Institutions and Economic Performance*, Harvard University Press, 2008, pp.73-82.
③ Craig Muldrew, "Trust, Capitalism and Contract in English Economic History: 1500-1750", *Social Science in China*, Vol.36, No.1, 2015, pp.130-143.
④ [法]保尔·芒图:《十八世纪产业革命》,杨人楩、陈希秦、吴绪译,商务印书馆1983年版,第159—160页。

既有唐纳德（Dundonald）爵士这样真正的绅士，也有很多贸易商或者工匠例如锅匠伊赛亚·威尔金森（Issac Wilkinson）、矿井工程师约翰·科尔（John Curr）等，不愿意提及自己的职业背景，而更希望以"绅士"这种象征性的社会地位来进行专利申请。① 这也表明，很多的专利申请人认为，温文尔雅、富有教养、行事谦逊的绅士阶层更容易获得专利登记部门的认可。

综上所述，如果说正式的政治和法律制度划定了包括专利财产在内的资源配置界限和明确了人们行为的"消极自由"，那么非正式的社会制度则起到了帮助人们理性认知法律、计算纠纷解决成本和不法行为长期代价，从而寻求持续合作和进行正当竞争的作用。

第二节　专利制度的激励与技术革新的进程

一、专利制度的复苏与改进生产的发明

英国成文专利法律制度于 1624 年建立以后，在很长一段历史时期内对技术革新并没有表现出明显的促进作用。整个 17 世纪，除了最后的十年外，英国的年均专利数量都是较小的个位数，这种状况甚至到了 18 世纪上半叶也没有明显的改善。但是，其后的经济发展史表明，专利制度仍然是奠定英国技术革新和工业革命优势地位的重要原因。因为，"只有在专利制度下，鼓励技术变革和将创新的私人收益率提高到接近于社会收益率的一整套激励机制才能形成"。② 于是可以看到，从 18 世纪下半叶开始，英国的专利数有一个明显的直线型上升趋势。1751—1760 年，英国的专利数为年均 9.8 件，1761—1770 为年均 22.1 件，1771—1780 为年均 29.9 件，1781—1790 达到年均 51.2 件，1791—1800 则为年均 67.3 件。③

麦克劳德（Macleod）将这个时期英国的专利权人分为三类，前两类为"外部人"，后一类为"内部人"。第一类是业余发明人，对他们而言，机械或化学是一项有趣的转向，也许有一天可以带来有利可图的副业。其中一些业余发

---

① Christine MacLeod, *Inventing the Industrial Revolution: The English Patent System*, 1660 - 1800, Cambridge University Press, 1988, p.117.
② ［美］道格拉斯·C. 诺思:《经济史上的结构和变革》，厉以平译，商务印书馆 1992 年版，第 162 页。
③ Richard J. Sullivan, "England's 'Age of Invention': The Acceleration of Patents and Patentable Invention during the Industrial Revolution", *Explorations in Economic History*, Vol.26, No. 4, 1989, pp.448 - 449.

明人也许仅将专利作为技术上优先性得到承认和证明的标志；另一些业余发明人则通过专利在商业计划中的实施或者从事"镀金的"贸易来获得财产。业余发明人很少取得一项以上的专利，但其发明往往都是雄心万丈的，例如纸板房或纸板桥、蒸汽船等。第二类是职业发明人，他们以发明为生计而非爱好，往往会跨越广泛的产业领域取得多件专利。19世纪初，职业发明人和"发明产业"进入到全盛时期。第三类最为包罗万象的发明人是产业主体——工匠、制造商和磨坊或机器制造者，他们在1760年后出现并在该世纪以后占据了专利制度的主导地位。[1] 正如1785年律师阿戴尔代表阿克莱特所作的一份代理词中所说："工艺各部门中最有用的发明并不是关在书房里的专务理论的哲学家们的创作，而是通晓使用技术方法的、从实践中得知什么构成其探讨课题的灵巧的工匠的创作，这是众所周知的事。"[2]这种现象背后的深层原因在于，相较于欧洲其他国家，18世纪的英国技术工人具有更高的水平和更加娴熟的技巧，能够精确地执行技术指令，在各种环境下安装、操作、调试和修理机器和设备，有不少还可以对技术做出微小的改进和精简。这些技术工人中的精英分子创造完成"大发明"的动力主要包括四个方面：对技术发明的专利权，独立产业的先行优势，促成永久雇佣的名声效应，以及非财产性回报。尽管在当时的现实世界里，专利的法律状态稳定性和经济收益可期性都存在一定的问题，但专利的"彩票效应"和"信号效应"还是吸引了很多发明人去申请专利。"彩票效应"是指少数可见的获得巨大成功的专利造成了专利大大有利可图的错误事先印象；"信号效应"则是指发明人通过专利向潜在投资者传递了这样一种信号：他们的发明是有价值和安全的。[3]

回顾18—19世纪的英国工业革命史，我们可以发现一系列来自各经济部门实践并对生产效率有显著提升作用的发明及专利。1709年，什满郡的达比首创"焦炭炼铁法"，提高了铁制品的质量。1712年，纽可门发明了活塞式蒸汽机，使世界进入了"蒸汽时代"。1716年，隆贝获得了捻丝机专利，建立工厂，并获利12万英镑。1733年，兰开夏纺织工约翰·凯发明了机械化的快速织布工具——飞梭。1767年，哈格里夫斯发明了"珍妮纺纱机"。

---

[1] Christine MacLeod, *Inventing the Industrial Revolution: The English Patent System*, 1660 - 1800, Cambridge University Press, 1988, pp.78 - 79.

[2] [法]保尔·芒图:《十八世纪产业革命》,杨人楩、陈希秦、吴绪译,商务印书馆1983年版,第159—160页。

[3] Ralf R. Meisenzahl & Joel Mokyr, "The Rate and Direction of Invention in the British Industrial Revolution: Incentive and Institutions", *National Bureau of Economic Research Working Paper* No.w16993, April, 2011, pp.22 - 23.

1769 年,阿克莱特取得了水利纺织机专利,并于 1771 年投产。1777 年,瓦特发明了可普遍应用于大工业生产的独立冷凝器蒸汽机。1779 年,卡朗普顿发明了走锭纺织机,威尔金森建造了世界上第一艘铁船并申请了专利。1784 年,科特和奥尼恩斯发明了提高锻铁效率近 15 倍的搅拌炼铁法,申请了专利。1785 年,卡特赖特申请了蒸汽动力机械的专利。1788 年,瓦特和博尔顿发明了摇臂式蒸汽机。1792 年,默多克发明了煤气灯。① 相关统计数据表明,在 1711—1850 年间授予的专利权中,生产机器发明就占据了 27%,这还不算蒸汽机所单独占据的 7%专利授权比例。②

有学者认为,英国工业革命期间的绝大部分的重要发明产生于经济短暂衰退的时期而立刻广泛应用于随后的复苏阶段。经济繁荣的年份专利数量较多而经济萧条的年份专利数量较少,这至少证明了获取专利的主要动力是追逐利润而非避免损失。③ 因此,虽然一些经济学家通过数据分析认为,专利发明数量的增加是英国工业革命的结果而非原因,但他们也赞同,发明人在 1760 年以后"重新发现"了专利制度并学会运用它实现自己的利益最大化。④

18 世纪英国工业革命之所以能取得巨大成功,原因还在于其国内发明家们对已有宏观性、开拓性发明持续不断地进行的微观性、改进性革新。微观改良型发明的灵感一般都源于对特定工艺流程的观察和思考,从而能够在工业生产的实践应用中逐步消除宏观开拓性发明所遗留的缺陷,有效降低了相关生产过程对煤炭、铁矿石、劳动力、资本等各类生产要素的消耗量,显著扩大了早期发明成果的应用范围,带来了更为显著的竞争优势。⑤ 开拓性发明的使用者不断改进这些发明的同时也是以自由市场策略最为有效地推广开拓性发明的过程。当专利权人对专利产品如纺织品、纸张、印刷或粮食等的广阔市场充满信心时,采取一种分散专利许可而非独占经营的自由策略就

---

① 刘以林等:《跨世纪知识城谈发明创造》,新世界出版社 1998 年版,第 6 页;仲新亮:《英国专利制度催生工业革命》,《发明与创新(综合版)》2006 年第 7 期,第 29—30 页。
② Richard J. Sullivan, "The Revolution of Ideas: Widespread Patenting and Invention during the English Industrial Revolution", *The Journal of Economic History*, Vol. 50, No. 2, 1990, p.353.
③ T. S. Ashton, "Some Statistics of the Industrial Revolution in Britain", *Manchester School*, Vol.16, No.2, 1948, p.217.
④ D. Greasley & L. Oxley, "Patenting, Intellectual Property Rights and Sectoral Outputs in Industrial Revolution Britain, 1780 - 1851", *Journal of Econometrics*, Vol. 139, 2007, pp.340 - 354.
⑤ [英]罗伯特·艾伦:《近代英国工业革命揭秘——放眼全球的深度透视》,毛立坤译,浙江大学出版社 2012 年版,第 223—225 页。

是可能的。①

二、科学传统的延续与发明的多样目标

17世纪末18世纪初,在1687年牛顿的《自然哲学的数学原理》发表后的一段时期内,英国科学发展的松弛和停滞已经到了易于察觉的地步。这一方面是因为牛顿的声誉使科学转到一个在许多年只有枯萎的方向上,另一方面则由于16—17世纪里支持科学研究的富于冒险和进取精神的经济力量趋于衰落,新的财富所有者则在投资上更加趋于保守。② 不过这种状况几乎是在工业革命发生的同时有了显著的改善,英国的科学研究沿着原来的经验主义和实用主义传统开始复兴。科学家们对带有垄断性质的专利权不怎么感兴趣,甚至有些反感,因为他们觉得有用的知识应当被分享,对这些知识的接触和使用不应受任何形式的限制。③ 然而,正如有学者通过专利经济分析所发现的,科学知识虽然与具体的发明一般没有直接的因果关系,但却可能决定发明活动的整体方向。④

18世纪,英国科学家和工程师发展实验的和实用的科学,给予工业技术以一种直接的推动力。几乎所有的发明家都曾借助实验所获得的信息来进一步改良其发明成果的性能,这成为18世纪登场的那批发明家的群体性基本特征,因为发明的过程若不伴以反复实验来纠正错误观念、调整设计方案,就无法最终推出性能令人满意的新产品、新工艺。⑤ 例如,布莱克研究比热和潜热的实验成果就被应用到瓦特改良的蒸汽机上。18世纪初,英国百科全书编纂最初也主要是技术性的,例如1704年哈里斯的《技术词典》和1714年钱巴斯的《工艺与科学词典》。科学家的分布则从集中在自塞文河到瓦西河沿线以南地区转变为遍及于苏格兰、英格兰中部和北部。像约瑟夫·普利斯特列和约翰·道尔顿等技术工人家庭出身,或者亨弗利·戴维和迈克尔·法拉第这样工艺学徒身份的底层科学家日渐增多。有着绅士业余传统的皇

---

① Christine MacLeod, "Strategies for Innovation: The Diffusion of New Technology in Nineteenth-Century British Industry", *The Economic History Review*, New Series, Vol.45, No.2, 1992, p.295.
② [英]贝尔纳:《历史上的科学》,伍况甫等译,科学出版社1959年版,第293页。
③ Ralf R. Meisenzahl & Joel Mokyr, "The Rate and Direction of Invention in the British Industrial Revolution: Incentive and Institutions", National Bureau of Economic Research Working Paper No.w16993, April, 2011, p.23.
④ [美]乔治·巴萨拉:《技术发展简史》,周光发译,复旦大学出版社2000年版,第125页。
⑤ [英]罗伯特·艾伦:《近代英国工业革命揭秘——放眼全球的深度透视》,毛立坤译,浙江大学出版社2012年版,第400页。

家学会失去了其蓬勃朝气,工业地区的科学学术组织却得以兴起。这其中比较著名的代表性组织有马修·博尔顿于1766年左右成立的太阴学会和托马斯·帕西瓦尔创办的曼彻斯特文学与哲学学会。前者的会员中除了博尔顿和瓦特外,还包括化学家约瑟夫·普利斯特列、博物学家伊拉斯谟·达尔文和动力学兼电学工程师威廉·默多克等。后者则是一个拥有40名左右会员的稳定科学组织,其对化学研究尤为关注。该学会章程第8条规定:"讨论的题材包括自然哲学、理论和实验化学、文学、民法、一般政治、商业和各种工艺。"到18世纪快结束时,英国的科学总的来说又变得比较重视理论。[①]

从发明活动的内在动力和现实目的来看,18世纪的英国发明逐渐呈现出对提高产量、提高质量、节省劳力、节省成本、创造就业、降低价格、替代进口以及改善工作条件等多种不同经济目标的追求。

由于《垄断法规》中"不得在一般意义上不方便"的专利授权要件暗含了不得影响本地就业的意思,因此,在18世纪初期,英国寻求专利授权的发明人极少将节省劳动力成本作为其发明的目标,即便事实上如此,也会在其专利申请中隐而不提,避免触及社会大众对于专利可能导致大量工人失业和贫困的敏感神经。不仅如此,很多申请人还将雇佣成千上万的贫困者和类似的承诺作为从政府获得专利授权的对价,在1660—1750年间此类创造就业型发明获得专利授权的就有38件。随着英国工业的不断发展壮大,对新技术工人的需求量增大,加上英国原本就高于其他西欧国家的工资水平,以及战争对劳动力整体供求的影响,节省劳力型发明逐渐被管理者和产业界共同接受。大家意识到,节省劳力型发明最终会使更多的人得到雇佣,并且市场会发挥自我调节的作用,促进劳动力在不同产业部门之间的重新分配,使劳动者能够被更好地雇佣到适合自己的工作岗位上。到18世纪90年代时,英国的专利申请人和专利权人已经完全不再避讳自己发明所具有的节省劳力作用。

相较于节省劳力型发明的逐渐被接受过程,节省成本型发明在英国从一开始就被广泛认可,18世纪时也继续得以发展扩大。在节省成本型发明中,人们对节省固定资本的发明比较漠视,集中关注的是节省动态生产经营成本的发明,例如节省时间、燃料、原材料等。在18世纪50年代到60年代的蒸汽机专利中,8件中有7件提到了减少燃料消耗;在其后的三十年里,30件中也有13件如此。还有一类发明是概括性的降低运营成本的发明,因为专利

---

① [英]斯蒂芬·F. 梅森:《自然科学史》,上海外国自然科学哲学编译组译,上海人民出版社1977年版,第138—142页。

权人对自己发明在节省流动资本方面的具体作用不甚清晰。此外,解决不稳定机器和设备所导致的迟延问题,加速工业生产流程的方法发明,也属于节省成本型发明。研究大气压力、水力、风力、蒸汽等各种动力机制的发明是解决机器不稳定性发明的代表。这种对发明精确性和规程性的追求不只是体现在工程行业中,在化学和药品等领域也是如此。①

英国工业革命期间还有一些专门资助和鼓励技术发明的官方机构,最具代表性的有英国皇家工艺、制造业和商业促进协会,爱尔兰亚麻业管理局以及苏格兰的渔业和制造业促进委员会。② 这些机构所资助的发明活动从渠道、数量和类型上有效弥补了单纯专利制度激励之不足,共同构成了英国工业革命中各产业的技术革新动力。例如,皇家工艺、制造业和商业促进协会在18世纪里奖励了机械(尤其是织造机械)、精密仪器制造和化学品商业生产等方面的改良及工业发明,像螺旋千斤顶、用捕鲸炮发射的鱼叉和清扫烟囱的方法等,还致力于农业方面的技术改良和科学知识传播。③ 无论是专利发明还是非专利发明,在当时英国工业生产中的应用都具有链式和循环反应。例如,纺织技术的进步必然要求其他方面生产技术的相应改进,有了机器纺纱、机器织布,就会追求机械化的净棉、梳棉,机械化的漂白、印染,机械化的起重、运输,要求有生产各种机械化装置的原料和加工技术,要求有力学、机械工艺学、化学等方面的研究,而这些新的研究又反过来导致更大的技术进步,进一步促进生产的发展和社会的进步。④

三、生产模式的变革与专利运营的萌芽

在18世纪的英国,很多专利技术的初始应用及其所代表的发明人的"经济自由",实现的情况并不如人们想象中的美好。

"珍妮纺纱机"的发明人哈格里夫斯在获得专利证书以后,开始系统应用其发明,批量生产并向市场出售。然而,立刻有人挑战其发明的新颖性,认为有人在其申请专利前已经制造和销售这种机器,其专利权应当无效。更为糟糕的是,布莱克本的工人闯进其住所,砸碎了他的机器;一些人妄想无偿使用其发明,拒绝支付他应得的报酬。终其一生,哈格里夫斯都在贫穷和不幸中

---

① Christine MacLeod, *Inventing the Industrial Revolution: The English Patent System, 1660 - 1800*, Cambridge University Press, 1988, pp.158 - 178.
② 杨豫:《技术发明的转型是英国工业革命的触发机制》,《世界历史》1996年第4期,第19页。
③ [英]亚·沃尔夫:《十八世纪科学、技术和哲学史(下册)》,周昌忠等译,商务印书馆1991年版,第585页。
④ 李思孟、宋子良:《科学技术史》,华中科技大学出版社2000年版,第206页。

度过。约翰·怀亚特在发明了新式纺纱机的原型后,与刘易斯·保尔达成协议:纺纱机的专利权将由刘易斯·保尔取得,约翰·怀亚特因此应得 4 000 英镑报酬;如果约翰·怀亚特在四年内不幸死去,那么其继承人应获得 450 英镑,其遗孀则应获得 10 英镑的年金。经历了一番艰难曲折,约翰·怀亚特的纺纱机终于在 1738 年 6 月 24 日获得专利证书。随后,他便与刘易斯·保尔着手实施建立纱厂的计划。刘易斯·保尔请求见福德公爵在伦敦弃儿院试用新式的纺纱机,但效果并不理想。后来,刘易斯·保尔因债务问题遭到监禁,纺纱机也被没收抵债。约翰·怀亚特只得自己在伯明翰投资经营一家纱厂,其中还使用了两头驴作为动力,因机器部件不够结实而需要经常更换,纺出的纱线也不理想,因而生意萧条,很快便宣告破产。1785 年,卡特赖特获得了自己发明的织布机的专利权。1787 年,他自己投资在约克郡的唐卡斯特开设了一家有 40 台织布机的小型织布厂,但由于经营不善、管理无方,未能取得成功。1791 年,卡特赖特又与曼彻斯特纱厂主格里姆肖兄弟合伙创办了一个更大的工厂。然而这个工厂因为造成了附近工人的失业,被这些愤怒的失业者们付之一炬。最后,卡特赖特不得不将专利权连同希望一起交给了破产管理人。①

这些专利发明的技术价值毋庸置疑,否则它们也不会被科技和产业发展的历史所铭记,而它们的发明人未能取得经济成功的重要原因在于,专利的产业应用没有和当时新生的进步生产制度——工厂制很好地结合起来。工厂制是机器化生产的必然结果,但只有将资本、技术、管理乃至营销完美结合在一起的工厂才是成功的工厂。例如,瓦特的蒸汽机不仅比纽可门的蒸汽机在技术上有重大进步,而且他与博尔顿一起为蒸汽机的应用培训了很好的安装工程师,维持了较高的质量控制效率,并且寻求了一个较为合理的专利许可使用费,所以在商业上获得了更大的成功。② 阿克莱特则是另一个成熟以专利研发实施为目标并建立工厂,最终大获成功的企业家。1768 年阿克莱特请求自己的两位亲戚——旅店经营者约翰·斯莫利(John Smalley)和商人大卫·索恩利(David Thornley)以"项目赞助人"的身份出手相助,着手水力纺纱机的研制工作。在两位亲戚财力不足后,又向诺丁汉郡的两位银行家申请贷款,被拒绝后最终从财大气粗的制袜商萨缪尔·尼德(Samuel Need)和杰迪戴厄·斯特拉特(Jedediah Strutt)那里获得了 500 英镑的资金支持。

---

① 张万合:《蒸汽机打出的天下——英国工业革命》,长春出版社 1995 年版,第 117—118、145—149、159—161 页。

② Brian Spear, James Watt, "The Steam Engine and the Commercialization of Patents", *World Patent Information*, Vol.30, 2008, pp.53-58.

1769年,阿克莱特取得了水力纺纱机的专利权。① 1771年,阿克莱特在德比郡附近坐落于德温特河岸的克隆福德开办了英国第一家水力棉纺纱厂,该纱厂雇佣了多达600名工人,开创了近代机器大工厂的新时代。虽然1785年阿克莱特因水力纺纱机的真正发明人海斯的控告而失去了专利权,但他还是英国最富有的纱厂主,并继续发展着自己的工厂。18世纪末至19世纪初,阿克莱特式工厂已经成为英国兰开郡和德比郡工厂的样本。② 家具、成衣、靴鞋、车辆等各行各业也都相继实行工厂制,1872年的一份官方调查报告显示,在2 540 789个受访者中,有2 010 637人说自己在工厂工作。③

至于因新发明应用所造成的失业阵痛,前述在商业上失意的发明家约翰·怀亚特却合理地预见了工厂制对这个问题的根本解决之道:"制造商所实现的附加利益会促进他发展新的企业,并使他有可能根据机器将造成的节约来扩大其工业。他的事业的扩大一定会使他向那些被他停雇的工人中若干人提供工作。纺织工业的其他部门也需要更多的人员如织工、剪毛工、洗毛工、梳毛工等。这些人比以前有更多的工作,从而能够赚得更多的钱。"④

除了合伙设立工厂以便于应用专利技术直接进行生产活动以外,专利的转让和许可在18—19世纪的英国也变得日渐普遍。在1700—1845年间,大约有1/3左右的专利被完整转让,另外有1/4左右被部分转让或者许可。专利的转让或许可得到了法律制度的有效保障,并具有重要的经济功能。例如,专利的许可可以通过契据(deed)或合同两种方式完成。在契据中,被许可人受禁止反悔规则的约束,不得质疑许可人专利的有效性;在合同中,当事人则可以通过明确的条款约定禁止挑战所许可专利的效力。在1720—1832年间,英国的专利许可还有一项功能,即可以在实际上规避议会因股票市场的"南海泡沫"而要求每项专利权不得超过5个人共有其"股份"的法律规定。⑤

四、技术发明的衔接与专利效用的拓展

工厂制度不仅是18世纪英国专利发明和其他机器发明价值实现的基础

---

① [英]罗伯特·艾伦:《近代英国工业革命揭秘——放眼全球的深度透视》,毛立坤译,浙江大学出版社2012年版,第310—311页。
② 管佩韦:《英国工业革命的开始——纺织机器的发明和应用》,《杭州大学学报》1989年第1期,第125—126页。
③ 钱乘旦、许洁明:《英国通史》,上海社会科学院出版社2002年版,第218—219页。
④ [法]保尔·芒图:《十八世纪产业革命》,杨人楩、陈希秦、吴绪译,商务印书馆1983年版,第165—166页。
⑤ Sean Bottomley, "Did the British Patent System Retard the Industrial Revolution", *Criterion Journal on Innovation*, Vol.1, 2016, pp.73-79.

条件,而且隐含了技术进步的导向,成为联系发明与革新的桥梁。在散工制中,企业主主要是销售者;在工厂制中,工厂主首先是一个生产者,可以根据需要改变生产技术和条件,变革的压力已经成为新组织中固有的组成部分。① 在这场变革中,专利作为竞争工具的作用愈发显现并日渐受到重视,英国也在专利驱动下通过持续不断的发明创新建立起以棉纺业、冶金业、采矿业和化学工业为主导的工业体系。

从飞梭到珍妮纺纱机、水力纺纱机再到"骡机"和蒸汽动力纺纱机,18世纪英国的纺织业尤其是棉纺业和毛纺业,就是伴随着一次又一次的重大发明创造(其中大部分都取得了专利权)和技术变革而发展壮大起来的。正如有学者描述的:"1771年到1781年,珍妮纺纱机和水力纺纱机的发明推动了棉纺织业的迅速增长;1781到1791年的10年间,随着骡机的发明和阿克莱特的专利到期,该行业出现了令人难以想象的高速增长。"在一系列技术发明和改进的基础上,新的工厂生产系统不断发展,生产效率大幅提高。棉纺业的工艺技术进步,迅速降低了棉纺品的价格,提高了英国的出口竞争力,削弱了印度和其他亚洲国家的纺织业以及所有其他地区生产者的竞争力。到1820年的时候,英国棉纺品出口占到总产出的60%。②

在纺织技术不断进步而成就新兴棉纺行业的同时,英国冶金技术的突破也奠定了机械制造业发展的基础。1709年,达比取得专利权的"焦炭炼铁法"彻底改变了以木炭为基础的冶炼技术。该专利方法的创造性和产业意义包括燃料获取和热能利用两方面:一是以煤炭替代木炭,解决了冶金业的燃料危机;二是煤炭比木炭有更大的热能,使熔炉炼出更高品质的金属材料成为可能。1750年左右,为了获得匀质的金属,本杰明·亨茨曼以高温熔化坩埚中的铁,配上供反应用的少量木炭和玻璃碎屑,从而发明了铸钢的方法。18世纪80年代,科特和奥尼恩斯发明搅炼法并取得专利,该专利技术用高温和抽出碳素的方法将生铁炼成熟铁,解决了英国熟铁严重短缺的问题。③

冶金业技术变革后对煤炭的大量需求呼唤采矿技术的进步,首当其冲的就是解决煤矿积水的问题。在17世纪气体力学研究的基础上,1712年纽可门发明了活塞式蒸汽机,在沃里克郡的一个矿井中被用于抽排巷道积水。纽

---

① 眭纪刚:《技术与制度的协同演化:理论与案例研究》,《科学学研究》2013年第7期,第995页。
② 克里斯·弗里曼、弗朗西斯科·卢桑:《光阴似箭:从工业革命到信息革命》,沈宏亮译,中国人民大学出版社2007年版,第158页。
③ 张卫良:《现代工业的起源——英国原工业化与工业化》,光明日报出版社2009年版,第201页。

可门的蒸汽机存在燃料消耗过多的特点,应用于煤矿没有太大问题,但用于其他矿井则成本过高且效率太低。瓦特的独立冷凝器蒸汽机正是为消除纽可门蒸汽机的缺陷而设计完成的。① 蒸汽动力对18世纪英国工业的影响显然是全方位的。"突然间,英国好像找到了阿拉丁的神灯,千百个工厂、千百根烟囱霎时拔地而起,机器的轰隆声震动大地,汽笛的尖嚣声划破长空。人成了自然的主人,蒸汽这个魔怪一经征服,它就创造出数不尽的财富。……蒸汽迅速占领一个又一个生产部门,终于扩展到所有领域。"②

与冶金、纺织以及玻璃制造、陶瓷加工、肥皂生产乃至农业都密切相关的一个产业是化学工业。当18世纪煤炭的使用解决了英国制造业的燃料问题时,上述玻璃制造、肥皂生产等很多需要碱类的产业还必须寻找草木灰的替代品。18世纪下半叶,英国出现了由香农、希金斯、科利森和杰勒德为碱的制造提出的各项专利。1796年,邓唐纳德伯爵结识了试图将普通食盐转化为纯碱的两位制造商罗什和道布尔迪,在将他们的技术申请获得有关无机碱的生产专利后,这些合作者们在泰恩河畔沃克建起一家制碱工厂。尽管开始的产量并不高,但由于当时主要使用的海藻灰的含碱比率相当低,所以这家制碱工厂对碱类市场还是产生了很大的影响。在英国的柴郡,由于当地的盐矿非常丰富,而且煤炭和石灰石的供应也十分方便,于是很快就发展成为化学工业的一个天然中心。化学工业中另外一种核心物质——硫酸,也是在18世纪中期以后才开始因新技术的发明而在英国付诸广泛的工业生产。尽管当时的先驱者罗巴克和加伯特的工厂是通过商业秘密而非专利的方式来保护其硫酸制造技术的,但这丝毫不影响硫酸制造业对漂白业、制药业和金属制造业的影响。③ 新技术的不断衍生也直接体现到专利登记的技术分类中。截至1790年,一共有147个专利技术类别,其中1710—1760年创造了12%,1760—1790年则创造了22%。在1760—1790年所创造了新专利类别中,不乏当时主流产业之外的技术,例如"绘画和摄影术""打印、字母和设备"以及"电力"等。④

专利的连锁效应不仅体现在技术发明活动的产业衔接上,而且体现在商业实施的热闹场景中。18世纪,专利作为竞争工具的功能得到了强烈的彰

---

① 史仲文、胡晓林主编:《新编世界经济史(下)》,中国国际广播出版社1996年版,第12页。
② 钱乘旦:《第一个工业化社会》,四川人民出版社1988年版,第44—45页。
③ 查尔斯·辛格等主编:《技术史(第 IV 卷):工业革命》,辛元欧译,上海科技教育出版社2004年版,第161—166页。
④ Richard J. Sullivan, "The Revolution of Ideas: Widespread Patenting and Invention During the English Industrial Revolution", *The Journal of Economic History*, Vol. 50, No. 2, 1990, p.358.

显,其被用于保护发明人对抗其贸易对手,以及确定竞争的边界。随着英国地方各省媒体的出现以及伦敦日报的诞生,专利被以一种类似于商标的方式在使用,即凭借其所具有的荣誉和权威引导着消费者在过多商品中的选择。传单和报纸广告一般以"依据国王的皇家专利……"作为宣传"程式"的开始,标签和印章被印刷出来,瓶子也根据该模式制作,皇家徽章则被突出显示。首席大法官肯扬(Kenyon)就曾评论称:"我们在看每天的报纸时很难不被其中无数有关授权专利的广告所震惊。"专利还也有助于吸引投资者。在18世纪20年代,人们纷纷投资于获得专利的计划也获得有关经济安全的"镀金"保证。[①]

第三节 专利制度的完善与自由边界的限定

一、说明书制度与专利充分公开要求

直到1852年专利修正法案出台之前,英国几乎没有对1624年《垄断法规》进行实质性修改,只有1835年、1839年和1844年由布隆汉姆爵士引入的几个涉及特定条件下专利期限延长及其批准权限的法案。但是在17—18世纪期间,随着专利申请量的与日俱增和专利产业实践活动的愈发频繁,英国专利制度也在具体应用的过程中逐渐自我发展和完善。其中最突出的一点就是专利申请程序中说明书要件的形成。

如前所述,随着英国近代科学的诞生,对技术发明的统一规范性描述成为可能,国家再也不必将"培训学徒"作为专利授权的必要条件,但前提是这种"统一规范性描述"成为法律上强制要求提供的文件。基于这种理念而被固定下来的专利"说明书",一方面可以避免因外国技术移民未充分实施其专利就离开英国而造成"新产业"无法建立的损失,另一方面则可以在14年的专利保护期届满后使整个英国工业分享该技术发明带来的实惠,后者对于18世纪下半叶开始进入工业化大生产时代的英国尤其重要。除此之外,说明书在18世纪的英国成为专利申请常规文件的原因还包括,它可以更加具体地展现"新发明"转化为"新制造"的过程,既贴近《垄断法规》的术语,也符合现实应用的需求。在工业革命期间,技术变革和发明创新的竞争异常激烈,对于奉行形式审查主义的英国相关官僚机构尤其是枢密院而言,描述更

[①] Christine MacLeod, *Inventing the Industrial Revolution: The English Patent System*, 1660-1800, Cambridge University Press, 1988, pp.85-89.

加具体的说明书也可以帮助他们快速区分各种在技术上十分近似的专利申请。

早在1611年，一个名叫西蒙·斯图万特（Simon Sturtevant）的发明人就主动建议披露自己"用煤熔铁和作为一般工业燃料"技术的专利申请。其理由包括：（1）证明自己的发明是新的且并非窃取而来；（2）自己的专利不会阻止他人的发明；（3）没有人向国王申请过同样的专利；（4）他将受未来授权专利规定内容的约束。斯图万特于1612年获得了专利授权，并提交了承诺的完整披露文件。① 1664年，因金属镶边工们在最后时刻的反对，约翰·加里尔（John Garill）的独家金银镶边技术专利申请被延后，国王指定枢密院组成委员会进行调查。在调查中，委员会要求加里尔向提出反对的金属镶边工们披露其具体如何准备银子、将它们加工成银锭以及镶上花边等，但加里尔坚称其专利技术的秘密性而拒不提供说明书，最终他未能获得专利授权。② 1711年，"从糖、糖浆和各种即将蒸馏的谷物中准备和发酵洗剂"发明的专利申请人约翰·纳斯密斯，因为担心其发明在获得授权之前被公开披露，建议先向高等衡平法院登记一份由他书写和盖章的关于发明的描述，待专利授权之后再公开该描述。约翰·纳斯密斯（John Nasmith）的这个请求和建议得到了官方认可，并逐渐发展成专利授权的一项常规程序。在1732年的一起案件中，枢密院甚至以专利权人未能根据其专利的要求提交说明书为由，宣告他的专利无效。③ 到1734年以后，说明书已经成为大部分专利授权的"标准要求"。在1733年之后的十年里，有73%的专利申请都带有说明书。④

从表面上看，说明书这种专利申请文件的产生是申请人为了防止自己的发明在授权之前被泄露出去而主动作为的结果，起到的是权利防御和保护的作用。然而，随着当时英国的专利登记机关和司法机构对说明书法律意义的不断认知和深度挖掘，说明书作为专利授权"对价"重要组成部分的价值开始显现。1778年的"利亚德诉约翰逊（Liardet v Johnson）"一案就是这样一种里程碑式的案件。在该案中，曼斯菲尔德法官指出，"专利说明书是否能够指示他人制造该发明是第三个要点。因为专利法予以激励的条件如下：发明人

---

① Ramon A. Klitzike, "Historical Background of the English Patent Law", *Journal of the Patent Office*, Vol.41, No.9, 1959, p.641.
② Christine MacLeod, *Inventing the Industrial Revolution: The English Patent System, 1660-1800*, Cambridge University Press, 1988, pp.42-43.
③ D. Seaborne Davies, "The Early History of the Patent Specification", *The Law Quarterly Review*, April, 1934, pp.86-109.
④ Sean Bottomley, *The British Patent System during the Industrial Revolution, 1700-1852: From Privilege to Property*, Cambridge University Press, 2014, p.32.

必须以其发明为基础教会一个工匠,在保护期届满时,根据发明人的指引的方向像发明人自己一样制造出该发明;只有这样,在保护期届满时,社会公众才能从中获益。"该案事实上就发展形成了专利说明书的"充分公开"要求。

1785年的"雷克斯诉阿克莱特(Rex v Akright)"案完全遵循了"利亚德"一案对说明书充分公开的先例要求。该案中,阿克莱特的专利说明书只包括若干互不相连的细节,某些在与发明的相关性上也值得怀疑,因此布勒法官裁定其说明书未能做到充分清楚披露发明内容,不符合法律的要求。[①] 布勒法官在向陪审团解释专利说明书的功能时指出:"就这一点被确定为法律的是,一个被授权获得专利垄断利益的人,必须披露其秘密,并以使他人可以制作专利授权事物的方式说明其发明;因为说明书的目的和含义是,在专利授权期限届满后,教给公众该技术是什么,并且其必须使公众可以像专利权人自己使用该发明的充分和有益方式那样占有该秘密。就说明书而言,这是我认为的明确法律。"[②]

同样发生于1785年的"阿克莱特诉夜莺(Arkwright v Nightingale)"案则事实上将专利说明书指示的"工匠"限定为我们今天所称的"本领域的普通技术人员"。阿克莱特的代理人指出:"如果一位天才机械师在钟表领域中完成了一项新发明,那么他就不必为普通的皮匠提供可理解的专利说明书。"拉夫堡法官则认为:"说明书的可理解性是指那些精通本主题的人能够理解它,并且在专利期限届满时可以使发明永久化。说明书的明晰性必须根据其主题判断,其针对的是在该领域具有技能的人员,而不是针对无知的人;并且如果其被那些因其业务而熟悉该主题的人理解,其也是可理解的。"

在专利说明书的用语是否达到了"充分公开"要求的解释上,18世纪到19世纪早期的司法都采用了非常严格的立场。布勒法官在1787年的"特纳诉维因特(Turner v Winter)"一案中指出:"在我们记忆中涌现的大量专利案件中,绝大多数对专利权人不利的案件是因为他们没有对其发明作出完成和公平的发现。"他还强调:"说明书中的细小缺陷足以使专利废止。"达拉斯大法官在1821年的"坎皮恩诉本尼(Campion v Benyon)"一案中也指出:"如果说明书含有实质性要点上的任何模糊性,就构成了使整个专利无效的基础。"其背后的理论逻辑实质上即为专利的社会契约理论:"毫无疑问,为生产对公

[①] John Hewish, "From Cromford to Chancery Lane: New Light on the Arkwright Patent Trials", *Technology and Culture*, Vol.28, No.1, 1987, pp.80–86.

[②] Helen Mary Gubby, *Developing a Legal Paradigm for Patents: the Attitude of Judges to Patents during the Early Phase of the Industrial Revolution in England(1750s–1830s)*, Erasmus University Rotterdam, 2011, p.157.

众有利的发明而付出劳动和费用的有才华之人,有从专利独占特权中获得补偿的合理要求。但另一方面重要的是,当专利权人满意地解决了其麻烦后,公众应有办法将这些发明付诸实践。正是基于诸多原因中的这个原因,每件专利应当包含关于当事人所取得成就的清楚说明。"①

从19世纪30年代开始,英国司法逐渐放弃了对专利说明书进行过于严格解释的立场。在1829年的"克罗斯利诉贝弗利(Crossley v Beverley)"一案中,坦特登(Tenterden)法官认为"很难因为一些小的问题不那么正确而使整个专利无效"。在1841年的"尼尔森诉哈弗德(Neilson v Harford)"一案中,阿宾格(Abinger)法官也认为"如果专利权人充分描述了运行的模式但在一个与该客体相关的所有人都知晓的问题上犯了错……该问题不会使专利无效"。②

二、新颖性标准与改进发明专利承认

说明书要件的制度化还与对《垄断法规》所规定的新颖性标准的解释密切相关,并随之而有所发展。虽然《垄断法规》没有明确使用新颖性的概念,而只是概括地使用了"新"制造,但对何谓"新的"制造在理论和司法上有着非常丰富的内涵和具体的解释。

受早期重商主义政策和实践传统的影响,在17世纪和18世纪早期,符合1624年《垄断法规》规定的专利授权客体必须是完全意义上的"新发明"或"新制造",要能够帮助英国建立起新的产业或新的贸易。1628年,科克在其《英格兰法律中的制度》一书中指出,"一项新制造"必须是实体性和必要性地新发明出来的,而如果实体是已经存在的,只是在上面进行了某种添加,即便该添加可以使前者更加有利可图,这仍然不是法律上的新产品。为了支持自己的这个观点,科克参考了另有报告的比尔科特(Bircot)一案的声明。在该案中,财政会室法院称"增添性发明"是"在旧船上装上新按钮",这种客体落在了普通法所理解的发明范围之外。③

随着18世纪下半叶英国技术革新和产业发展的速度加快,从无到有的全新发明的难度越来越大,克服原有技术缺陷和消除现有设备瑕疵的改进型

---

① Helen Mary Gubby, *Developing a Legal Paradigm for Patents: the Attitude of Judges to Patents during the Early Phase of the Industrial Revolution in England（1750s-1830s）*, Erasmus University Rotterdam, 2011, pp.169-183.
② Sean Bottomley, *The British Patent System during the Industrial Revolution, 1700-1852: From Privilege to Property*, Cambridge University Press, 2014, p.80.
③ David J. Brennan, "The Evolution of the English Patent Claims as Property Definers", *Intellectual Property Quarterly*, Vol.5, 2005, p.364.

发明越来越多,司法上对可专利性客体的态度也发生了转变。在1776年的"莫里斯诉布拉姆森(Morris v Bramson)"一案中,尽管被告成功地证明了原告的专利属于对旧发明的"添加",但陪审团最后仍然站在了原告的一方。审理该案的曼斯菲尔德法官记录称:"我曾收到作为陪审团成员的一位绅士的非常有智慧的来信,探讨从公共政策的原理出发,是否可以仅授予'添加'以专利权。我对此极为关注……如果法律上的一般观点,也即像被告主张和公开记录的那样不能授予一项添加以专利权,则被告肯定可以继续前进以锁定有利于他的判决。但是该异议将会使曾经授予的几乎每个专利无效。"自此以后,在威斯敏斯特大厅被广泛接受的一种观点是,授予一项添加的发明是好的,但必须仅限于该添加本身,而不能及于旧的机器。[①]

"授予专利时其他生产者未使用该发明"是《垄断法规》关于"新的"发明的另一方面要求。从立法前后的授权实践和相关案例来看,该要求指的是在专利授权之前申请专利的发明并没有作为一种产业或贸易上已经使用的技术而为公众所知,此时没有丝毫迹象表明技术信息单纯在先出版的证据会使专利无效。[②] 在1766年的"多隆德诉向普尼(Dollond v Champney)"一案中,被控专利侵权的被告强谱尼抗辩称,在原告多隆德取得专利之前已经有一个豪博士做出了同样的发明,只不过他将发明"锁在了自己的柜子里"。审理本案的普通上诉法院法官卡姆登则在判决中称,豪博士未将其发明公之于众,多隆德可以被视为第一个发明人。显然,在这里,完成发明的智力创造贡献要让位于发明的首次披露。[③] 这个英国工业革命初期的专利案件已经可以让我们看到现代专利先申请制的影子,也确立了以技术是否首次公开而非技术是否最先创造完成作为专利新颖性判断的基本标准。不过,被告在多隆德一案中提出的原告专利说明书描述不充分的缺陷并未引起法院的太多关注。

前述1778年的"利亚德诉约翰逊"案也揭示了新颖性判断的实质性标准。在该案中,原告利亚德取得了一项仿制石块以覆盖建筑外表的灰泥的专利权,被告也有一项类似的专利权。但在诉讼中,被告并没有试图证明自己专利权的有效性,而只是集中抗辩原告的灰泥是否是新的有用发明以及原告的专利说明书是否足以支持其主张的垄断权利。关于第一个问题,被告提出

[①] Adam Mossoff, "Rethinking the Development of Patents: An Intellectual History, 1550 - 1800", *Hastings Law Journal*, Vol.52, August, 2001, pp.1284 - 1285.

[②] Hulme, "On the History of Patent Law in the Seventeenth and Eighteenth Centuries", *The Law Quarterly Review*, July, 1902, p.281.

[③] Helen Mary Gubby, *Developing a Legal Paradigm for Patents: the Attitude of Judges to Patents during the Early Phase of the Industrial Revolution in England (1750s - 1830s)*, Erasmus University Rotterdam, 2011, p.103.

了阿尔贝蒂的书、1726 的一部词典和 1764 年的四部词典作为证据,认为已经有在先出版物公开了原告的专利技术。原告方则有绝大多数的杰出且有经验的建筑家、泥水匠和建筑工们提供了有关其发明具有新颖性及实用性的充分证词。审理该案的曼斯菲尔德法官指出,从原告方大量建筑家和泥水匠们的证词中可以看出,在原告的专利之前,贸易中并不知道该方法也没有使用它,那些读到或听到它的人并不知道它且不能在它的基础上建立确定的事业。因此,原告所拥有的确实是一项在专利授权时并未被贸易界所知晓的发明。① 曼斯菲尔德法官指出,在先的公开使用和实践"不只是一种尝试,不是曾经提出的建议,不是锁在抽屉里的事物,不是偶然想到而未继续追求的组合,其必须是在贸易中所追求的事物。其不是某人曾经在一两次例子中利用后即放弃,并且再也没有就其主张权利的发明"。②

三、专利审查制与职业专利代理出现

1624 年《垄断法规》并没有就专利申请设立专门的程序,因此英国的专利申请仍然适用的是古老的 1535 年《职员法》,采取的是形式审查主义。在绝大多数情形下,成功清除所有形式、程序障碍的申请人,只受到政府职员极少的调查或审查即可获得专利授权。专利的签发是标准化程序的产物而没有个案的官方审查。从 17 世纪后期开始,这种实践做法开始有所改变,专利经常是在有限的实质审查之后才予以授权。当某种国家利益如财政收入或军事因素牵涉其中的时候,上述专利审查路径的改变最为直接和明显。专利申请人偶尔也自愿附加图表或说明来提供更多关于其发明的信息。这种现象较为典型地发生在有大量订制产品的领域,例如水泵和 1690 年代的潜水引擎。由相关贸易成员,或者在适当情形下,由杰出数学家或物理学家签名的意见或证词,也在 18 世纪早期开始更多地出现在专利申请的附件中。伦敦商人埃德蒙德·布拉德(Edmund Blood)在寻求一项布匹的专利授权时,就附上其专利申请产品的样品以及五个纺织品贸易商的誓词以证明他们此前从未见过或听过任何此种制造。更为关键的是,当有利害关系人针对特定的专利授权提出事先异议或事后反对的时候,消极的形式审查程序即无法继续适用,相关法律职员们不得不要求申请人提供更多的信息以及进行更加彻底

---

① Hulme, "On the History of Patent Law in the Seventeenth and Eighteenth Centuries", *The Law Quarterly Review*, July, 1902, pp.284 – 287.
② Helen Mary Gubby, *Developing a Legal Paradigm for Patents: the Attitude of Judges to Patents during the Early Phase of the Industrial Revolution in England（1750s – 1830s）*, Erasmus University Rotterdam, 2011, p.133.

的调查,而且一般会在枢密院有一个复审流程。① 当时的专利异议一般是按照如下的程序展开的:为防止有损害的专利在自己不知情的情况下获得通过,任何人可以向法律官员提交一份"预警书"(caveat);该预警书的有效期为3个月,可以在支付较少的费用后得到续展。然后他们将会获得任何与其利益相关的专利申请信息,并可以决定在包括国玺盖章之前的任何阶段提起异议。具体来说,预警书可以向总检察长的私人法庭提出,这一阶段的预警书具有"一般性",即针对某一类技术的专利申请都发生异议效力;预警书也可以向专利档案办公室提出,此时的预警书具有"特定性",是就某项专利申请提出的;预警书还可以向签章局提出。这三个阶段的预警书审理都由法律官员进行审理。在其后的程序中,异议人可以向枢密院签章局提出预警书,此阶段的审理由掌玺大臣负责。在最后阶段,预警书还可以向由大法官管辖的专利局提出,以阻止专利证书获得国王印玺。② 没有提交预警书的人,在专利登记于伦敦公报上公布之前,不太可能知道相关专利的存在,因为没有有关专利申请的公开出版物。伦敦的钟表匠公会是对专利异议较为敏感的代表性团体,17世纪末18世纪初,其在付出相当可观的努力和金钱后,成功异议了至少三件专利。③

1753年的"贝克诉詹姆斯博士(Baker v Dr. James)"一案标志着枢密院将其有关专利权有效性审查的管辖权移交给了普通法法院。詹姆斯博士于1747年就其发明的发热粉取得了一项专利。1752年,药剂师沃克·贝克挑战该专利的有效性,他认为詹姆斯博士并非发明人。枢密院驳回了贝克的申请,贝克随后向普通法院提起诉讼,以伪证罪指控詹姆斯博士,并申请枢密院指派其职员威廉·夏普(William Sharpe)等就詹姆斯博士在先前程序中提交的用于支持其专利的证词出庭作证。枢密院拒绝了贝克的请求,回复称:"我们谦逊地认为这并非是申请者依据严格的法律权利可以要求的事务"。贝克因此退缩了,而詹姆斯博士的专利得以维持有效。尽管如此,该案的里程碑意义在于,从此以后专利案件可以普通法法院单独审理,而不必再诉诸与之相对的王座法院。当专利授权纠纷由枢密院处理时,利害攸关的并非是发明人的权利,而是基于其主体身份授予特权的王权。只有当普通法法院及其深深根植于英国国民习惯权利和自然权利哲学理论的法官们,承担起执行专利

---

① Oren Bracha, "The Commodification of Patents 1600 – 1836: How Patents Became Rights and Why We Should Care", *Loyola of Los Angeles Law Review*, Vol.38, 2004, pp.188 – 189.
② Sean Bottomley, *The British Patent System during the Industrial Revolution, 1700 – 1852: From Privilege to Property*, Cambridge University Press, 2014, pp.38 – 39.
③ Christine MacLeod, *Inventing the Industrial Revolution: The English Patent System, 1660 – 1800*, Cambridge University Press, 1988, pp.43 – 44.

以及因此界定有效的专利授权职责时,专利才真正成为一种权利。[1]

在18世纪末的英国,不仅是围绕着专利有效性的实质审查和司法程序进展在法律形式上促进了专利从特权向私权嬗变的历史进程,而且人们对专利实体法律制度的理解也更加准确、深入和精细。一系列的判决和评论为人们勾勒出一幅关于机器或化学方法"发明或创造"的图景。分析是否属于"发明或创造"的起点是对于发明从中而来的"在先领域"的确信。不管对该领域的称谓是传统、自然、科学规律、思想还是原理,在所有情形下它都被认为是"提供了科技的首要基础和规则,或者说要素和根本"。这个由发明人在开始其创造之前的事实组成的领域,包括了重力、热能、化学、电力、物质的性质、引擎的弹性、压力和密度之间的关系、海洋的纬度和地球的旋转等,在可专利的客体之外。[2]

说明书要求的形成、新颖性标准的发展和实质性审查的浮现,专利数量和司法案件的日渐增多,以及"发明产业"结构的变迁,使得专利申请成为一项富有技巧的法律服务和有利可图的经济活动,因此,在19世纪初的时候,英国出现了职业的专利代理人。最早的一批专利代理人都是专利局的职员。在19世纪30年代时一些实践行业的工程师加入,专利代理人的数量有明显的增长。到1851年时,大约有90%的授权专利都是经专利代理人之手申请获得的。当时的专利代理人在三个方面为发明人提供帮助:准备专利说明书,在专利权人考虑诉讼时给予法律建议,以及充当发明人、资本家、创新者和其他发明成果使用人之间的中介和桥梁。

作为19世纪英国专利代理人的杰出代表,威廉·牛顿(William Newton)曾对从事该职业所应具备的素质做过详细描述:"关于专利代理人职责和资格的通常概念可以简要陈述如下:他充分了解由法院判决和法律官员决定呈现的专利法律和实践。……他必须熟悉这个国家的所有制造商,更不用说现在在伦敦,各省和外国首都如此普遍的各种工业展览。他已经通过专利局对其开放的总数为15万件的印制英国专利说明书,追溯了从初期到现在的各制造业分支的发展情况。他将就提交给他的任何机械发明或程序的实用性,就其商业价值提出建议,以使发明人能够最好地将其改进引入贸易或推向公众;发现某人意图抢占发明的事实,是否会影响专利的整体或部分销售,或者是否需要进行独占或有限许可以及以什么条件许可……专利代理人应当熟悉外国和殖民地的专利法……应当能够建议如何防止拥有专

---

[1] Adam Mossoff, "Rethinking the Development of Patents: An Intellectual History, 1550 - 1800", *Hastings Law Journal*, Vol.52, August, 2001, pp.1262 - 1263.

[2] Brad Sherman and Lionel Bently, *Intellectual Property Law: The British Experience*, 1760 - 1911, Cambridge University Press, 1999, pp.44 - 45.

利的制造商通过将竞争对手作为侵权人来恐吓竞争对手的客户……他的主要职责是收集发明人的创意,将它们安排在说明书里,最终能够防止任何竞争性制造商在专利的方向从事任何活动。如果发明在提交给他时并不完美,专利代理人应当乐于消除其缺陷……他的非凡经验给予了他任何普通发明人不能被期待拥有的便利。"①

专利代理人的出现本身是社会劳动分工进一步深化的结果,是职业和经济自由的体现,而其所从事的服务则是为了充分实现专利作为自由财产权的价值,以及为了促进和保障工业制造商们在专利引导下的自由正当竞争秩序,其对于专利制度的应用普及和不断完善都具有积极的意义和作用。

四、内外部因素与专利制度扩散趋势

18世纪末期对专利制度认知的理性化、科学化和精细化也进一步激发了人们应用专利制度的热情。

发明人,尤其是那些职业发明人或者准职业发明人,明确地将专利作为积累个人财富的最重要手段。瓦特就曾经指出:"激励人们改进技术的动机似乎只有三种:为社会谋福利的愿望,对名声的渴求,以及增加个人财富的希望。前面两种在未与后者相结合的情况下应当只适用于已经独立或者具有财产能力的人,因为指望任何穷困之人将其时间和金钱完全致力于公共福利或者追求泡沫是愚不可及的。……考虑到我们想象这些独占性专利特权所给予的安全,我们才多年倾注我们的时间和金钱以使发明臻至完善。虽然公众已经从中受益良多,但我们尚未凭此获得原本应有的收益,在此紧要关头的利润终止值得关注。……但如果我们的专利权被剥夺或者被呈现为虚无,我们必须放弃任何对专利计划的追求以及从事其他财产权可以得到更有效保障的产业。"②瓦特及其合伙人博尔顿为了捍卫自己的各项专利权,先后花费了1万英镑并在一定意义上获得了成功。③

18世纪上半叶,英国司法上的另一个有利于专利制度应用及扩散的因素是衡平法院对专利案件的接受审理,以及为专利权人提供的几种救济方式。相关研究和统计数据表明,在1710—1760年间,英国衡平法院有41份直接与专

---

① Harold Irvin Dutton, *The Patent System and Inventive Activity during the Industrial Revolution*, *1750-1852*, Doctoral Thesis, University of London, 1981, pp.173-183.
② Harold Irvin Dutton, *The Patent System and Inventive Activity during the Industrial Revolution*, *1750-1852*, Doctoral Thesis, University of London, 1981, pp.204-205.
③ Eric Robinson, "James Watt and the Law of Patents", *Technology and Culture*, Vol.13, No.2, 1972, p.138.

利法相关的诉状,涉及 21 种不同的专利。在 1714—1758 年间授予的 339 件专利中,至少有 18 件在衡平法院进行过诉讼。专利权人选择向衡平法院起诉的主要原因是为了获得普通法上无法给予的救济手段:庭审发现、审计和禁令。庭审发现是指原告请求法院查明其认为对案件审理非常重要的事实信息。在专利诉讼中,原告通常难以知晓牵涉到被告侵权行为中的其他合作者,以及在初步侵权证据背后的隐秘侵权信息,此时庭审发现程序对其就具有巨大的帮助作用。例如,在 1736 年的"凯诉塔特绍(Kay v Tattersall)"一案中,詹姆斯·凯发现塔特绍及其同伙"以隐秘的方式"活动,自己无法发现他们是谁,也无法获得在诉讼中指控他们的足够证据,尽管直白和显而易见的是,从他们工作和编织的性质来看,必然是一样用飞梭工作或编织完成的。因此,凯提出了庭审发现请求,而塔特绍为了回答凯的一系列问题以否认自己构成专利侵权,就被迫公开其自己工作方法的细节并说明其与凯之飞梭的不同之处。审计则对确定被告专利侵权所得利润具有重要作用。此外,在衡平法院的几乎每一份专利侵权诉状都会寻求对被告实施禁令。1789 年,约翰·米特福德(John Mitford)指出到"衡平法院似乎采用了与所有主张……专利发明的普通法院案件类似的原则",即如果允许侵权行为继续,将会不可弥补地损害原告的财产权。禁令一旦被授予,被告只有在全面且完美答辩的情况下才能解除。例如,在 1750 年的"里布赖特诉霍夫纳(Ribright v Hoffner)"一案中,霍夫纳辩称他在里布赖特的专利获得授权前一年已经公开销售了专利化的"透视眼镜",并且一直持续销售同样的产品直到他收到法庭的禁令。该禁令由此才被解除。①

专利司法的积极转向只是促进技术创新和专利申请的内在动力之一,此外还有很多有利于专利制度扩散的外部因素。相较于农业占主导地位的前工业时代,18 世纪英国的制造业和服务业从业人数无论在绝对数量还是相对比例上都有极大的增长,发明人的数量和专利的授权也就随之有一个正向的上升。与技术人口及专利增长密切相关的因素还包括当时英国的城镇化,因为绝大多数专利权人是依托于乡镇和城市生活的。有统计数据表明,1800 年的时候英国的城镇人口已占到 35%,到 1850 年更是达到了 54%。② 另一份统计数据表明,1690 年英国约有 15 000 名科技人员,到 1760 年则增长到 18 000 名左右。③

---

① Sean Bottomley, "Patent Cases in the Court of Chancery, 1714 – 1758", *Journal of Legal History*, Vol.35, No.1, pp.37 – 39.
② Christine MacLeod, & Alessandro Nuvolari, "Patents and Industrialization: An Historical Overview of the British Case, 1624 - 1907", *LEM Working Paper Series*, No.2010/04, p.10.
③ 舒小昀:《分化与整合:1688—1783 年英国社会结构分析》,南京大学出版社 2003 年版,第 144 页。

这些科技人员普遍采用两种方式进行广泛的技术交流、传播和讨论。一种方式是加入各式各样的专业协会，另一种方式是对外公开发表专业的知识见解。"工业启蒙运动……为知识分子和制造商、专家和工匠之间搭建起一座又一座沟通信息的桥梁"，包括各种正式与非正式的会议、讲座等。最高级别的信息交流机构为英国皇家学会。不过大多数人是通过参加各种地方性的"科学协会"来交流资讯，此外还有"专门性研究所、共济会驻各地分会、定期举办讲座的咖啡馆"等诸多聚会地点可供人们相互交流信息、取长补短。不同个体之间通过相互切磋技艺，交流心得体会，常常会获得重要的发明灵感。"但更为重要的是制造商通过与专家建立起私人性的友好关系，并保持通信往来，极有利于他们获得当时最前沿的科学知识和实用技术。"①专利新发明、新方法及其解释往往也发表在专业协会编辑的杂志上，例如1794年创办的《技术和制造业集刊》，旨在"建立起一种媒介，通过它可以向公众传递在任何实用技术和制造领域的新发现和新改进"，因而采用很大的版面来复印专利说明书。1798年创刊的《哲学杂志》则提供对近期专利化发明的短评，其编辑认为："我们对公众的义务要求我们同时指出专利发明的价值和缺陷。"②科技人员还在《女士日报》上进行公开讨论或者提出描述及疑惑。《女士日报》是18世纪英国发行的旨在为男女平等地解释科技进步提供机会的报刊。除此之外，科技人员还就新技术问题出版专著和图书。③ 这些知识的交流和扩散一方面为科技人员赢得了尊重、荣誉和社会地位，另一方面为新的发明和专利创造提供了更深厚的理论基础和更多的思维火花。

第四节　自由的经济思想与专利制度的认同

一、自由交换的倾向与促进发明的分工

18世纪下半叶的英国，既是工业革命狂飙突进的时期，也是自由主义经济思想绽放光芒的时期。1776年，亚当·斯密的《国民财富的性质和原因的

---

① ［英］罗伯特·艾伦：《近代英国工业革命揭秘——放眼全球的深度透视》，毛立坤译，浙江大学出版社2012年版，第372—373页。
② Christine MacLeod, *Inventing the Industrial Revolution: The English Patent System, 1660-1800*, Cambridge University Press, 1988, pp.146-147.
③ Ralf R. Meisenzahl & Joel Mokyr, "The Rate and Direction of Invention in the British Industrial Revolution: Incentive and Institutions", *National Bureau of Economic Research Working Paper* No.w16993, April, 2011, p.37.

研究》(《国富论》)一经问世,即受到全英国的热烈追捧。从某种意义上甚至可以说,正是在以斯密为代表的古典经济学家的理论指导下,英国率先完成了工业化社会的建构。

尽管因经济学上的辉煌成就而闻名于世,但斯密绝不仅仅只是一个经济学家,而且是哲学、法学、心理学、历史学和社会学等多学科的集大成者。例如,他在《国富论》一书扉页的署名是"法学博士、皇家学会会员、前格拉斯哥大学道德哲学教授"。① 作为法学家的斯密在思想上与自然法学派的普芬道夫、哈奇森等人渊源颇深,并在这两人观点的基础上从交换倾向的角度提出了"技艺垄断"的合理性。哈奇森认为:"为了所有人的共同福利,大家必须交往和联合劳动:当人口无限增长时,各种必需品和便利条件应当更好地向所有人提供,由每个人选择一种能实践自己特性的技艺来生产足够多的产品,与其他以同样方式生产产品的工匠在商业中交换,而不应当由每个人实践所有必需的技艺,不管是否取得了应用这些技艺的特长。"斯密进一步论述道:"随着社会的不断进步,最初应当由每个个体为自己的必要福利而实践的多种技艺,将要分离开来;根据他们各自的倾向,一些人训练一种技艺而其他人则训练别的技艺。他们将彼此交换超出自己所必须的部分,以及参与交换自己所需而不生产的商品。"②

在《国富论》中,斯密重申了因交换需求而产生的才能差异,以及由此而诞生的促进发明的社会分工。斯密写道:"人类如果没有互通有无、物物交换和互相交易的倾向,各个人都须亲自生产自己生活上的一切必需品和便利品,而一切人的任务和工作全无分别,那么工作差异所产生的才能的巨大的差异,就不可能存在了。使各种职业家的才能形成极显著的差异的,是交换的倾向;使这种差异成为有用的也是这个倾向。"职业家的差异化实用才能带来了劳动的社会分工。"分工的结果,各个人的全部注意力自然会倾注在一件简单事物上。所以只要工作性质上还有改良的余地,各个劳动部门所雇的劳动者中,不久自会有人发现一些比较容易而便利的方法,来完成他们各自的工作。唯其如此,用在今日分工最细密的各种制造业上的机械,有很大部分,原是普通工人的发明。……可是,一切机械的改良,决不是全由机械使用者发明。有许多改良,是出自专门机械制造师的智巧;还有一些改良,是出自哲学家或思想家的智能。……随着社会的进步,哲学或推想也象其他各种职

---

① 李伯聪、李军:《亚当·斯密的哲学、伦理学和经济政策思想》,《自然辩证法通讯》1997年第5期,第29—36页。

② Enzo Pesciarelli, "On Adam Smith's Lectures on Jurisprudence", *Scottish Journal of Political Economy*, Vol.33, No.1, 1986, pp.74-85.

业那样,成为某一特定阶级人民的主要业务和专门工作。此外,这种业务或工作,也象其他职业那样,分成了许多部门,每个部门,又各成为一种哲学家的行业。哲学上这种分工,象产业上的分工那样,增进了技巧,并节省了时间。"①

斯密意识到,在没有专利保护的情况下,竞争者就可以不用承担任何创造性产品的生产成本,这种"搭便车"现象使得在细化职业分工和商品交换中的发明人们无法获得报酬。从另外一方面来说,专利也是无害的。与所有其他商品一样,创造性产品也适用市场供求规律。因此,斯密将发明上的专利权视为无害独占特权的罕见例子,并认为专利权可能是人类能够设计的给予天赋的最公平回报。②"在此,如果发明是好的且对人类而言是可带来利润的,发明人可能靠它获得财富;但如果其没有价值,发明人将无法获得任何收益。"斯密还指出,"如果立法者试图给予发明人金钱奖励,他们几乎难以精确地分配与发明价值相当的数额比例"。③ 斯密将法律赋予发明者对新机器的专利权与英国政府给予冒险性股份公司的独占经营权归为同一类"暂时的独占权利",并认为"政府要报酬这种冒险费财而且异日会造福大众的尝试,也只有这是最容易、最自然的方法"。不过,斯密也强调:"限定的时限既满,独占是应当取消的。"④

斯密的理论既是对 18 世纪英国工业革命的深刻总结,也被其后的自由经济发展进程所验证。交换与分工彼此密切相连、相互影响,通过由它们所决定或伴随而来的文化运动而共同继续前进。交换上的每一次扩大或增加,都为生产打开了新的门路,引起了更加进步、更加有效的分工,以及在各生产区域、各行业之间以及行业内各部门间日益狭窄的任务分派。反过来,分工由于得到技术进步的帮助,于是在许多互相依赖的专业活动之间就必须以越来越多的合作为前提。最后,全世界都参加这种协作了。⑤

二、节省劳动的发明与机器应用的优势

英国古典经济学派的另一位代表人物——大卫·李嘉图,同样对发明创

---

① [英]亚当·斯密:《国民财富的性质和原因的研究(上卷)》,郭大力、王亚楠译,商务印书馆 1983 年版,第 15、10—11 页。
② Christine MacLeod, *Inventing the Industrial Revolution: The English Patent System, 1660-1800*, Cambridge University Press, 1988, p.197.
③ Adam Smith, *Lectures on Jurisprudence*, Oxford Press, pp.83, 472.
④ [英]亚当·斯密:《国民财富的性质和原因的研究(下卷)》,郭大力、王亚楠译,商务印书馆 1983 年版,第 314—315 页。
⑤ [法]保尔·芒图:《十八世纪产业革命》,杨人楩、陈希秦、吴绪译,商务印书馆 1983 年版,第 24—25 页。

造及其工业应用赞赏有加。李嘉图更多的是从发明对于节省劳动和成就国家经济发展比较优势的角度来论证其积极意义的。

　　李嘉图赞同马尔萨斯的如下观点:"在技术进展过程中,出于人类的需要,一般说来,会促进关于节省体力劳动的发明;而这种发明,很少会显著超出需要。……机器的固有倾向是,使所产商品的代价减低,借此扩大市场,从而增加其总值。棉织业,就是这方面一个突出的例子。当机器具有这样的效应时,其致富的力量是惊人的。"李嘉图认为,新发明和新机器的应用固然可能导致资本在从旧行业向新行业转移过程中的"损耗",但总的说来,"商品将更加丰富,其价格将更加低廉,结果各个人的工资将使他获得较多的享受"。① 机器和发明的应用会造成部分劳动者的短期失业,但"工资不会降低,因为资本金仍能需要和雇佣和以前一样多的劳动,虽然他也许必须用它来生产新的商品,或者至少要用它来生产不同的商品"。李嘉图总结指出,机器的发明及有效运用总会增加一个国家的纯产品,一个国家的纯产品的增加和总产品的减少是可以相容的。运用机器虽然可能而且往往必然会减少总产品的数量与价值,但只要能增加纯产品,使用机器的动机就永远足以保证机器被使用。如果生产手段由于采用机器而得到改良,使一个国家的纯产品增加得很多,以致总产品不减少,那么所有阶级的生活状况便都会得到改善。②

　　从国家间自由贸易的角度出发,李嘉图指出:"一个国家不鼓励人们采用机器总是不妥当的,因为如果资本不能获得在本国使用机器所能提供的最大纯收入,就会被输往外国。这对于劳动者的需求的不利影响,要比普遍采用机器所产生的影响严重得多。因为当资本在国内使用时,便必然会产生一些劳动需求。没有人力帮助,机器是无法开动的;没有人类劳动,机器也无法被制造出来。一部分资本投入改良的机器,固然会降低劳动需求增加的速度,但资本输出国外,劳动的需求就完全消失了。"③李嘉图还进一步强调了应用发明生产专门用于出口商品的经济分工在贸易交换中的独特意义:"假定某一国家发明了一种改进的机器,用以制造一种商品,专销国外市场,国内一无消费。在这种情况下,改进的全部利益将由国外取得,而使用和发明这种改

---

① [英]大卫·李嘉图:《李嘉图著作和通信集(第二卷)》,蔡受百译,商务印书馆1979年版,第341—344页。
② [英]大卫·李嘉图:《李嘉图著作和通信集(第一卷):政治经济学及赋税原理》,郭大力、王亚楠译,商务印书馆1981年版,第332—336页。
③ [英]大卫·李嘉图:《李嘉图著作和通信集(第一卷):政治经济学及赋税原理》,郭大力、王亚楠译,商务印书馆1981年版,第339页。

进机器的国家,却全然没有享受到这种利益——除非是这样一种利益,即作为使它取得它所要买的那些国外商品的一个手段,在工作分配中,再没有比这样的分配能使它于使用人力时发挥更好的效果。"①

李嘉图的比较优势理论不仅可以适用于国际贸易,而且对一国国内的产业间竞争和同一产业内的企业竞争也有启迪意义。资源基础理论认为,由于"异质性"因素,企业存在资源效率上的差异,从而决定着企业之间的不同市场状态,导致资源禀赋程度不同的企业的租金的差异。那些掌握关键性资源的企业,拥有有限供给特点的资源及难以替代的要素,当其不可能或禁止被模仿时,便在降低成本或获取收益方面取得了相较于竞争对手的优势。② 新的发明无疑属于难以替代的稀缺性资源,而法律上的专利权则使禁止在一定时期内模仿这种资源,所以构成李嘉图所倡导的促进竞争的企业租金获取方式。

三、发明构成的资本与专利累积的意义

约翰·雷·麦克库洛赫继承和发扬了斯密及李嘉图的分工、交换和比较优势等自由贸易理论,不过在机器发明和产业应用上,他的观察角度略有所不同。

麦克库洛赫将发明和机器看作是经济发展的重要资本:"运用资本能使我们比没有资本时把工作做得更好、更快。例如,棉花可以用来纺纱,但是运用哈格里夫斯、阿克莱特以及其他诸人所发明的机器,除使我们比用普通纺纱锤所纺的数量多一百或一千倍以上,而且改进了纱的质量,使其每一部分都达到洁净、均匀和一律的程度,这在以前是绝对不可能达到的。挂在一个房子里作为帐幕所用的印花布,若由一个画家用画笔来画,将需要几个月,或甚至几年,同时最好的艺术家要想把他的画,画得象现在印花机器所印制的那么完全一样,假如不是不可能的话,也是很困难的。不要提及其他由活动板印刷的发明而产生的更重要的利益了,一本最完善的手抄本——一本花了多少年耐性而令人疲劳的手抄本——就雅致与准确而言,就不可能与一件完善的印刷品相比,同时复制所需的时间只是手抄本的百分之一,而所费也不过是百分之一。国外对英国工业品的大量需求,是由于其制造的精美和其价格的低廉。而这两个利益,主要得感谢我们机器的优良。"③

---

① [英]大卫·李嘉图:《李嘉图著作和通信集(第二卷)》,蔡受百译,商务印书馆 1979 年版,第 351 页。
② 张韵君:《基于专利战略的企业技术创新研究》,武汉大学 2009 年博士学位论文,第 63 页。
③ [英]约翰·雷·麦克库洛赫:《政治经济学原理》,郭家麟译,商务印书馆 1983 年版,第 59 页。

显而易见,麦克库洛赫对技术发明的认识既直观具体又理性深刻。他一方面看到了工业革命期间各种发明和机器给英国纺织业、印刷业和其他产业所带来的商品数量增加、质量提升、价格降低和生产效率提高等直接的经济优势,另一方面又透过这种现象将发明与资金、资源、原料和固定资产等共同看作是企业发展的资本,表明他已经意识到技术是工业经济时代非常重要的驱动性生产要素。

更为关键的是,虽然18世纪英国的发明无论从绝对数量还是相对比例上主要是产业实践中技术工人创新的成果,但麦克库洛赫仍然坚持,专业且专注的科学研究和职业的发明家会对技术革新有更重要、更杰出及更有效率的贡献:"就分工的效果有利于发明机器以及减少和节省劳动的过程而言,很明显,那些以全部注意力集中于某一部分工作的人,比之分散在各种不同工作对象的人,必然更可能发现较容易和较迅速地进行工作的方法。但有时候有人认为工人和技术家的发明天才,都是由分工所刺激和改进,那也是错误的。社会向前发展,科学和哲学的特定部门的研究,成为最有才智的人们的主要或唯一的职业。化学从物理学分离而成为一门独立的科学,天文学家使自己与天文观察者分离开来,政治经济学家使自己与政治学家分离开来,他们每人单独地或主要地思考着自己从事的科学的特定的部门,在这门科学中取得了一般学者很少或绝对不能达到的渊博或专精的程度。"①这种认识对后来19世纪英国更加专业化的科学研究和专注于研发的工业实验室的兴起显然起到了积极的作用,同样也催生了更多高质量的专利。

对包括发明在内的资本应用所取得的成果和优势,麦克库洛赫特别强调了财产权保护的重要意义:"在一些国家里,每一种有利运用其劳动和资本的理想,很可能受到专横政府不尊重财产权的统制而遭到不幸的结果。由于这个情况而产生的财产权无保证,就足以阻止那些本来对积累资本和财富处于最有利地位的人所作的一切努力。"②专利的保护和累积恰恰是要鼓励人们通过技术创新及其产业应用来取得竞争中的上述优势地位。

在19世纪20年代的专利改革运动中,麦克库洛赫特明确以自然法理论为基础表达了自己对专利制度的支持。他指出:"如果有任何事物可被称为一个人的独占财产,那肯定是在产生上完全归功于其思维的组合,并且离开了他的天赋,就不会存在的事物。"麦克库洛赫特进一步强调,专利能够在不

---

① [英]约翰·雷·麦克库洛赫:《政治经济学原理》,郭家麟译,商务印书馆1983年版,第54页。
② [英]约翰·雷·麦克库洛赫:《政治经济学原理》,郭家麟译,商务印书馆1983年版,第62页。

损害社会公众的情况下提升发明活动的水平,缺乏专利保护将会增加技术的秘密性并减少重要发明的传播。①

四、功利主义的原则与专利保护的必要

在亚当·斯密的《国富论》问世的同一年,功利主义思想体系的奠基者杰里米·边沁也开始初试锋芒,匿名出版了《政府片论》。《政府片论》开篇即毫不掩饰作者对当时人类改造自然世界已取得成就的赞赏:"我们所生活的时代是一个繁忙的时代:知识正在迅速地朝向完整的方面发展。尤其是在自然界方面,好像每一件东西都在被发现和改进。……其他的一切纵使都不存在,光是这些也足以证明这一令人高兴的真理。"边沁随即提出了适应自然改造的社会改革需要以及功利主义的原则:"与自然界的发现和改进相呼应,是道德方面的改革。……比方说'最大多数人的最大幸福是正确与错误的衡量标准'这一基本原理,到目前为止,在方法上和精确性上都还有待发展。"②

然而,边沁强调"最大多数人的最大幸福"并不意味着社会利益的绝对优先地位,在边沁看来,"不理解什么是个人利益,谈论共同体的利益便毫无意义"。③ 边沁认为,在长远意义上,整体利益与个人利益是可以相互一致的。在社会领域中,可以通过人为设计的法律体系来使得这两种利益协调起来。在经济领域中,为利而动的各个个人会自然而然地增加社会整体的最大利益。④

边沁将个人利益也即个人的幸福和快乐概括为感官之乐、财富之乐和技能之乐等十四种。其中,"财富之乐可以指一个人易于从拥有物品的意识中引出的快乐,该物品是获得享受或安全的手段之一;在他适才获取之际尤其如此,其时此乐可称作得益之乐或获取之乐,而在别的时候可以称作拥有之乐"。"技能之乐施于特殊对象之上,随恰当运用特殊享乐手段而来,此等享乐手段要恰当运用必有或大或小的困难,须作种种程度的努力。"⑤这两种主要的个人利益直接涉及人们对于发明取得专利财产权的快乐以及应用发明从事生产的乐趣。后者其实也是在财产的获取之乐和拥有之乐以外,人们因"利用"财产而产生的某种幸福感。

---

① Harold Irvin Dutton, *The Patent System and Inventive Activity during the Industrial Revolution, 1750 - 1852*, Doctoral Thesis, University of London, 1981, pp.62 - 63.
② [英]边沁:《政府片论》,沈叔平等译,商务印书馆1997年版,第92页。
③ [英]边沁:《道德与立法原理导论》,时殷弘译,商务印书馆2000年版,第58页。
④ 黄伟合:《英国近代自由主义研究——从洛克、边沁到密尔》,北京大学出版社2005年版,第27页。
⑤ [英]边沁:《道德与立法原理导论》,时殷弘译,商务印书馆2000年版,第90—92页。

边沁通过区分两类劳动得出结论认为,专利是对发明人努力的必要回报。他认为,首先有一种只生产商品的物理劳动。当被模仿时,这种劳动需要产生同等产出的劳动量:单位投入输出是相同的。第二种劳动在质量上有所不同,并由商品生产中使用的技能或智力决定。这种劳动的模仿导致相对较低的投入成本,因为,虽然知识生产成本高昂,但是复制却非常廉价。"技能是可以无限期地吸收和传播的财产,而无需付出任何在取得该技能时所需的脑力劳动代价"。① 边沁因而指出:"某人发明的事物,全世界都可以模仿。缺乏法律的协助,发明人几乎总是会被其竞争对手排挤出市场,后者发现自己可以无需花费任何成本占有发明人付出大量时间和成本而获得的发现,将很容易通过以较低的价格销售促成其赢得的所有优势。"②在个人利益之外,专利对社会福利的增进作用也是显而易见的。它不仅可以制造出满足人们不断扩张需求的新产品,而且可以增加社会的整体知识存量,促进科学技术的进步和新发明的诞生。

边沁还借鉴自然科学的方法创建了"快乐或痛苦之值"的计算方法,所要考虑的因素包括:(1)强度;(2)持续时间;(3)确定性或不确定性;(4)邻近或偏远;(5)丰度,即同种感觉随之而来的可能性;(6)纯度,即相反感觉不随之而来的可能性;以及(7)广度,即波及的人数。③ 从边沁的理论出发来看,专利权显然是可以"给利益有关者带来实惠、好处、快乐、利益和幸福,或者倾向于防止利益相关者遭受损害、痛苦、祸患或不幸"④的某种功利形式,其强度是专有或垄断,持续时间是法定的保护期限,权利的范围具有确定性,因为是利益相关者的创造成果而与之关系邻近,能够以此为基础创造新的成果获取新的权利因而丰度较高,会发生滥用的可能而影响其纯度,在广度上显然会影响到创造者、传播者和使用者等多方主体。⑤

本 章 结 论

1624年《垄断法规》尽管在专利成文立法史具有开创性意义,但其并没

---

① Harold Irvin Dutton, *The Patent System and Inventive Activity during the Industrial Revolution, 1750 - 1852*, Doctoral Thesis, University of London, 1981, p.61.
② Peter Menell, B. Bouckaert, G. de Geest, *Encyclopedia of Law and Economics*, Edward Elgar Publishing, 2000, p.131.
③ [英]边沁:《道德与立法原理导论》,时殷弘译,商务印书馆2000年版,第87—88页。
④ [英]边沁:《道德与立法原理导论》,时殷弘译,商务印书馆2000年版,第58页。
⑤ 李宗辉:《历史视野下的知识产权制度》,知识产权出版社2015年版,第79页。

有立刻显现出非常巨大的效应,主要原因在于当时英国的政局动荡不安,缺乏稳定的实施专利制度的社会环境。光荣革命以后,这种局面得到明显改善。1689年的《权利法案》和1701年补充性的《授权法案》延续了中世纪后期以来英国的传统自由精神,并确立了全面限制王权的"议会主权"原则。议会在主导英国治理的过程中奉行的重要理念之一即是:如果政府管理不善,就应放任经济自由发展。专利授权也从复辟时期国王回报其忠实支持者的利益工具回归到普通法上的正当权利授予。与此同时,英国的呢绒业、纺织业、冶铁业、交通运输业等各行业和各地方的利益集团代表也纷纷向议会请愿或提出立法建议,其中不乏与专利权、新发明的产业应用及保护直接相关的立法。英国17世纪建立起来的金融信贷制度则在18世纪得到进一步发展完善,为专利技术的产业化推广提供了大量的资金支持。其直接的结果就是,18世纪伦敦以外领跑英国专利榜单的外省制造中心主要是由资本阶层控制的金属制造业和纺织业城镇,例如伯明翰的玩具制造业、诺丁汉的袜业和曼彻斯特的印花布制造业等。对外贸易的政策也从保护主义开始转向自由主义,出口导向型和进口替代型的发明不断涌现并取得专利。在国内的经济活动中,18世纪英国劳动力的高工资所带来的"消费革命"也促进了以消费品为目标的发明专利化潮流。依靠个人勤劳、天赋、技艺和创新致富的观念已经深入人心,包括专利纠纷在内的经济纠纷的解决,更多依赖的是社会惯例和具有自我执行力的社会规范,而较少诉诸正式的司法治理机制。在产业发展中,以诚信为主要内容的"绅士资本主义"渐趋形成,保障了正当的市场竞争秩序。所有上述正式或非正式的制度,共同为英国专利技术的创造和应用提供了良好的外部环境。

有了良好的环境以后,从17世纪末开始,英国的专利制度逐渐开始发挥其应有的作用。大量的专利由业余发明人、职业发明人和广泛的产业实践主体对已有的宏观性、开拓性发明进行微观性、改良性革新而研发出来。到18世纪的最后十年,英国的年均专利数量已达到近70件。与之并行不悖的是,英国科学界延续着原来的经验主义和实用主义传统,引导着整个发明活动的方向,给工业技术以直接的推动力。一些专门资助和鼓励技术发明的官方机构的成立,与专利制度一起,激励着英国工业革命期间的技术创新。水力纺纱机、焦炭炼铁法、独立冷凝器蒸汽机和无机碱制造方法等一系列在英国工业革命中有重要影响的技术发明不断涌现。发明活动的目的也从集中于节省成本转向节省成本于节省劳力并重。为解决专利新技术产业应用的困难以及其所带来的失业增加等经济阵痛和社会矛盾,英国资产阶级在自我探索中逐渐建立起工厂制这种生产组织形式。专利的转让和许可也通过契据及合同法律制度的保障而得以普遍展开。经由工厂主之间自由竞争所形成的技术革新压力，催化着新发明专利的不断诞生和大规模应用，使 18 世纪的英国形成了纺织业、冶金业、采矿业和化学工业等几个主导性产业。专利还成为商业宣传的重要品牌。

由于 1624 年《垄断法规》只有一条实质性的专利法条文，因而在专利授权和保护的法律实践中，英国专利制度不得不进行自我完善，形成了一些固定的做法和司法的标准。首先是说明书要求的形成。从 18 世纪中期开始，英国的专利申请都必须带有说明书，这一方面是为了让社会公众在专利期限届满后能够依照说明书直接使用该技术，另一方面也是为了更加具体地展现专利技术的"产品化"过程。1766 年的多隆德诉向普尼案、1776 年的莫里斯诉布拉姆森案、1778 年的利亚德诉约翰逊案、1829 年的克罗斯利诉贝弗利案等里程碑式的专利判例对专利说明书制度、充分公开和新颖性要求等作出了详细的阐述，在一定意义上缓解了成文法规定过于简单的问题。在专利登记制之下，18 世纪的英国还在专利授权实践中进行了很多事实上的有限审查，主要体现为"预警书"制度和法院对专门就专利有效性提出质疑的案件的司法审查。与之相适应，19 世纪初英国开始出现职业的专利代理人，到 1851 年时已经代理了 90% 的授权专利。英国司法实践还逐渐承认了"改进发明"可以作为受专利保护的"新产品"。除此之外，瓦特等知名发明人毫不避讳的对专利财产权益的追求，衡平法院为专利保护所提供的救济机制，城镇化发展带来了技术人口的增加，以及科技人员的专业组织和专业交流渠道等因素，进一步向社会公众强化了专利技术的实用价值和法律保护的必要性。

英国技术革命和工业革命如火如荼之际，亚当·斯密推出了其以"自由放任"为核心的古典经济学思想理论体系。以斯密为代表的英国古典经济学派代表人物都敏锐地洞见到发明和新技术对英国经济发展的重要意义，并从不同角度进行了思考和论证。斯密认为专利不同于那些只对贸易有阻碍作用的垄断特权，而是个人对其技艺天赋进行自由商品交换的最好方式，以及社会深度细化劳动分工下回报职业发明家和科学家所取得技术进步成果的最佳途径。李嘉图强调了发明专利在节省劳动、创造新产品以及确立国际贸易中产业比较优势的积极作用。麦克库洛赫将发明和机器看作是经济发展的重要资本，并认为专利能够在不损害社会公众的情况下提升发明活动的水平，缺乏专利保护将会增加技术的秘密性并减少重要发明的传播。功利主义思想家边沁的理论则认为，无论从增加个人的快乐还是增进社会的福利角度来看，对新发明进行一种专有财产权保护都是必要且有益的。专利不仅可以制造出满足人们不断扩张需求的新产品，而且可以增加社会的整体知识存量，促进科学技术的进步和新发明的诞生。

第四章 放任失序的自由与专利制度的危机

19世纪上半叶的英国逐渐进入工业革命的巅峰时期和收获季节,其在工业生产方面领先于世界的明显优势也证明着英国制度经验的重要性,直接关系到技术创新与机器工业应用的专利制度当然是其中的关键内容。然而,四成左右新技术未申请专利的事实,[1]也在一定程度上说明了当时专利制度在英国的应用并不如人们想象中那么普遍。尽管古典经济学家在他们的论著中都或多或少为专利制度进行了辩护,但人们还是在不知不觉中将专利制度置于自由贸易的对立面来看待,专利制度因而面临着前所未有的危机。

第一节 专利制度的缺陷与实施成本的高昂

一、发明创造的自由与专利申请的繁冗

从18世纪后期开始,英国掀起了疯狂创新的热潮,"世界全部贸易都在以一种新的方式进行"。运河的开发、交通的改进和蒸汽机的应用更是激发了人们对工业发展美好图景的无限想象。韦奇伍德和托马斯·本特利等企业家和绅士阶层纷纷"加入这种新的潮流。运河航运、沼泽排干、新的制造材料、经过改进的工业工艺以及各种新发明都吸引并抓住了他的注意"。在从1766年到1825年的六十年里,英国的专利数量增长了2000%,连否认工业革命存在的学者都在其著作中提及"18世纪最后1/3时间里引人注目的一

---

[1] Ralf R. Meisenzahl & Joel Mokyr, "The Rate and Direction of Invention in the British Industrial Revolution: Incentive and Institutions", *National Bureau of Economic Research Working Paper* No.w16993, April, 2011, p.24.

系列创新"。① 我们从中可以想见当时英国发明创造的自由和工业生产的活力。

这种自由和活力在整体上肯定是受益于专利制度的,但在某些方面同样受到专利制度自身缺陷的不利影响。一个不争的事实是：在 1624 年《垄断法规》生效后的两百多年里,英国的专利成文立法未有丝毫的变化。由于《垄断法规》并不是专门系统规定专利制度的法律,而是在普遍意义上反对所有不合理垄断的立法,所以它也没有建立专业、高效的专利申请及授权机制,相应的程序延续自古老的 1535 年《职员法》。

这样的专利申请程序分为多达十个步骤。第一步,发明人需要提交申请书和誓词。申请书应提供对发明的简要描述、申请人的姓名、专利要求的基础即申请人是原始发明人还是进口人。在 1782 年之前,申请书和誓词可以提交给两位国务大臣中的任何一位。在 1782 年,当两者有负责对外事务和国内事务的分工后,申请书和誓词只能提交给后者。第二步,申请书在得到国务大臣签名后,将交由政府律师或总检察官(法律官员)予以调查并报告。第三步,报告返回内政部以取得国王的特许状。特许状既有国王的签名,也有国务大臣的签名。第四步,特许状被递交专利提案办公室以准备一份专利提案。第五步,专利提案被交给掌玺大臣。在此,专利提案获得王室印章和手写签名,从而可被冠以"国王提案"之名。第六步,"国王提案"被递交给印章办公室以准备一份印章提案。第七步,印章提案被转交枢密院印章办公室以准备一份枢密院印章提案。第八步,枢密院印章提案被送交专利证书办公室以准备专利文件和登记专利。第九步,专利由上议院大法官签章并授予申请人。第十步,专利权人在法定的期限内向大法官法庭提交专利说明书。②

这十个步骤可能还会细分为更多的环节,而每个步骤乃至每个环节都需要缴纳一定的费用。正如 19 世纪英国著名的现实主义作家狄更斯在其小说《穷人的专利故事》中借助主人公老约翰之口所说的："我已经待在……超过六个星期了。我的发明所获的仅限于英格兰境内有效的未受异议专利,花费了我九十六镑七先令和十八便士。……看看这些内务大臣、总检察官、专利办公室、誊写书记员、大法官、掌玺大臣、专利书记员、大法官的会计员、档案书记员及其助理、掌玺大臣助理和蜡封助理。没有人能够在不全部感受这些的情况下,就哪怕一条印度橡胶带或铁箍取得专利权。某些程序还一遍又一

---

① ［美］金德尔伯格：《世界经济霸权：1500—1990》,高祖贵译,商务印书馆 2003 年版,第 208—210 页。
② Sean Bottomley, "Patenting in England, Scotland and Ireland during the Industrial Revolution, 1700-1852", *Institute for Advanced Study in Toulouse*, Working Paper No.14-07, p.3.

遍地重复。我总共经历了三十五个阶段。"老约翰在伦敦租住房屋的房东托马斯·乔伊因而总结称:"约翰,如果这个国家的法律像它们应有的那样诚信,你应当来到伦敦——登记你的发明的准确说明和附图——为此支付半克朗——然后据此获得你的专利。"

由此可见,在19世纪中叶之前的英国,如果没有足够的资金支持,普通的技术工人即便完成了某项发明,也不可能放下手头的工作超过一个月之久并花费多年的积蓄来申请专利。

二、创新区域的分布与专利成本的高昂

狄更斯笔下的老约翰所支付的一百英镑左右的费用只能使其专利在英格兰和威尔士境内有效,在现实中的情况大致也是如此。一个专利申请人如想使其专利在全英国境内有效,则必须再单独向苏格兰和爱尔兰进行申请,总计的费用超过300英镑。考虑到当时一个熟练技术工人每周的收入不过在1英镑和2英镑之间,即便是工头或经理也很少超过3英镑,这绝对是一笔巨额的开销。① 虽然没有对新颖性和实用性的实质审查,但程序的复杂繁琐性使得寻求专利代理人的服务逐渐成为必要,这又增加了40—100英镑不等的负担。对老约翰这样的伦敦以外的居民而言,专利申请还必然要承担旅途上的时间成本和费用,以及在此期间的劳动或经营收入损失。例如,曼彻斯特的一位发明人的日记记载,1722—1723年间,他在伦敦耗费了六个月时间以等待政府官员的专利授权。1768年,詹姆斯·瓦特就其独立冷凝器发明申请自己的第一个专利时,非常成功地将在伦敦用于专利申请的时间缩短为两周,但他从格拉斯哥到伦敦来回路途上也花费了两个月时间。② 1772年,兰开夏郡的亚麻布制造商萨缪尔·泰勒(Samuel Taylor),花了125英镑用于申请专利,另外为完成各种专利申请的形式要求在伦敦耽搁了六个月之久。③ 1779年,同样是兰开夏郡的萨缪尔·克隆普顿通过改良纺纱机的结构,成功研发出一款性能优越的骡机。但由于他出身寒门,穷到连申请专利

---

① Christine MacLeod, Jennifer Tann, James Andrew & Jeremy Stein, "Evaluating Inventive Activity: The Cost of Nineteenth Century UK Patents and the Fallibility of Renewal Data", *The Economic History Review*, Vol.56, No.3, 2003, p.541.

② Christine MacLeod, "Patents for Invention: Setting the Stage for the British Industrial Revolution?" *EMPIRIA: Revista de Metodología de Ciencias Sociais*, No.18, ISSN: 1139-5737, 2009, p.42.

③ Joel Mokyr, "Intellectual Property Rights, the Industrial Revolution and the Beginnings of the Modern Economic Growth", *American Economic Review: Papers & Proceedings*, Vol.99, No.2, 2009, pp.349-355.

的费用都凑不齐,万般无奈之下,只得于 1780 年将骡机的设计原理和优越性能向社会公布,以便通过接受来自外界的机器订单来筹集必要的经费。①

从当时英国专利数量的地区分布来看,伦敦居于毫无疑问的中心地位。这是因为"整个英国经济地域都服从伦敦的王权。政治权力的集中,英国王室的强大,商业活动的向心化趋势:一切都有利于首都的繁荣兴旺。但这种繁荣兴旺本身保证了伦敦对整个英国地域的统治,使这个地域内建立起众多的行政联系和市场联系"。但是,工业革命期间,或许是受煤炭、森林等自然资源分布的影响,英国东南部的传统工业日渐衰落,西北地区的新兴工业则充满了勃勃生机。"从伦敦出发,经北安普顿和曼彻斯特,沿大路朝苏格兰方向前去,今天可抵达奔宁山脉四周的煤矿;在这些相互隔开的煤田,过去曾聚集了大批的工人和机器,英国最悲惨和最有活力的城镇就在那里出现。见证历历在目:每个煤田都有自己的特点和程式,自己的特殊历史和城市,伯明翰、曼彻斯特、利兹、锡菲尔等如雨后春笋般出现,并使英国的重心偏向北方。"②因此,我们可以看到,自 17 世纪初到 19 世纪中叶期间,英国主要产业尤其是纺织业和发动机行业专利分布的地理中心,也有一个明显的向西北位移的过程。伦敦保留的主要是运输业和五金业的专利中心位置。③

由此我们可以得出的一个合理推论是:英国西北地区与伦敦之间遥远的距离影响了很多发明人申请专利的意愿和积极性,使得若干产业的总体专利数量远少于实际发明的数量。虽然英国也两度掀起了修建铁路的热潮,但都是在 19 世纪 30 年代之后的事,④无助于在此之前的发明人减少专利申请的路途时间和费用成本。

三、专利信息的散乱与公共创新的冲击

19 世纪中叶之前,英国专利制度未能充分发挥其影响力的另一方面重要原因在于专利信息传播渠道和传播范围的有限性,并没有给一种累进式的技术创新提供足够的基础、灵感和思路,反倒不如其他一些不以专利获取为目的的公共技术创新。

---

① [英]罗伯特·艾伦:《近代英国工业革命揭秘——放眼全球的深度透视》,毛立坤译,浙江大学出版社 2012 年版,第 318 页。
② [法]费尔南·布罗代尔:《15 至 18 世纪的物质文明、经济和资本主义(第三卷)》,施康强、顾良译,生活·读书·新知三联书店 2002 年版,第 419、697 页。
③ Ugo M. Gragnolati & Alessandro Nuvolari, "The Geography of Inventive Activities during the British Industrial Revolution, 1620 – 1850", 11th European Historical Economics Society Conference, Aug 2015, Pisa, Italy, p.10.
④ 阳魁兴:《近代英国经济区形成的历史考察》,《重庆社会科学》1998 年第 5 期,第 53 页。

在1852年改革之前,英国的专利申请可能被存档在伦敦的三家公共档案室中的任何一家:文卷教堂、小袋文件局或注册局,专利说明书也因此分散在三个不同的地方。并且当时也缺乏一个有效的查询目录方便大家轻松地检索到既有专利的说明书,因而任何发明人都几乎不可能就既有专利所反映的某一领域的技术水平和状态有清晰的认识。直到19世纪30年代开始,一些专利代理人才开始有意识地整理既有专利的清单和目录,为更有针对性的技术发明和专利申请等提供了非常重要的参考依据。[1]

19世纪之前,英国的专利技术信息也很少借助报纸、杂志和图书等媒体公开和传播。18世纪的英国媒体一般服务于三种目的:传播广泛的公共信息,披露特定兴趣主题的信息以及作为动员选民的重要宣传工具。中产阶级是当时英国媒体的主要受众,随着中产阶级的构成在经济转型发展中不断丰富,到18世纪末的时候,英国的大部分社会公众,从小商店职员到大地主,都能够阅读和理解种类多样的媒体出版物。[2] 不过,专业化程度较高的专利信息显然不在此列,毕竟它不属于普通公众能够理解的公共信息。虽然也有《皇家学会哲学通讯》和《民用工程师协会通讯》等科学技术协会主办的更加专业的刊物,但它们并不集中讨论专利问题。19世纪上半叶,英国才陆续出现了一些专门探讨专利技术及相关问题的专业杂志,例如《专利发明大观》《吉尔的技术博览》《伦敦科学技术杂志》以及《力学杂志》等。[3]

专利信息传播范围的有限性决定了它不能促成紧凑而高效的技术创新链条,也不能完全主导各产业内部的技术创新活动。在工业革命期间,英国"很多产业的技术变革取决于可专利化硬件的程度要明显小于资源的重新配置、更加细致或系统的生产资料管理、天赋的运用和应对新问题的经验……专利通常在较为中心化、高度资本化和地区集中的产业更易实施和赚取利润。另外一些产业则具有完全相反的特质,还有一些产业是政府控制的,都反对专利化"。[4] 在此背景下,18世纪末,英国公共技术创新的声势在一定程度上盖过了以专利为目标的私人技术创新,从而也使社会公众进一步怀疑专

---

[1] Alessandro Nuvolari & Valentina Tartari, "Bennet Woodcroft and the Value of English Patents, 1617-1841", *Explorations in Economic History*, Vol.48, 2011, p.99.

[2] Semih Akcomak & Paul Stoneman, *How Novel Is Social Capital: Three Cases from the British History That Reflect Social Capital*, UNU-MERIT Working Papers, ISSN: 1871-9872, 2010, pp.15-16.

[3] Brad Sherman & Lionel Bently, *The Making of Modern Intellectual Property Law: The British Experience, 1760-1911*, Cambridge University Press, 1999, p.107.

[4] Christine MacLeod, *Inventing the Industrial Revolution: The English Patent System, 1660-1800*, Cambridge University Press, 1988, pp.97-98.

利制度存在的必要性。大不列颠皇家研究院的成立即为公共技术创新的典型例证。1796—1798年间,朗福尔德伯爵建议并宣传:"在不列颠的大都会用认捐款建立一个公共机构,传播知识,促进广泛介绍有用机械发明和改进,以及借助哲学[即科学]讲演课程和实验,教授科学在日常生活中的应用。"大不列颠皇家研究院的两个主要目标是:"迅速而又广泛地传播关于一切新的和有用的改进的知识,不管他们是在世界上什么地方作出的;教授怎样把科学发现用于改良中国的工艺和制造,以及增进家庭的舒适和便利。"在研究院的陈列室中,参观者可以得到关于展品的工作原理的附有插图的说明书,并标有制造者的名称、地址和售价。科学技术的生产工艺化教育也在研究院被很好地贯彻落实。① 大不列颠皇家研究院与前述英国皇家工艺、制造业和商业促进协会等带有官方或半官方性质的机构一起,在技术改进、传播、教育和应用等方面做出了卓有成效的贡献,而这些都是在与专利制度平行而不交织的另一条道路上完成的。

四、议会调查的展开与专利法案的修正

专利制度本身的缺陷及其对经济社会发展促进作用的不够显著激发了人们的不满情绪。1828年,《伦敦艺术和科学杂志》刊登了化名"辩护者"的一系列来稿,这些文章集中批判了申请专利保护的形式要求和相应的费用,认为英国的专利制度是"杂乱无章、压迫性和欺骗性的",其"违背了常识、普通诚信和社会的一致情感"。②

在相关批评的影响下,1829年英国议会在下议院的专门设立一个专责委员会,调查专利制度运行中存在的具体问题。尽管该专责委员会的调查并无定论,但还是揭露了当时法律的混乱和不确定性质,并汇集了当时对专利制度各种各样的批评意见。利害关系群体对于专利法的理解为其后二十年的制度重构过程提供了充分的素材。1831年,最早的几本专利法专著之一的作者理查德·古德森(Richard Godson)率先向议会提出了专利法案。在该法案被拒绝后,古德森又陆续提交了几个新的法案,但还是遭到了当时许多议员的反对而未能获得通过。作为提议推迟古德森法案的补偿,大法官布隆汉姆(Brougham)承诺将"竭尽所能地关注与专利相关的法律组成部分"。相较而言,古德森的法案直面了专责委员会所发现的问题,而在1835年通过的

---

① [英]亚·沃尔夫:《十八世纪科学、技术和哲学史(上册)》,周昌忠等译,商务印书馆1991年版,第22—23页。
② Mark D. Janis, "Patent Abolitionism", *Berkeley Technology Law Journal*, Vol.17, No.2, 2002, pp.899-952.

法案中所体现的布隆汉姆的努力,则显然有些避重就轻。1835年法案仅进行了两项重要改革:允许对专利说明书的补正和专利在十四年期限届满后的延长可以得到批准。《伦敦科学技术杂志》评论称:"除了大量的技术修正,布隆汉姆的法案没有包括任何改进"。因此,英国相关法律改革的努力仍在持续进行着。1836年"技艺和制造"专责委员会着重提出了促进英国技艺和制造统一立法的建议,并体现为威廉·马奇农(William Mackinnon)和爱德华·拜恩斯(Edward Baines)向议会提交的1837年法案、1837年8月法案和1839年法案。这些法案并不以专利和设计为基础,而是在更一般意义上促进技术和制造。与大量专利法改革的努力一样,这些法案也失败了。但是,英国在这些失败过程中所累积的信息和经验,所促成的理论思考和探索,对于现代知识产权法的生成无疑具有重要作用。例如有关专责委员会在调查过程中就比较分析了美国、法国、比利时、澳大利亚和西班牙等国的专利法中可以为英国借鉴的条款。①

在多次失败的基础上,英国终于形成并通过了具有实质性进步的专利改革方案,即1852年专利法修正案。1852年专利法修正案在若干方面彻底改革了英国的专利制度,包括:(1)成立了统一的政府机构负责专利授权,即"发明专利委员办公室"(Office of the Commissioners of Patents for Inventions)或"掌玺专利局"(Great Seal Patent Office),避免了政出多门的繁琐官僚程序。(2)统一英格兰、苏格兰和爱尔兰的专利授权,不再作不同区分。不过,这一点在法案审读过程中也曾遭到一些苏格兰和爱尔兰居民的反对,他们认为这剥夺了苏格兰和爱尔兰作为独立王国颁发特权的古老传统,而且所有的专利案件都必须从爱丁堡法院转向威斯敏斯特大厅的法院也给苏格兰人和爱尔兰人造成了不便。(3)极大降低了专利申请费和专利年费。申请人在提出专利申请时仅需缴纳25英镑的申请费,在3年保护期届满后,通过支付50英镑的续展费,保护期可以延长4年;该4年保护期届满后,通过支付100英镑的续展费,保护期还可以再延长7年。这种分阶段续展的制度设计在降低专利申请和维持成本的同时,还起到了让市场调节专利权实际垄断时间的作用。(4)明确制定了印制和公开专利记录的条款。但是1852年专利法修正案还是遗留下很多问题,例如仍然将专利权看作是王室特权的延伸,这样不但没有解决反而加深了部分普通法法官以垄断特权的眼光看待和敌视专利权的误解。此外,该修正案还是没有建立专利实质审查机制,这样专利权的

---

① Brad Sherman & Lionel Bently, *The Making of Modern Intellectual Property Law: The British Experience, 1760 - 1911*, Cambridge University Press, 1999, pp.103 - 105.

整体质量和每一项专利权在法律上悬而未决的状态仍然让很多人对专利制度缺乏信心。

第二节　外部条件的障碍与制度实效的减弱

一、产业实施的阻力与专利热情的降温

1852年之前,英国不仅存在着专利权获取成本太高的制度问题,而且在专利产业实施的环境和条件方面也有较大的阻力和不易克服的障碍。首当其冲的问题是专利实施所造成的技术性失业阵痛,因机器化大生产而面临生存危机的家庭手工业工人们纷纷冲击应用新发明的工厂,造成了巨大的破坏乃至灭顶之灾,前述约翰·怀亚特和卡特赖特等发明家的经历正是例证。专利制度本身解决不了这个问题,而只能依靠某些新技术创造新工种、实现再就业的内在功能,以及工厂法、职业培训立法和社会救济立法等外部法律制度的日渐成熟和完善。然而,19世纪英国的工厂立法和社会保障立法也处于起步阶段,显然还不能为这个问题的解决提供良好的方案。

专利产业实施的另一种障碍来自其实际应用的高成本和市场收益的高风险,即购置机器等生产设备的大量资本需求,以及实现盈利所需的较长周期。例如,18世纪,拥有一项"锁"产品专利的发明人约瑟夫·布拉马(Joseph Bramah)指出:"购置制锁机器实在是耗资巨大,以至于任何只有少量资本的个人根本无法开展这一业务。"在1784年,布拉马向议会和枢密院申请延长自己的专利期限,主要理由就在于,制造锁和钥匙所必需的大量机器和设备意味着巨额的资本投入,所以自己在专利保护期内连5%的利润都未能实现。这样的例子可谓不胜枚举。1831年,帕金斯(Perkins)就怀特豪斯(Whitehouse)关于中央取暖原型的发明获得专利后,投资了47 282英镑用于材料、劳力和工具,以及2 700英镑用于实验。琼斯(Jones)1826年获得、而后转让给里多(Riddle)和派普尔(Piper)的铁轮专利,其实施相对花费较少,但在1833—1840年间也大约投入了7 284英镑用于机器模型、工具、铸造和场地。会计师史密斯(Smith)估计,在1841—1849年间,差不多有78 257英镑被用于研究和制造当时绝大多数"收入可观的家庭"都不愿生产的专利物品。①

---

① Harold Irvin Dutton, *The Patent System and Inventive Activity during the Industrial Revolution*, *1750－1852*, Doctoral Thesis, University of London, 1981, p.270.

18—19世纪英国专利产业实施的更大障碍在于无孔不入、泛滥成灾的专利侵权行为。构成英国第一代大工业家的农夫、铁匠、织工和剃须匠们,虽然技术发明能力相对有限,但"他们受到利己心的驱使,不断地竭力使发明家的正当权利化为乌有:纱厂主们对哈格里夫斯和克罗姆普顿的行为,炼铁业者们对亨利·科特的行为,以及瓦特和博尔顿不得不对那些使用他们机器的人提起无数的诉讼,这些都说明这种禀性是天然的而不是值得称赞的"。① 如果专利权人未能发现这些侵权或者对之视而不见,则他人将会侵入其生产领域而使其失去技术和竞争优势;如果专利权人积极起诉以维护自己的专利,他很可能面临着败诉并且专利被无效的风险。即便专利权人能够成功维权,他们也将必然付出不小的司法诉讼成本。1827年,丹尼尔斯在其专利案件中付出了750英镑的费用,并且有证据表明,实际的开支比此更高。詹姆斯·凯(James Kay)在其与利兹亚麻制造商约翰·马绍尔(John Marshall)的诉讼中花费了3 700镑,摩根(Morgan)在专利诉讼中用掉2 423镑,伯明翰发明家蒙挚(Muntz)则付出了10 000镑的代价。当代的一项研究表明,瓦特总共花费了5 000—10 000英镑用于专利诉讼。据称,温布利的煤气管制造商拉塞尔,在七年多的时间里花费了近50万英镑用于多个专利案件。历史记录表明,在贝蒂斯(Betts)与尼斯(Neath)的诉讼中,专利权人的法律成本多达10 000英镑以上。②

在经济和法律上承担高成本和高风险的专利权人却未能在当时的英国社会获得与之完全相称的社会地位。虽然博尔顿、韦奇伍德等实业家和发明家在地方已经建立起一定的威望,但在1803年公布的一张英国18世纪名人表里,人们还是找不到一个工厂主或发明家的名字。③ 所有这些因素,即便不会导致专利整体数量的减少,仍无疑会削弱人们追求专利和将其投入工业应用的热情。

二、历史因素的残留与专利司法的偏见

19世纪中叶之前,英国的专利权人始终忧心忡忡的一点还在于,他们的专利效力处于极不稳定的状态,在相关诉讼中常常难以获得有利的结果。这

---

① [法]保尔·芒图:《十八世纪产业革命》,杨人楩、陈希秦、吴绪译,商务印书馆1983年版,第304页。
② Harold Irvin Dutton, *The Patent System and Inventive Activity during the Industrial Revolution*, *1750-1852*, Doctoral Thesis, University of London, 1981, p.302.
③ [法]保尔·芒图:《十八世纪产业革命》,杨人楩、陈希秦、吴绪译,商务印书馆1983年版,第322—323页。

种局面的形成有多方面的原因。

首先,在英国历史传统中,专利在形式上始终是王室颁发的特权。尽管在都铎王朝早期以前,专利作为国家公共政策选择,确实以增加就业、促进对外贸易和加强产业管理为其主要目标,但是从都铎王朝晚期、斯图亚特王朝早期直到17世纪60年代这段时间,专利演变为国王卖官鬻爵、横征暴敛的工具,与那些完全恶的垄断已无区别。即便1624年《垄断法规》对此进行了拨乱反正,但上述历史已经成为整个英国社会挥之不去且十分敏感的负面记忆。正如肯里克在其1774年出版的《大不列颠技匠和制造商探寻》中所称的,旧式专利滥发"使这个语词沾上恶名,直至今日也无法洗清"。在19世纪初科利尔和古德森等人出版的英国最早一批专利法著作中,开篇也无不是首先解释专利垄断与违法垄断的区别以及授予发明以专利垄断权的正当性。这种对专利构成非法垄断的先入为主观念和公共情感抵触当然也在一定程度上影响了法官的认知和判断,从而在具体案件中站在不利于专利权人的立场。①

其次,当时英国专利授权的不审查制造成了很多获得授权的技术缺乏应有的新颖性或未进行充分的公开等,在诉讼程序中经不住质疑和挑战。在英国工业革命时期,由于产业革新和进步所面临的共同瓶颈,越来越多的发明人可能寻求解决的同样的技术问题,他们所完成的发明或改进的技术即便在本质上并无区别,但每个发明人仍然会绞尽脑汁地在专利申请中表现出差异,希望在避开在先发明抵触、获得专利授权的同时阻挡在后的发明人。当18世纪中叶说明书的提交成为专利申请的惯常要求之后,专利申请人的上述小伎俩就会在说明书中暴露无遗。例如,在1781—1785年间,阿克莱特所提起的一系列侵权诉讼中涉及的"准备纺织用丝线、棉花、亚麻和羊毛"的梳织机专利,即因为其说明书仅仅展示和描述了一些缺乏关联的细节而被认定为缺乏新颖性和未充分公开,最终专利被宣告无效。② 另外,詹姆斯·瓦特也因为担心其说明书的披露不够充分准确而在很长时间内不敢提起他人侵犯其冷凝器专利的诉讼,害怕因此而失去专利权。③

再次,当时英国普通法法院在专利案件的审理中较多倾向于对《垄断法

---

① Helen Mary Gubby, *Developing a Legal Paradigm for Patents: the Attitude of Judges to Patents during the Early Phase of the Industrial Revolution in England* (1750s – 1830s), Erasmus University Rotterdam, 2011, pp.197 – 199.
② John Hewish, "From Cromford to Chancery Lane: New Light on the Arkwright Patent Trials", *Technology and Culture*, Vol.28, No.1, 1987, pp.81 – 82.
③ Christine Macleod, "Patents for Invention: Setting the Stage for British Industrial Revolution?", *Journal of Social Science Methodology*, No.18, 2009, pp.37 – 58.

规》的字面解释及批评,而有些罔顾实践中的专利状况和具体作用。因此,到了18世纪末的时候,英国普通法法官们试图只从法律原则中理清专利案件的头绪,毫不诉诸近期的可靠先例。当时的现实情况却是,伴随着专利制度前所未有的飞速发展,阿克莱特、瓦特和其他人的机械发明很快激起了制造阶层的羡慕和嫉妒。专利授权的宪法性质再次遭到质疑,普通法法院通常也采取一种严格而非宽松解释的态度。① 此外,专利侵权诉讼的错综复杂和进程缓慢也经常使专利权人被迫放弃自己的权利主张。例如,约翰·凯在控告编织工们持续侵犯其专利权,在大量的诉讼中,被告们不断拖延程序以至于他倾其所有也未能使案件列入庭审日程,所以他只好设法让多位议员知道这个情况,希望获得一笔奖金而让自己的发明免费供大家使用,或者使自己能够尽快实现权力而不必等待拖沓的衡平法院诉讼。在具体的案件审理过程中,法官们对工业技术的无知和除《垄断法规》外缺乏积极具体的专利法律规范也导致专利权人无法合理预期诉讼的结果,从而难以有效保护自己的权利。②

三、道德情感的影响与专利牵涉的公平

19世纪英国专利制度改革之前,专利在具体实施和权利实现过程中面临的障碍还包括道德情感因素的影响,即人们的财产观念、交易伦理和同情心等将某些不公平的社会财富积累与分配状态归咎于专利及其应用。这种道德氛围也就直接影响到司法上的专利保护。

英国工业革命前夕和工业革命伊始,新兴资产阶级为突破各种封建旧制度的束缚,追求自由发展的经济和通畅无阻的贸易,在整体上绝对是锐意进取、奋发有为的。然而,随着工业生产规模的不断扩张,这种对个人物质利益的合理追求演变为极端的利己主义价值取向,社会同情心下降,责任意识淡薄,道德情操开始败坏,道德风尚逐渐沦落,人与人之间的关系只剩没有一丝温度的赤裸裸金钱关系。这种以道德困境为代价换取一己私利的资本主义经济发展,在进行到一定阶段以后就无以为继。18世纪后期,英国资产阶级或被动或主动地开始寻求确立适于经济发展的社会价值观和道德规范体系。③

在"礼乐崩坏"之时,人们往往会产生一种复古主义的情绪,即追忆和推

---

① Hulme, "On the Consideration of the Patent Grant Past and Present", *The Law Quarterly Review*, Vol.13, 1897, p.318.
② Christine MacLeod, *Inventing the Industrial Revolution: The English Patent System*, 1660-1800, Cambridge University Press, 1988, p.60.
③ 冼季夏、温凤仙:《"矛盾的时代"与"矛盾凸显时期"的社会道德——18世纪的英国和市场经济的中国比较》,《广西社会科学》2014年第1期,第148—149页。

崇原来的道德社会，英国资产阶级也是如此。他们的道德重构首先诉诸的是曾经在英国占据主导地位的中世纪天主教思想观念。天主教将一切形式的垄断实践，例如高额利息借贷、借助垄断提高价格和在交易中攫取更大优势等都视为不道德行为而予以彻底反对。在天主教看来，每个人只对其维持生活地位的财富享有权利，不应有丝毫多余。贸易也应当以促进公共利益的方式为之，并且商人获得的利润不应超出其实际劳动的工资。这种源自宗教的道德观念对17—18世纪英国法律实践的影响是显而易见的。例如，布莱克斯通在其《英国法释义》中指出，只有"当真正的宗教和实际的自由复兴，商业重新恢复信用并使之成为自身不可分割的组成部分"，借贷的利息才可能是公平的。科克法官在达西诉艾伦案中则指出："圣灵一直教导我们反对发明人和倡议者们行邪恶之事。"这些观点都共同强调利益追求的适度性和公共福祉的重要性。普通法法官们认为，国家有义务关注每一个个体公民的所有社会关系，使他们免受压迫和欺诈，并保障其精神利益。普通法通过禁止垄断实践所实现的是维护社会公平和基本秩序的功能。[1] 具体到专利制度领域，上述道德观念的影响在于，专利权在法定期限内所获得的垄断保护往往被认为超出了发明人就其发明对社会的贡献价值，并非是"适度的利益"，而且它限制了他人使用人类共有物质资源的自由，被认为会造成社会不公。

在《垄断法规》第6条所设定的专利授权条件中，"不会造成国内商品价格上涨或损害贸易或在一般意义上不方便而有损国家利益"，为专利法的上述道德解释在司法上提供了具体的依据和操作的基础。柯尼恩（Kenyon）法官就是一位典型的不区分专利与恶的垄断，而在一般意义上持"反专利"立场的法官。他在18世纪末霍恩布洛尔（Hornblower）与博尔顿的专利诉讼中公开声称："我不是那些十分偏好专利之群体中的一员。"在19世纪中叶之前的英国，像柯尼恩这样对专利持反对态度的法官不在少数。布勒（Buller）法官说："在我们记忆中涌现的大量专利案件，其中绝大部分的判决结果都不利于专利权人。""反专利"派法官的共性特点是倾向于对专利说明书做最严格的解释和限定，任何极其细微的、与技术的实质价值无关的形式瑕疵都会导致专利被推翻。对专利权人相对友善的埃尔顿（Eldon）法官就因此评论称："一些合理的判决也存在自相矛盾之处。"[2]

---

[1] Helen Mary Gubby, *Developing a Legal Paradigm for Patents: the Attitude of Judges to Patents during the Early Phase of the Industrial Revolution in England* (1750s - 1830s), Erasmus University Rotterdam, 2011, pp.213 - 216.

[2] Harold Irvin Dutton, *The Patent System and Inventive Activity during the Industrial Revolution*, 1750 - 1852, Doctoral Thesis of University of London, 1981, pp.165 - 166.

四、法律规则的粗糙与专门理论的匮乏

18世纪至19世纪中期,英国专利实施和专利权保护的最直接障碍还是法律规则本身的单薄、概括和模糊。如前所述,1624年《垄断法规》主要是一部废除过去不当垄断实践、矫正王室以往滥发特权做法的管理性、禁止性法律,而非一部设权性、任意性立法。因此,专利只是作为一种基于真正新发明的垄断而可以继续存在,所有关于获得这种垄断权的条件也都仅仅规定在《垄断法规》第6条中。在其后的两百多年里,英国专利实践能够依仗的法律规范就只有这样一条规定,我们可以想见它在发展成统一的体系化制度过程中面临的困难。

专利作为一种新生事物,16世纪以后才在英国逐渐兴起,此前只有极少的零星实践。即便是这种零星的特权颁发实践,也是在技术移民和商业贸易的过程中受威尼斯经验的启发而做出的。因此,专利制度在英国并不像传统的不动产、动产和货物贸易等财产权法律制度那样有深厚的普通法根基或者日常的交易习惯可以依循。此外,从枢密院到普通上诉法院、王座法院和财政法院,对专利案件所享有的交织性管辖权,进一步加剧了司法上对专利法律规范解释的不确定性。历史记录表明,在1650—1750年间,英国专利法仿佛进入了沉睡状态,法院的报告中几乎没有提及任何专利案件的决定。[①] 整个18世纪下半叶,上述在威斯敏斯特大厅的三个高等法院审理的专利案件数量也不超过22件。直到1816年,约翰·戴维斯(John Davies)才收集、整理和出版了英国第一本专利案例集。[②]

案例素材的匮乏也使得理论上的研究难为无米之炊,法官们既无先例可循亦无理论指引,在专利案件的审理中经常处于迷茫的状态。在1785年的一起专利案件中,瓦特的代理律师亚伯拉罕·韦斯顿(Abraham Weston)指出:"关于专利的一般法律问题从未在任何重要审判中提出,或者因为任何其他原因被引出,事实上书本对此也无只言片语可以作为线索,从而掀起关于什么是专利法的讨论。"在1795年的"博尔顿和瓦特诉布尔(Boulton and Watt v Bull)"一案中,大法官埃尔(Eyre)也抱怨称:"我在书本的任何地方都

---

① Dirk van Zijl Smit, *The Social Creation of a Legal Reality: A Study of the Emergence and Acceptance of the British Patent System as a Legal Instrument for the Control of New Technology*, Doctoral Thesis, University of Edinburgh, 1980, p.87.

② Helen Mary Gubby, *Developing a Legal Paradigm for Patents: the Attitude of Judges to Patents during the Early Phase of the Industrial Revolution in England (1750s - 1830s)*, Erasmus University Rotterdam, 2011, p.21.

找不到关于专利权的精确讨论",而科克关于《垄断法规》第 6 条的学说主要是"关于反对垄断的,关于专利权的阐述基本没有或者很少"。①

19 世纪上半叶,英国才出现第一批专利法著作,代表性的有科利尔(Collier)的《专利法随笔》(1803)、古德森(Godson)的《关于发明专利和版权法律的实践专论》(1823)、韦伯斯特(Webster)的《专利客体》(1851)、欣德马奇(Hindmarch)的《专利特权相关法律专论》(1846)和克利滕(Coryton)的《关于在英格兰和爱尔兰境内独占使用发明的专利法专论》(1855)等。这些著作仍未能有效解决专利法的一些基础问题。例如,克利滕在其专著就认为:"从专利的角度看,'发明'是难以定义的。用语词限定其内涵的努力就如同在口头上描述'美丽'的尝试一样不成功……对任意的观察者而言,法官们的专利案件决定是他们的灵魂在发明中的一次冒险。因为关于某物是否构成发明是一份有价值的判决。"欣德马奇的著作则未能区分"发明"与"发现":"发明人事实上并没有创造,而只是以与地理或天文发现相同的方式,发明或者找出了先前已经存在但未被世界准确所知的事物。"此外,直到 19 世纪下半叶,相关专利法著作还不能形成关于专利侵权判断的统一确定标准:"关于什么构成侵权,如同专利法的诸多其他问题一样,必须依据个案中的特殊事实。"②

第三节　正当理论的争议与专利制度的价值

一、无形的智力产品与传统的财产概念

英国议会因立法粗疏和实施不力而展开的 1852 年专利制度改革,并未消除反对甚至主张废除专利法的声音。这场事关专利制度命运的论战在 1850—1875 年间达到了巅峰。伦敦《经济学人》杂志、英国贸易部副部长、当时的一些杰出发明家、议会成员,以及曼彻斯特和利物浦等工业地区的制造业代表构成了反专利制度阵营的中坚力量。英国议会专责委员会和皇家委员会在 1851—1852 年、1862—1865 年以及 1869—1872 年间数次调查专利制度的运行情况。

---

① Christine MacLeod, *Inventing the Industrial Revolution: The English Patent System*, 1660 - 1800, Cambridge University Press, 1988, pp.61 - 62.
② Brad Sherman & Lionel Bently, *The Making of Modern Intellectual Property Law: The British Experience*, 1760 - 1911, Cambridge University Press, 1999, pp.150, 201 - 202.

在理论层面,反专利制度者提出的一条重要理由是从专利客体的特点出发对其财产权性质的否定。亲专利制度者与反专利制度者都承认一个人对其新创意在传播给他人之前享有排他的控制权,但后者认为,一旦该创意与他人分享,上述排他控制权就明显不复存在了。当他人也拥有该创意时,没有任何办法可以"恢复原状"。禁止他人销售体现相同创意的产品明显是国家权力的一种行使方式,而与"自然财产权利"无关。反专利制度者还指出,占有、拥有、控制、占用、恢复原状等适用于有体物的财产权概念的逻辑要素,大部分不适于"创意"或"智力创造成果"。因此,反专利制度者强调,专利实质上并不是对物品或创意的控制,而是对体现创意之物品的"市场控制"。① 这在那个"自由贸易"被奉为圭臬的经济时代所引起的社会反应可想而知。反专利制度的代表人物麦克菲(Macfie)就在一段对专责委员会1865年报告的评论中称:"在这个国家被作为专利客体的发明,很快就被其他国家知晓,并且用不了几周,其他国家就可以应用在大不列颠专利说明书中载明细节的技术。结果就是,当不列颠的制造商们自缚双臂,等待十四年的专利期限届满之时,我们的国外竞争对手却已经或者立刻涉足发明的使用,并在中国市场上与我们竞争。无论如何,国外竞争者经常可以免费使用发明,而我们却要专门支付或者被要求支付发明人的报酬。"②

麦克菲还从"自然财产权利"理论的角度论述了他认为的将专利视为自然权利的自相矛盾之处。麦克菲指出,如果有什么与发明相关的"自然权利",那应当是发明人"使用自己发明的权利",而恰恰是这种权利,屡屡在专利制度之下遭到否认:发明人经常发现自己被禁止使用自己的创意,因为已经有人在先就此取得了专利;这种情况即便在发明人的创意比授予专利权的发明更好时仍然会发生,因为它会被视为专利的某一版本。③ 牛津大学的政治经济学教授罗杰斯(Rogers)也持有类似的观点。他认为,法律上财产所有权所包含的利益应当是可以清楚区分、限制和确认的,不能有两个以上的人对同一客体或同一实用性享有相同的权利。在发明的情形中,一旦出现了针对某种实用性的特殊占有,类似的实用性产品将被其他人的劳动所发掘,这些都不具有永久的位置和可转让的定位,因而如同空气和流水一样在性质上

---

① Fritz Machlup & Edith Penrose, "The Patent Controversy in the Nineteenth Century", *The Journal of Economic History*, Vol.X, No.1, May, 1950, pp.3 – 12.

② Mark D. Janis, "Patent Abolitionism", *Berkeley Technology Law Journal*, Vol.17, No.2, 2002, p.943.

③ Fritz Machlup & Edith Penrose, "The Patent Controversy in the Nineteenth Century", *The Journal of Economic History*, Vol.X, No.1, May, 1950, p.14.

不能成为财产权的客体。当且仅当发明人之发现中的真理不被其他人共享，他所发明的事物不会被其他人发明，或者他为人类实用目的所应用概念的逻辑结果仅属于他一个人而不会被其他人开发出来的时候，他才有资格就该发明活动获得一项财产权。①

事实上，在18世纪末19世纪初的英国，即便是专利制度的支持者，也较少依赖自然法理论来论证专利制度的正当性。威廉·欣德马奇就认为，"事实上，没有发明人拥有阻止任何他人制造和使用相同或类似发明的自然权利，因此法律不承认未通过专利授权之发明中的任何权利或财产"。托马斯·韦伯斯特则指出，专利垄断都只是暂时的，因为发明人对其发明没有自然或内在权利。"那些相信发明人享有自然权利的人……是对发明人真正取得事物的完全误解。"②

理论上关于发明是否适合作为财产权的客体，也即专利是否为财产权的疑问也直接影响到当时英国的司法实践。耶茨（Yates）法官就在某起案件中说道："所有财产权都有其限制、范围和边界。发明或劳动（无论其曾经多么伟大）不能改变事物的性质或者在没有私权可能存在的地方创建一项权利。"他指出，发明不可能成为财产权，因为其不可能具有排他性——所声称的权利缺乏"物质实体"。耶茨总结认为，任何授予发明人的权利都只能是基于实用性或公共惠益考虑的制定法权利。③

二、发明的正当回报与奖励的制度选择

沿着专利权是基于公共政策考虑而授予的"法定权利"而非"自然权利"这个思路，反专利制度者进而质疑：是否有必要通过赋予发明人垄断性财产权这种方式来促进技术创新。

在这方面，最激进的反专利制度者是强调发明的社会源泉，从根本上否认给予发明人个体以回报的必要。例如，英国下议院议员、伦敦一家银行的行长约翰·李维斯·里卡多（John Lewis Ricardo）就表示，"几乎所有实用的发明都是更依赖于社会的进步而不是任何个人"，因而毫无必要"回报足够幸运地首先撞上社会所需事物的那个人"。其他的反专利制度者虽然不否认发

---

① J. E. T Rogers, "On the Rationale and Working of the Patent Laws", *Journal of the Statistical Society of London*, Vol.26, No 2, June, 1863, pp.123 – 125.
② Harold Irvin Dutton, *The Patent System and Inventive Activity during the Industrial Revolution, 1750 – 1852*, Ph. D Degree Thesis, London School of Economics, University of London, 1981, p.67.
③ Adam Mossoff, "Rethinking the Development of Patents: An Intellectual History, 1550 – 1800", *Hastings Law Journal*, Vol.52, August, 2001, pp.1290 – 1291.

明人对其成果享有获取回报的某种道德权利,但他们认为这种回报不应当是法律干预的结果,而应当交由市场自动催生。在这些反专利制度者看来,如果某个发明人确实领先于他人,那么在其自己使用发明与竞争者模仿之间的时间间隔,将产生足以回报其贡献的临时利润或租金。虽然反专利制度者也意识到,在充分竞争的经济中,创新者可能无法利用极其短暂的技术领先时间获得足够的租金,适当的干预是必须的,但他们仍然倾向于拒绝专利制度而支持对卓越的发明人进行奖励或发给奖金的制度。伦敦《经济学人》刊文指出:"共同体所要求的是发明人获得回报,即对社会进步作出贡献的技艺熟练之人应当就其努力获得优厚的报酬。专利法得到支持是因为它被误以为在这方面做到了极致。"反专利制度者反复提出的替代方案即由以下各种机构或组织发给发明人奖金的机制:(1)政府;(2)私人产业自愿捐赠以支持其财政的职业协会;(3)政府间组织;(4)由各国产业捐赠维系的国际协会。[①]

麦克菲指出,私人产业为避免专利对经营自由的限制而愿意给发明人各种形式的奖励:"制造商们毫不吝啬给予发明人们任何程度的荣誉和报酬。给发明人们配上彩带和金牌,授予万众瞩目的荣誉光环,冠以非同一般的头衔,以及用金钱钞票予以补偿。唯请保留我们的自由。在现代商业的激烈竞争和艰苦奋斗中不要缚住我们的双手和增加我们前行的阻力。"麦克菲还据此设计了根据发明的重要程度授予从 10 000 英镑逐渐递减至 50 英镑的奖金机制,但他没有给出区分发明重要性的标准。事实上,以协会奖励机制完全取代专利制度的模式在 18 世纪英国的实践中已经被证明是不可行的。1754 年,西普利成立了旨在用奖金和金牌而非专利来"加速发明和推进应用"的技艺协会。1765 年,该协会确立了禁止任何候选人就已获得专利的发明寻求奖金的规则。然而,在后来的实践中,这条规则却屡遭违反。1835 年,《力学杂志》编辑罗伯特森(Robertson)的一段话反映了大部分发明人的心声:"也许某个发明人符合技艺协会的奖励条件……但协会的奖金是如此之少,并且被授予奖金的发明只经过了非常有限的挑选,那些真正有价值发明的发明人很少去质疑它们。"将发明奖励工作交给政府来做同样没有成效,不可能取代专利制度的作用。在整个 18 世纪和 19 世纪早期,英国政府仅仅奖励了很少一部分发明人。正如约翰·法瑞(John Farey)所说,议会给发明人的奖金不过是"权贵阶层的一种慷慨姿态"而已,并且不易获得。[②]

[①] Fritz Machlup & Edith Penrose, "The Patent Controversy in the Nineteenth Century", *The Journal of Economic History*, Vol.X, No.1, May, 1950, pp.18 - 19.

[②] Harold Irvin Dutton, *The Patent System and Inventive Activity during the Industrial Revolution*, *1750 -1852*, Doctoral Thesis, University of London, 1981, pp.84 - 87.

反专利制度者还攻击专利制度并不能给发明人提供适当的回报。1863—1865年专利制度调查专责委员会主席斯丹利（Stanley）法官就认为，在专利制度之下，回报几乎不可能真正赋予应当获得它的主体，也无法与发明人为社会所提供的服务相称，并且不可能避免强加给他人的巨大损害。[1] 罗杰斯甚至认为，申请专利都不如赌博来得靠谱，后者或多或少还可以从机会原则、出现的重大事件和从其他人的判断中获得的信息中进行推理，而发明人如同讽刺诗人，只是其自怜自爱的牺牲品和自己专业领域弱点的可能最糟糕的判断者。[2]

与理论争议中将发明奖励制度与专利制度作为对立性的选择不尽相同的是，当时英国议会主导下的发明奖励制度事实上在某些方面构成了专利制度的有益补充。首先，发明奖励制度巩固和发展了"说明书"在专利制度当中的功能。以发明奖励制度为参照，议会在促进专利充分公开，使公众可以接触专利技术信息和了解专利发明性质方面起到了非常关键的作用。其次，要求获得发明奖励的争论塑造了发明人可以从其发现中获得利益这一财产权的规范框架。更为具体地说，发明奖励制度帮助人们树立起一种观念，即发明本身所带来的社会福利应当并足以构成其获得专利授权的对价。最后，发明奖励制度创造了使应受奖赏之发明人及其后代享受特别对待的空间。在1835年以后，专利延期而非直接的金钱成为常规的奖励形式，而该奖励是由枢密院下的司法委员会审查的，这就更加接近于专利制度运行的特征。[3]

三、创新的最佳激励与专利的社会成本

专利制度支持者认为专利制度是技术创新和工业进步的最佳激励工具，并倾向于将英国工业革命的巨大成就归功于专利制度的作用。反专利制度者则驳斥，德国、瑞士等国的工业升级恰恰是因为它们没有专利制度碍手碍脚。罗杰斯将这些试图从历史中发现证据的举动都称为"事后诸葛亮"。鉴于现实中专利制度与工业进步之间的关系是如此复杂难明，因此绝大多数人的论述都主要还是依赖逻辑分析。强调专利制度积极作用的理论建立在以下四个具有递进关系的论断之上：（1）社会渴求工业进步；（2）发明是工业

---

[1] Fritz Machlup & Edith Penrose, "The Patent Controversy in the Nineteenth Century", *The Journal of Economic History*, Vol.X, No.1, May, 1950, p.20.
[2] J. E. T Rogers, "On the Rationale and Working of the Patent Laws", *Journal of the Statistical Society of London*, Vol.26, No 2, 1863, p.132.
[3] Robert Burrell and Catherine Kelly, "Parliamentary Rewards and the Evolution of the Patent System", *Cambridge Law Journal*, Vol.74, No.3, 2015, pp.423-449.

进步的必要条件;(3)除非提供有效的激励,否则不会有足够的发明被创造或使用;(4)专利是提供这些激励的成本最低和最为有效的方式。反专利制度者不否认前两个观点的正确性,但拒绝承认后两个观点中的一个或全部。①

专利制度支持者认为,专利激励了"一些产生多样和惊人机械动力的最有价值发明",如果新发明"得不到保护,英格兰就将日落……并且这个国家的机械天才们将会沉睡"。1829年英国专利法改革专责委员会的访谈对象之一、《技术话语》(Repertory of Arts)编辑 W. H. 怀亚特相信,专利制度是"这个国家技术和制造进步的最大激励"。拥有丰富发明经验的约翰·法瑞(John Farey)认为,"在所有情形下,发明在专利之下比没有专利更快趋于完美,并且在绝大多数情形下更快被普遍应用"。一些外国观察者也对英国专利制度所带来的竞争优势印象深刻。J. C. 费舍尔(Fischer)在日记中写道:"英国人并不惧怕在机械技术以及其他产业部门的外国竞争。授予专利权的制度……保护和刺激了工业经济,并且可能有助于确保制造品的生产。"当专利制度改革运动在1851年万国博览会之前重新激荡的数年间,大量的请愿要求议会给予发明者更好的专利保护。来自专利权人协会的请愿一般都强调"大不列颠在实用技术方面所取得的非凡进步,以及国家富裕和伟大的主要源泉,都明显可以追溯到专利法为发明人所提供的激励"。②

反专利制度者则坚持对技术发展自然革新的信念和工业进步的常识信心。温克沃斯(Winkworth)1854年在技艺协会的一次会议上称:"我们可以确信无疑的是,真正才华横溢的人是真的爱国者,不会将他们的天赋掩藏在砂砾之中。如果明天专利法就废止,将会出现比以往更多的有用发明,因为天赋将不再受垄断束缚,可以呼吸更加自由的空气,并发现自己的真实位置以及以震惊、取悦和改善世界的方式展现自己。"③威廉·阿姆斯特朗(William Armstrong)则认为,发明人的发明活动具有情不自禁的特点,无需经济上的额外刺激。发明是创造本能的产物,而非利润最大化的苛刻需求。反专利制度还指出,在已经工业化的成熟经济中,专利已经不再是必需的。公司和产业在没有特权存在的情况下也可以有效竞争。大不列颠是世界工

---

① Fritz Machlup & Edith Penrose, "The Patent Controversy in the Nineteenth Century", *The Journal of Economic History*, Vol.X, No.1, May, 1950, p.21.
② Harold Irvin Dutton, *The Patent System and Inventive Activity during the Industrial Revolution*, 1750 – 1852, Doctoral Thesis, University of London, 1981, pp.68 – 70.
③ Dirk van Zijl Smit, *The Social Creation of a Legal Reality: A Study of the Emergence and Acceptance of the British Patent System as a Legal Instrument for the Control of New Technology*, Doctoral Thesis, University of Edinburgh, 1980, p.192.

厂,并且不再需要依靠旧的保护工具。专利完全是多余的。库比特(Cubitt)向1851年专利制度调查专责委员会陈述称:"我的观点是,在有很大发展空间的社会原始和新生状态,专利也许,如果不是好的,但比它在改善后的社会状态中更优。社会越进步以及科学的具体极致应用越完美,专利能够得到的支持就越少,它们具有的真正价值也越低。"爱德华兹(Edwards)也认同这种维多利亚时代的技术乐观主义:"专利制度曾在其时代回应了良好的目的……但现在时移世易。企业是如此伟大,更多无限非凡的业绩完成于没有而非存在专利特权的条件之下。"[1]

反专利制度者对专利制度支持者上述第(4)方面观点的拒斥主要体现为强调专利制度运行的社会成本,主要包括制度的管理和实施成本以及制度的外部性问题。在制度管理和实施成本方面,反专利制度者的中心观点是:陪审团的能力不足以胜任满是专业技术知识的专利诉讼。欣德马奇就指出,即便法官们有能力解决专利诉讼中的法律问题,"在缺乏对面前专利案件事实透彻了解的情况下,陪审团更易受情感和偏见而非理性的影响",也更易受"专家"的左右。另外,反专利制度者还将专利审判的成本过于昂贵作为制度应当被废止的理由之一。不过这一点立刻遭到了专利制度支持者的反驳:"法律程序的巨额成本并非专利诉讼独有的现象;并且专利权人并不比许多其他类型的诉讼主体享有更大的寻求救济的权利。"[2]关于专利制度的外部性问题,反专利制度者主要是从专利对整体创新的阻碍和当下社会公共利益的影响,以及对自由贸易的限制视角进行的论述。他们认为,只给发明人个体提供保护和收益的专利制度,在很大程度上减少了本来可以服务于公共利益的发明数量,并且对于发明人阶层作为一个整体也会造成很大的损失,因为不少发明人为了追逐眼前的财产利益而忽略了社会的真正需要,不再集中精力进行技术创新,而是终日琢磨如何用过时的知识取得垄断的专利。[3]1851年的《经济学人》情绪激进地宣称,专利授权"煽动贪欲、激发欺诈、刺激人们追求阴谋诡计……在发明人之间引发纠纷和争吵,带来无休止的诉讼,以及使人们为了获得只会助长贪婪幻想的专利特权而自我毁灭"。反专利制度者还指出,"几乎所有如果不是全部专利的辩护"都"忽视了对专利的最大

---

[1] Harold Irvin Dutton, *The Patent System and Inventive Activity during the Industrial Revolution, 1750-1852*, Doctoral Thesis, University of London, 1981, pp.81-82.

[2] Mark D. Janis, "Patent Abolitionism", *Berkeley Technology Law Journal*, Vol.17, No.2, 2002, pp.899-952.

[3] J. E. T Rogers, "On the Rationale and Working of the Patent Laws", *Journal of the Statistical Society of London*, Vol.26, No 2, June, 1863, p.130.

异议,即它们与自由贸易的不兼容性"。这类观点反复出现在所有敦促废除专利制度的宣传手册和演讲中,并在《谷物法》和《航海条例》被废止后起到了一些作用。关于专利垄断对自由竞争的不公平影响,给国内制造业带来的困难以及对出口贸易的削弱作用等指责,都是了唤起人们在反《谷物法》运动中的记忆。专利被认为阻塞了历史进步的车轮,以及妨碍了迫切希望通过使用发明提高效率的制造者们,除非他们愿意为不必要的昂贵许可支付对价。专利制度支持者则认为,专利并没有剥夺社会公众已经享有的任何东西,"涉及新发明的制造时……没有什么是从公众先前的占有中攫取的"。韦伯斯特(Webster)指出:"专利是以消费者的花费为代价对专利权人的补偿,但这是一种在短期内的自愿税。"威廉·斯彭斯(William Spence)则强调:"我想专利是一种特殊的垄断,因为其不是该词每个语义上的垄断,专利权人要与所有他人在世界的开放市场上进行竞争。"①

四、信息的披露动力与发明的必然公开

专利制度是否能够以及在何种程度上可以激励发明的披露也是这场专利制度存废论战中的一个重要理论争点。

专利制度支持者认为,或许在没有专利的情况下也可能有足够的发明活动,但他们怀疑,发明人会考虑披露其发明而使其成为社会技术知识一般财富的一部分吗? 只有在专利制度之下,通过社会与发明人达成的"信息披露-垄断权利"社会契约,发明人才有足够的动力披露其技术。② 韦伯斯特就说:"某个发明人可能,如果他喜欢,对自己的发明敝帚自珍,或者在秘密状态下用于实践,社会的目标是诱导其披露该发明。如果专利制度被取消,那么,取代披露的将是,我们应当进行秘密审判,这种秘密审判的历史危害现在被我们遗忘殆尽了。"③

反专利制度者对此提出了若干方面的反对理由。④ 第一,如果发明人倾向于保持自己创意的秘密状态并且如果他们能够成功做到这一点,社会即便有所损失,损失也不大,因为通常相同或类似的创意会同时独立地从多个不

---

① Harold Irvin Dutton, *The Patent System and Inventive Activity during the Industrial Revolution, 1750 - 1852*, Doctoral Thesis, University of London, 1981, pp.72 - 81.
② Fritz Machlup & Edith Penrose, "The Patent Controversy in the Nineteenth Century", *The Journal of Economic History*, Vol.X, No.1, May, 1950, pp.25 - 26.
③ Mark D. Janis, "Patent Abolitionism", *Berkeley Technology Law Journal*, Vol.17, No.2, 2002, pp.899 - 952.
④ Fritz Machlup & Edith Penrose, "The Patent Controversy in the Nineteenth Century", *The Journal of Economic History*, Vol.X, No.1, May, 1950, p.26.

同社会部分发展产生。伦敦《经济学人》就撰文称:"我们反对所有此类假设:某一个人能够发现如此显著重要的事物,以至于他如果不受专利法鼓励公开其发现的话,社会将会受损……更确凿的结论是:几乎所有有用的发明比起依赖社会的进步更少依赖任何个人。"不过,与反专利制度者强调技术发明的必然性、社会性和延续性不同,专利制度支持者秉持的是一种"英雄主义"的发明观,即认为发明活动具有明显的偶然性、个人性和非延续性。[1] 专利制度支持者因而认为,只有专利这种社会契约才能激发更多"大发明家"将自己在技术研究方面的"重大突破"向社会公开。第二,保持发明的秘密状态无限长时间在实践上是不可能完成的任务。许多技术的正常商业化过程也能起到披露的效果,新产品、新工具和新方法很快就会被热切的竞争对手所发现。在回答"据您判断,缺乏发明专利权会否导致产生更多秘密交易"的问题时,麦克菲援引某个评论者的话称:"在我看来,没有任何贸易可以长久保持秘密;即便一夸脱啤酒的贸易也是如此"。[2] 用现代专利法的术语来说,该点理由强调的是:就某些新发明和新技术而言,一旦其实际应用的产品出现在市场上,竞争对手就可以通过反向工程获知其技术细节。第三,当一个发明人相信自己可以成功保持其秘密时,他不会寻求专利授权,因此,专利保护不会促进可隐藏发明的披露,只会被用来限制已经无法保密的发明的使用。第四,由于专利仅授予已经可以用于实践的发明,所以专利制度实质上是鼓励对处于研发阶段的发明进行保密的;在没有专利制度的情况下,发明人将会急于尽早公开其创意以赢得认可和名誉,这将在所有前沿领域促进技术进步。最后,专利制度在促进发明披露方面的实际作用殊值怀疑。因为即便是有说明书的要求,专利申请人也经常会刻意地隐藏起专利技术的一部分以保证其在实际生产活动中的优势。

面对反专利制度者的质疑,专利制度支持者从现实层面进一步指出,没有规定技术披露要求和允许发明人保守秘密的立法会窒息经济的发展。专利法存在的主要正当理由就在于,需要创意在国民经济中的传播和企业作出相应的投资,而这只有通过让专利权人承担公开其发明和使他人有获得许可的机会这两项义务来实现。[3]

---

[1] 眭纪刚、苏竣:《技术的演化和演化的技术政策》,《科学学研究》2009年第12期,第1794页。
[2] Mark D. Janis, "Patent Abolitionism", *Berkeley Technology Law Journal*, Vol.17, No.2, 2002, pp.899-952.
[3] Markus Lang, "The Anti-Patent Movement Revisited: Institutional Change and Cognitive Frames in Nineteenth-Century", Paper presented at the 3rd Free Culture Research Conference, Berlin, 2010.

第四节　专利制度的危机与立法改革的方向

一、存废论战的扩展与阶段博弈的结果

受英国工业革命领先成就的刺激，欧洲主要国家都在一定程度上对英国进行了相关制度的模仿，纷纷于18世纪末19世纪初完成了专利立法。按时间先后顺序分别为：法国1791年、俄国1812年、普鲁士1815年、比利时和荷兰1817年、西班牙1820年、保加利亚1825年、瑞典1834年、卢森堡1836年和葡萄牙1837年等。因此，英国所发生的关于专利制度的不同声音也自然对这些国家产生了重要影响。1850年前后，专利制度存废论战的硝烟已经弥漫到法国、德国、荷兰和瑞士等国。[1]

受自由贸易理论的影响，在这场遍及欧洲的专利制度存废论战中，反专利制度者一度占据明显的上风，突出表现在他们的游说对各国立法和政府决策所产生的直接影响。

在19世纪30年以及1849—1878年间，西班牙政府积极阻却了大量未能满足本地实施要求的发明和进口专利。因此，在1826—1907年间，"75%的登记发明在专利授权之日起三年内丧失了其垄断权利，从而将相关技术信息转移到了公共领域"。

相比之下，荷兰的做法显得更加激进。绝大多数的荷兰公民不认为授予外国人以专利权是有益的公共政策，所以起初荷兰并不授予外国投资者以专利权。不过在1860至1865年间，绝大部分荷兰的专利权仍然是由国外完成的发明所取得的。1867年，一个代表中小企业的荷兰压力集团以"构成产业生长的障碍和有损国家繁荣"为由，成功进行了废止专利法的游说活动。两年之后，荷兰废除了其专利制度。作为经济和技术发展上的跟随者，"专利立法的缺位给了荷兰小公司和刚刚起步的企业免于干扰和支出诉讼成本的保护，因此提高了它们生存的机会"。在不需要支付专利许可费的情况下，荷兰就可以以低得多的成本生产出与外国商品同等质量的商品。[2]

作为当时欧洲工业国家中唯一尚未制定专利法的国家，瑞士政府根据苏黎世技术研究所的报告在1849年、1851年、1854年和1863年数次驳回工程

---

[1] Fritz Machlup & Edith Penrose, "The Patent Controversy in the Nineteenth Century", *The Journal of Economic History*, Vol.X, No.1, May, 1950, pp.1-3.

[2] Susan Sell, "Intellectual Property and Public Policy in Historical Perspective: Contestation and Settlement", *Loyola of Los Angeles Law Review*, Vol.38, No.1, 2004, pp.284-285.

师们要求采纳专利制度的请愿。到1863年后期,瑞士立法机构将其反对专利制度的理由归结为"最为胜任的政治经济学家们"声称专利保护的原则是"有害的和无法辩护的"。[1]

在德意志联盟,普鲁士的国务大臣鲁道夫·冯·德尔布吕克(Rudolph von Delbrück)一度将其反对专利的思想付诸政治实践,非常严格地限制专利的颁发,使得在工业上更为发达的普鲁士在1850—1875年间的专利数量不及巴伐利亚,甚至只有萨克森的一半。[2]

面对这种不利的局面,英国的专利制度支持者没有低头妥协和畏缩不前,而是一方面积极参与论战,陈述专利制度的价值,另一方面倡导法律改革,优化专利制度的效率。专利支持者成立了许多新的专利保护协会,起草并在日常媒体上发表各种解答,委派代表去职业和贸易协会的会议上进行演讲,发放数不清的手册和传单,在贸易杂志上刊登文章并重印于日报之上,奖励在公开竞赛中为专利制度辩护所写的最好文章,向政府机关和立法机构提交各种维护专利制度的请愿,安排大量国际会议,以及与支持自由化专利改革的团体达成妥协。[3] 例如,当1865年英国法院在一起案件中明确推翻了专利授权的"社会契约"理论时,支持专利制度的《科学评论》杂志就严厉批判称该判决"是法院关于发明专利问题所达成的最匪夷所思的判决"。《科学评论》杂志认为,该判决的负面影响是:"它第一次承认抢劫是正当的,如果是政府以任何形式实施的,利害关系人只能同意和服从,只要是该财产可能受政府保护。"[4]

二、专利制度的正名与实质改革的推进

专利制度支持者的体系化不懈努力终究取得了成功,专利制度的积极意义得以充分展现,专利立法因而获得延续和发展。当然,这也与19世纪70年代开始欧洲经济的大萧条和自由贸易实践的衰落有很大的关系。不过,反专利制度者的质疑和挑战也确实揭示了专利制度存在的诸多问题,从而为专

---

[1] Fritz Machlup & Edith Penrose, "The Patent Controversy in the Nineteenth Century", *The Journal of Economic History*, Vol.X, No.1, May, 1950, pp.4-5.

[2] Markus Lang, "The Anti-Patent Movement Revisited: Institutional Change and Cognitive Frames in Nineteenth-Century", Paper presented at the 3rd Free Culture Research Conference, Berlin, 2010.

[3] Robert P. Merges & Jane C. Ginsburg ed., *Foundations of Intellectual Property*, Foundation Press, 2004, p.35.

[4] Dirk van Zijl Smit, *The Social Creation of a Legal Reality: A Study of the Emergence and Acceptance of the British Patent System as a Legal Instrument for the Control of New Technology*, Doctoral Thesis, University of Edinburgh, 1980, pp.198-199.

利制度的实质性改革提供了极佳的契机。

实证的经济分析数据表明,1852—1876年间,英国的专利无论在数量还是经权利人有效利用后的"整合价值"上都有相当可观的增长。① 例如,约克郡的里斯特(Lister)就其羊毛梳理的每台机器收取超过200英镑的专利许可费,梳工们寻求更低的替代工具,但当里斯特通过购买和诉讼关上大门后,他们不得不接受这个价格以避免自己被排挤出该新商品化产业和它的可期利润。里斯特宣称,"这些年我售出了一大笔数字",并炫耀称"这是回报给机器的最大专利权"。里斯特购买海里曼(Heilmann)和诺博(Noble)的专利分别花费了33 000英镑和20 000英镑,并花费27 000英镑购买了唐尼索普(Donisthorpe)对"镊"机器共有专利的一半份额。里斯特很快就取得了成功。到1857年,"迄今为止,所有各种羊毛梳理的更大比例,是由里斯特的机器完成的"。到1867年时,英国共有1 038羊毛梳理机器在工作,大部分都是依据里斯特的专利构建的;并且到1859年时,里斯特据说已经出口超过1 000台此类专利机器。②

19世纪70年代初,尽管有两份以上反对专利制度的议会咨询意见的存在,并且几乎每年都有相应的提案被呈交议会,但是《经济学人》在1869年认为英国将模仿荷兰废止专利制度的预测将被证明是错误的。③ 1872年5月8日,英国专利制度调查专责委员会提交了其调查报告,该报告在整体上对专利制度支持者而言是决定性的胜利。《时代》杂志称该报告"根本上有悖于一直以来被称为发明上自由贸易的事物"。报告前两段捍卫了专利制度的实用性。"在仔细考量询问本国和他国杰出的律师、专利代理人、发明人和制造商后取得的各方面证据以后",报告认为:(1)专利所授予的特权,通过推动原本不会发生的大量重要发明的引入和研发,促进了生产的进步;(2)同样的专利特权还促进了数不清的技术革新的引入和公开,虽然每项革新微不足道,但在整体上对产业进步有巨大贡献。报告的发布对英国专利制度的延续至关重要。报告指出:"认同专利法原则和实践的专责委员会,让那些轻率预期调查意见几乎乃至不可避免会包含取消专利制度的人大失所望。……委员会清晰明确地认识到专利特权的影响在大体上是有益的这一事实。"解决

---

① Richard J. Sullivan, "Estimates of the Value of Patent Rights in Great Britain and Ireland, 1852 – 1876", *Economica*, New Series, Vol.61, No.241, pp.37 – 58.
② Christine MacLeod, "Strategies for Innovation: The Diffusion of New Technology in Nineteenth-Century British Industry", *The Economic History Review*, New Series, Vol.45, No.2, 1992, p.297.
③ Christine MacLeod & Alessandro Nuvolari, "Patents and Industrialization: An Historical Overview of the British Case, 1624 – 1907", *LEM Working Paper Series*, No.2010/04, p.22.

专利制度存与废的基本问题之后,接踵而来的就是专利制度如何改革的问题。对此,1872年专责委员会也给出了自己的一些具体建议,其中最重要的就是确定和细化专利授权的条件,包括专利申请应描述发明的性质和"新颖性的具体要点",以及应当有主管机构出具的确认该发明是"新的"和"法律意义上产品"的审查报告。在后续的决议中,专责委员会认为,现有的专利委员们无法很好地履行专利审查的职责,应当"通过任命具有足够能力以及法律、科学和技术经验、其时间被其他事务占用的程度不会影响其集中精力进行专利管理的人才予以加强"。[1]

一份以1872年报告为基础的专利法修正草案提出了以下几项改革措施:将专利权保护期减少为7年,对专利申请进行最严格的实质审查,没收授权后两年内未实施的专利,以及允许对所有专利颁发强制许可。该法案甚至已经在下议院得到通过,但是后来又被撤回了。1883年《专利、外观设计和商标法》则进行了若干实质改革,主要体现在减少专利申请、维持费用以及加强专利审查方面。1883年立法规定4年的专利保护费用为4英镑,7年54英镑和14年154英镑。1884年,政府迫于压力,允许专利续展的费用分期支付:在4—7年间每年支付10英镑,8—9年间每年支付15英镑,10—13年间每年支付20英镑。1892年,英国引入了专利的浮动费率制,在4年期满后收取5英镑并逐年递增1英镑,在13年后逐年递增14英镑,该收费制度在整个20世纪也都得以延续。1883年立法还规定了对专利申请的有限审查制,主要审查专利申请是否符合"单一性原则"以及是否有初步证据证明说明书对申请专利的发明技术进行了恰当的描述。[2] 这也为英国1902年专利法全面建立专利实质审查制度奠定了基础和积累了经验。

三、万国博览的盛宴与国际保护的契机

英国及欧陆专利制度存废论战正酣之时,也是第一次工业革命接近尾声、收获成果之际。作为工业革命无可争议的开启者和领航者,英国于1851年举办了堪称工业革命成果汇演的伦敦万国博览会。《泰晤士报》刊登了阿尔伯特亲王关于伦敦万国博览会举办原因的认识:"伟大的转型将实现人类

---

[1] Dirk van Zijl Smit, *The Social Creation of a Legal Reality: A Study of the Emergence and Acceptance of the British Patent System as a Legal Instrument for the Control of New Technology*, Doctoral Thesis, University of Edinburgh, 1980, pp.217 - 219.

[2] Christine MacLeod & Alessandro Nuvolari, "Patents and Industrialization: An Historical Overview of the British Case, 1624 - 1907", *LEM Working Paper Series*, No.2010/04, pp.25 - 26.

的团结。现代发明的成就使隔开不同国家和地区的距离在迅速消失。"为此,阿尔伯特亲王领衔组建了由贵族、政界、科学界、艺术界、工商界、农业界、贸易保护主义者和平民共计二十四人的皇家委员会,专门负责博览会的筹备、馆址选择、国外展品引进和奖项的合理评选等。1851 年伦敦万国博览会的展品共达十万多件,其中重要发明及其工业制品包括印刷机、蒸汽机、火车头、收割机、桁架桥、硫化橡胶、纺织机和缝纫机等。①

伦敦万国博览会是 19 世纪的英国展现自己"日不落"帝国实力的舞台,同时也流露出"世界主义"的观念,这种观念投射出工业文明意欲初步表达的"普世"信念,亦即相信科技与工业文明可以跨越地理环境和历史文化的差异。从这个意义上讲,它与自由贸易的理念有异曲同工之处,因而防止展品被其他国家和个人模仿的法律保护机制当时还没有引起足够的重视。然而,伦敦万国博览会的主要策划者柯尔事后也承认,未对展品按国别分类是最大的败笔之一,因为在 19 世纪高涨的国家民族建构运动背景下,各国观众在展览会上所欲观看和希冀追求的不是普世的价值,而是各国自己光彩的身影。②

这种初露端倪的展品"所属国"意识和权利保护需求到 1873 年维也纳世博会召开的时候演变为强烈的专利国际保护压力,很多外国发明人担心缺乏足够的法律保护而不愿在博览会上展示自己的发明。于是,奥匈帝国一方面通过立法给予所有参会的发明、商标和工业设计给予临时性的保护,另一方面在维也纳召开专利改革和协调的国际会议,包括英、美和欧洲大陆等十三个国家的 158 名代表参加了会议。移民到英国的工程师、德国发明家兼企业家沃纳·西门子的弟弟威廉·西门子在开幕致辞中将会议的目标描述为协调所有"文明和半文明国家"的专利法。在统一"世界专利"模式、若干共同规则模式和域内保护原则模式的争议中,会议放弃了理想化的"世界专利"模式和保守性的域内保护模式,选择了共同规则模式,即要求所有"文明国家"都应立法以确定专利法的若干"合理"最低标准,这也是最具可行性的折中模式。维也纳专利会议详述了一个有效和实用的专利制度应当遵循的若干原则,进而敦促各国政府"尽快就专利保护达成国际谅解"。③

---

① 王浩强:《工业革命的盛宴——1851 年伦敦万国博览会》,《科学文化评论》2009 年第 3 期,第 82—96 页。
② 乔兆红:《世界博览会:从帝国角逐到和平友爱之竞争》,《世界经济与政治》2007 年第 5 期,第 34 页。
③ WIPO, "WIPO Intellectual Property Handbook: Policy, Law and Use", *WIPO Publication* No.489, Geneva, p.241.

有了维也纳会议的经验,当1878年世博会在巴黎召开的时候,在法国农商部长的倡议下,保护工业产权的第二次国际会议于当年9月5—17日在巴黎顺利召开。在开幕式以后,会议分为专利、外观设计和工业新型、商标和商业名称三个小组,与会代表写下本国的保护规则,各小组试图从中抽取共同原则以组成所有国内立法需遵循的最低要求。各分组讨论形成的工业产权保护最低要求建议,然后再在全体会议上进行讨论。① 在其后的五年间,经过多次国际谈判和磋商,以及各种国际展览会的进一步刺激,有关工业产权保护的公约终于尘埃落定。1883年,比利时、法国、巴西、萨尔瓦多、危地马拉、意大利、荷兰、葡萄牙、塞尔维亚、西班牙和瑞士十一国政府共同签署了《保护工业产权巴黎公约》。到1884年7月7日公约生效时,英国也和突尼斯、厄瓜多尔一起加入了《巴黎公约》。

四、技术革新的升级与英国发明的减弱

事实上,世界博览会只不过是为专利制度的改革、发展尤其是国际化提供了一个直接的契机和关键的平台,真正推动制度朝这一方向发展的深层原因仍然是生产方式的变革,而引发生产方式变革的最主要因素当然是技术革新的特点。

早在1821年,英国科学家法拉第在实验中发现了一种现象:如果在载流导线附近只有磁铁的一个极,磁铁就会围绕导线旋转;反之,载流导线也会围绕单独的磁极旋转。法拉第所发明的这种电磁旋转装置即为人类最早的电动机,由此也揭开了第二次技术革命的序幕。② 19世纪70年代以后,欧美其他工业国家也都全面进入了第二次技术革命和产业革命时代。在这场以电力应用、有机化学、内燃机和炼钢技术为代表的技术革命中,除了法拉第以外,英国在科学发现和技术发明上还有其他一些亮眼的表现。例如,1840年,英国物理学家焦耳与楞次几乎同时发现了电能可以转化热能的规律,形成了焦耳-楞次定律。在此基础上,焦耳进一步研究了能量守恒和转换的规律。③ 1856年,英国冶金学家贝塞默首先发明了酸性底吹转炉炼钢法,英国工程师托马斯与法国工程师马丁一起又先后于1865年、1875年先后发明了

---

① Margrit Sekelmann, "The Indebtedness to the Inventive Genius: Global Exhibitions and the Development of an International Patent Protection", in Volker Barth (ed.), *Identity and Universality*, Paris, 2002, p.135.
② 杨杰民:《从发现中"找"发明》,《发明与创新(综合科技)》2011年第4期,第19页。
③ 王春良、王钢:《论第二次科学技术革命》,《山东师大学报(社会科学版)》1987年第5期,第23页。

平炉炼钢法和碱性转炉炼钢法。① 然而,总体来说,此时英国在技术发明和产业进步的速度已经明显落后于同期的美国,其在世界经济中的领先地位也逐渐让位于后者。造成这种局面的主要原因是英国的发明创新、专利化及其产业应用受到很多保守因素的阻碍,无法适应第二次技术革命的整体特点和满足其制度需求,从而难以自由充分地发挥其对经济和社会发展的应有作用。

与第一次技术革命主要建立在实践经验的基础上,很多发明诞生于能工巧匠的生产过程中不同,第二次技术革命完全是在近代科学理论的直接指导下兴起和发展起来的,各种掌握专门知识的科学家和工程师而非技术工人充当着主要角色。② 这就决定了大部分的发明不再是"个人英雄主义"的产物,而是一种有组织性的制度化安排和社会化生产的结果,具体表现为雄厚的资金支持、先进的开发设备、强大的研究团队、明确的产业定位以及较强的抵御风险的能力等。19世纪七八十年代发轫于德国,而后在美国也普遍兴起的工业研究实验室就是这种进步制度的一种重要形式。"工业实验室的创立使科学家作为拿薪金的研究人员受雇于工业界,并促进了发明的工业化。工业界支持科研的一个主要原因是认识到科学可以发挥作用,创造能获得专利的发明,而此种专利又能催生优良新产品。……一个成功的工业研究实验室是一个培植专利的温床……"③英国恰恰是因为在建立工业研究实验室方面兴趣寥寥而逐渐在技术开发能力上被美国抛诸身后。④

英国在第二次技术革命中自由创新精神的缺失和消极保守的态度还体现在对新技术和新生产方法的应用方面。在第一次工业革命中形成固定收益模式的企业几乎不愿进行任何冒险,眷恋旧式制造装备而不愿采用新机器,它们安于现状,阻扰甚至拒绝采用新技术。"煤气公司在若干地方,阻碍了城市灯光设备的电气化。铁路垄断家滞延了铁路的电气化。"这就导致英国"大型基础工业越来越以已有的技术进行生产,并进行自我封闭,不接受那些最有前途的新发明"。因此,1870—1913年间,英国工业生产仅增长1.3倍,在世界工业生产总值中的比重由32%下降到14%,已经排在美德两国之后,屈居第三位。⑤ 各国专利制度的影响力也随着技术和经济实力的变化而

---

① 王扬:《第二次科技革命的内容、特点及意义》,《学习月刊》1998年第3期,第144页。
② 周友光:《"第二次工业革命"浅论》,《武汉大学学报(社会科学版)》1985年第5期,第104页。
③ [美]乔治·巴萨拉:《技术发展简史》,周光发译,复旦大学出版社2000年版,第136—139页。
④ 张黎夫:《工业研究实验室对企业的贡献》,《广西社会科学》2004年第10期,第62页。
⑤ 洪征嗣:《论19世纪晚期至20世纪初美英两国工业增长速度悬殊的原因》,《湖南师范大学社会科学学报》1991年第6期,第72页。

发生着同样的位置变迁。

本 章 结 论

专利制度在与英国工业革命相互促进的过程中也暴露出自己的很多缺陷,因而在 19 世纪上半叶深陷危机之中。首先是依据古老的 1535 年《职员法》进行的专利申请程序繁冗而成本高昂,难以适应工业革命中不断推陈出新的机器发明和工艺方法。连现实主义文学作家狄更斯都观察到这一社会现象,并专门为此创作了小说《一个穷人的专利故事》。其次是伯明翰、曼彻斯特、利兹、锡菲尔等英国新兴西北工业区与伦敦之间遥远的距离使很多发明人和工业家放弃了专利申请,从而造成若干产业的总体专利数量远少于实际发明的数量。再次是正式专利文献公开制度的缺乏使专利信息处于零散和无序的状态,影响了依托于专利制度的累进式技术创新,并使很多发明人转向官方资助或社会捐助的公共创新体系。

不仅制度的规则和程序存在问题,19 世纪中期之前英国的专利经济和法律实践也有很多不足之处。失业工人经常冲击应用专利新发明的工厂,专利权人也不容易凑齐实施专利发明所需的资金。专利实现盈利的目标具有较大的不确定性,并且往往需要较长的周期,市场风险系数较高。专利权人的权利在法律上同样存在着很大的不稳定性,不仅屡遭侵权,而且在诉讼中还有很大的被无效的风险。即便胜诉,专利权人也要花费不小的诉讼成本。受先入为主的特权和垄断观念影响,英国的普通法法官们很多都采取的是敌视专利的态度。专利授权的登记制使专利的效力常常经不住严格的司法审查,而倾向于对《垄断法规》规定的专利要件进行苛刻字面解释的司法习惯也容易使专利案件的审理结果脱离实际。此外,工业革命所带来的社会贫富分化加剧也使一部分人将不公平的财产分配状态归咎于专利技术的应用,认为专利权人获得了超出其社会贡献的不正当利益。这种社会道德观念也影响到了部分法官的心理和情感。在理性认知的层面上,英国也缺乏足够多的专利判例供大家研讨,直到 19 世纪上半叶才出现第一批专利法著作,理论上的共识和司法上的可操作性标准远未形成。

面对上述问题,英国议会委派专责委员会开展了大量的实证调查,并从 19 世纪 30 年代开始陆续提出数个专利制度改革方案,在经历多次失败后,终于通过了 1852 年专利修正法案,简化了专利申请和授权的程序、降低了专利申请成本并建立了专利信息公开制度。然而,1852 年专利法并未能终结质疑专利制度的声音，一场从英国蔓延至整个欧洲大陆的专利制度存废论战激烈展开。针对专利制度根基性的自然权利辩护，反专利制度者认为，专利垄断不当剥夺了除专利权人以外的发明人"使用自己发明"的自然权利，实质上构成了对体现创意物品的市场控制，违背了自由贸易的原则，并且在法律传统上，无形的技术成果因为无法进行确定的占有，也没有明确的范围和边界，所以不适于成为财产权的客体。反专利制度者还强调，为避免对经济活动自由的妨碍，应当采用物质和精神奖励而非专利的方式给发明人以回报。同时，他们认为，即便没有专利制度的刺激，科学研究的兴趣和动力仍在，技术的革新和工业的进步是社会发展的自然之果，专利制度反倒是会增加很多运行的社会成本。专利制度支持者认为专利作为对新发明的垄断权利，没有剥夺社会公众的任何既有事物，并且其是自由市场引导下激励工业进步的最有效工具，远比无法衡量发明价值和难以取得的议会奖励等制度有效，而那些行政管理、司法审判上的高额成本并非专利制度特有的问题。双方还在专利制度是否有助于促进发明技术信息的公开披露方面意见相持不下。

由于当时自由贸易理论和政策在英国和欧陆都占据着统治地位，反专利制度的观点一度占据上风并产生了实际影响。荷兰一度废止了其专利法，西班牙无效了很多未能及时实施的专利，普鲁士严格限制专利的颁发，瑞士迟迟未能完成专利的立法工作。英国则是在1852年以后仍数次通过议会的专责委员会调查专利制度运行的情况，探索专利制度改革的方向。1852—1872年间，英国的专利制度支持者通过成立协会、公开演讲、发表文章、媒体解答、传单发放、议会请愿、召开国际会议等多种方式来维护专利制度的价值，追求专利制度的完善。实践中，专利的数量及其整合性的经济应用价值也有显著增长。1872年的调查报告证明了专利制度对英国技术革新和工业进步的重要意义，由此也确认了英国需要的是改革而非抛弃专利制度。在1883年的专利法中，专利的相关费用被进一步降低，授权审查制度也初步建立。当然，1883年英国《专利、外观设计和商标法》其实也是为履行《巴黎公约》的义务而进行的改革，而这种专利保护国际化的观念源头则可以追溯到1851年的伦敦万国博览会。

尽管专利制度在经受考验后得以维系和完善，但在事实层面上，19世纪末英国的技术创新和工业生产可谓是"青山遮不住毕竟东流去"，虽然仍陆续取得了一些成就，但总体上变得因循守旧、暮气沉沉，不再有以往的自由和活力，经常拒绝新技术和新设备的应用。更加注重发明的集体化和产业化，因而大力加强工业研究实验室建设的德国和美国，很快就在技术和经济上双双超越了英国。美国专利制度的影响力也随之而逐渐超过英国，占据世界的中心地位。

第五章 自由观念的扩张与专利制度的输出

经过工业革命洗礼的英国,不只是产业经济的发展达到了自由资本主义的巅峰状态,自由主义思想观念和功利主义经济哲学等也随之在国内外急剧扩张,相关的制度也因此被输出到欧陆主要国家。专利制度的移植与改造便构成了这个扩张和输出过程的重要组成部分。与此同时,英国在海外殖民方面也扩张到了一个非常惊人的程度,成就了其"日不落帝国"的名声。英国固然主要是利用殖民地的物质、人力和贸易资源等来促进其国内经济的发展,但在此过程中,有意或无意的制度殖民和同化总是不可避免的。

第一节 自由主义的新认知与创新价值的再张扬

一、过时立法的剔除与经济自由的保障

18世纪末,英国统一市场的出现、民族国家的形成、政治结构的革新、思想观念的转变和社会结构的转型,都有利于自由市场经济的发育和生长,但自由市场经济的建立仍然是一个漫长曲折的过程,不可能一蹴而就。不少陈腐守旧、阻碍创新的法律仍在施行,同时又有若干新的妨碍发明技术和方法应用的限制性法令颁布。前者主要是一些僵化的、过于琐细的生产经营控制和监督立法。例如,《海军学徒法》规定,船舶所有人必须根据船舶吨位的大小配备一定比例的帮工;《布料法》详细规定了布料的制作、长度、宽度和交易;《面包法令》则对面粉与面包的重量比、面包的价格做了细致严苛的要求。面对共同的发展障碍,英国的工业家纷纷联合起来,组成了棉布业者、丝绸业者、食盐业者、航运业者以及制造商协会等,共同行动以实现整个产业利益集

团的各方面诉求。① 19 世纪二三十年代以后,上述过时的法律和法令基本逐渐被废止。以毛纺工业为例,19 世纪初,反对自由雇佣人员的《学徒条例》和阻碍革新技术的《制造规程》等法律都被废止了,"人们看到旧的成见已被放在一边以及下议院的一个委员会负责从法典中删除一切有关这项工业的法律……这是一种鼓舞人心的现象。"② 后者主要体现在依据重商主义政策所制定的保护性关税制度,1815 年的《谷物法》便是其中最典型的代表。③ 这些新的阻碍自由贸易的法令同样在 19 世纪二三十年代以后逐渐被修正或废除。英国贸易委员会在 1823—1827 年间开始降低关税,取消了进口禁令,对于制成品进口限定从价税最高税率为 30%。1842 年,英国彻底废止了制成品出口关税,并且降低了至少 750 种商品的进口关税。制成品进口关税税率降低至 20%,原材料进口税限定在 5% 以下。1845 年,另有 520 项关税被清除,原材料出口税也被废止。1846 年,《谷物法》被废止。1853 年,制成品进口税被限定在 10% 以内,大部分半成品的进口关税被废除。到 1860 年,英国只对 48 种商品征收进口关税。④

随着工业革命的不断深入,英国原有的生产组织体系和生产关系发生了深刻的变化,因而也产生了很多新问题和新矛盾。工业的增长使企业家迅速意识到自由生产体制的优越性,他们可以自由吸纳因土地贵族圈地而带来的劳动力,进入工厂使用发明成果,由此形成了新的雇佣关系。随着自由雇主数量的增加、实力的增强和政治影响的扩大,他们进一步要求自由竞争,因为竞争有利于降低生产成本和产品价格,激发生产者的才智,推动设备的改进,提高产量。为了促进和规范竞争,企业家们需要有新的明确并可以实施的法律制度,这种需求随着市场的日益扩大和分工细化而显得愈发迫切。与此同时,面对在自由资本主义新工业体制建立过程中出现的各种抵制和不合作现象,英国采取了"规训与惩罚"并举的法律措施。一方面,对自由经济发展造成巨大破坏甚至动摇其根基的暴力和犯罪行为,特别是盗窃、抢劫、冲击工厂等侵犯财产权的犯罪,英国采用流放、火烙、死刑等"重刑主义"加以惩罚,直到 19 世纪 30 年代以后才趋向温和理性的惩罚体系。另一方面,对工业化过

---

① [英] 克拉潘:《现代英国经济史(上卷)·第二分册》,姚曾廙译,商务印书馆 1964 年版,第 256 页。
② [法] 保尔·芒图:《十八世纪产业革命》,杨人楩、陈希秦、吴绪译,商务印书馆 1983 年版,第 215 页。
③ 陈祖洲:《走向自由之路——英国自由主义发展史研究》,南京大学出版社 2012 年版,第 222—223 页。
④ 梅俊杰:《自由贸易的神话——英美富强之道考辨》,上海三联书店 2008 年版,第 147—148 页。

程中的不合作者和私人利益冲突,英国主要是进一步强化和推行已经部分建立和被接受的市场经济法律和行为规范,例如有关土地、矿井、住宅、运输设施、农业、工业和商业资本、工人技术、劳动力和私有财产权的规则,以及支配贸易和交换的规则。在发生具体利益纠纷时,英国企业家基本会按照前述"绅士化资本主义"的行为准则行事,维持相互依存的关系和地方的声誉。议会常常根据私法,仲裁在地方道路、河流、运河、船坞、港口、桥梁和圈地方面的冲突,而对其他方面则尽可能少加控制。①

经济自由立法和政策的贯彻执行使英国工业能够更广泛地应用各式各样的新发明和新方法,避免了对单一棉纺业和金融信贷体系的依赖,形成了更为合理的产业结构,奠定了英国作为工业强国的坚实基础。

二、工业时代的民主与政治自由的追求

工业革命的主力军,喜欢自由放任经济的英国企业家和工厂主,原本对政治生活缺乏足够的热情,然而当他们发现,自己所意图实现和维持的生产贸易体制的自由必须依赖于政治层面的立法和决策时,终究还是焕发出参与政治改革、追求政治民主和自由的无限活力。

在此背景下,19世纪20年代,企业家和工厂主们首先提出选举制度的改革要求,希望将那些衰败选区的席位逐渐转移到工业大城市中,最终取得较多的选举权。但事情起初并没有预想中的那么顺利,1826年,议会将东雷特福和彭林两个镇的选邑权给了乡村,点燃了工业资产阶级心中的怒火。正式的议会改革运动由此爆发。其后,辉格党领袖格雷勋爵组阁并下令起草法案,于1831年3月1日公布了改革方案。其核心内容主要包括两个方面:一是取消衰败选邑,将原属107个镇的席位转让给大城市和各郡。二是扩大选举权,实行财产资格制。除原有选民外,农村增加年收入10英镑的公薄持有农和50英镑的租约农、城镇选区年值10英镑以上的房产持有人都获得选举权。经历了三个回合的斗争以后,1832年6月,改革法案终于在1832年6月获上议院通过。②

1832年议会改革本身的成果是较为有限的,只是让工业资产阶级中的上层获得了选举权等政治权利,但它的重要意义在于开启了英国政治民主化进程的大门。随后在1836年爆发的宪章运动因此比以往任何的改革运动获

---

① 陈祖洲:《走向自由之路——英国自由主义发展史研究》,南京大学出版社2012年版,第224—226页。
② 王可园、齐可平:《政治赋权与政治一体化:1832年英国选举权扩大的政治分析》,《华东师范大学学报(哲学社会科学版)》2015年第2期,第41页。

得的支持都要多。正如史学家甘米奇在1854年评论所称的,在一个经济窘迫的时代,"群众注视着有选举权的各阶级,看到他们安享富裕舒适的生活,于是便把这种富裕与他们贫穷的境遇进行对比。他们根据后果来追溯起因,难怪得出了这样一个结论:一切社会反常现象的起因就在于他们被排斥在政治之外"。[①] 宪章运动的理论家奥布莱恩对此的阐述更加直接:"恶棍们说你们没有代表权是因为你们没有财产,我说相反,你们没有财产是因为你们没有代表权。每个勤劳而又为自己及家人生产出(在价值上)超过其自身需要的生活用品的人,都应当拥有那笔超额的财产。……但你们为什么拿不到那笔差额呢?是因为法律和国家机构把它交给了制定法律的人。假如你们和他们一样有代表权,你们就能有完全不同的法律和国家机构,这些法律和国家机构就能把财富赋予挣得它的人,从而使最勤劳的人得到最大价额。因此,你们的贫困是没有代表权的结果,而不是原因。"[②]由此可见,在宪章运动中,工人阶级是借用了自然法的劳动财产权理论来抗议"自由的异化",希望通过争取政治权利来最终实现经济权利。这何尝不是那些在工业革命中作出技术发明或机器改良,却又没有资本来转化和应用它们的发明人的心声呢?

历时22年的宪章运动是英国19世纪民主运动的最高潮。宪章派将彻底的资产阶级民主主义纲领与工人阶级的社会要求结合起来,推动了英国议会改革和民主运动向前发展。[③] 从19世纪20年代到80年代,英国颁布了近二十个重要改革法案或法令,除了前述贯彻和保障经济自由的立法外,还涉及国家和社会生活的方方面面,正式确立起民主政治制度。[④] 这种改革不只是体现在全国的政治生活层面,而且落实到了城市的政府改革当中。1835年,英国颁布了《城市自治机关法》,以在民主基础上改造城市自治政府为基本宗旨。该法的主要内容包括以下几个方面:一是在178个城市中取消200多个过时的市政自治团体,用选举产生的城市政府取代旧的市政官。二是将司法权从市政官手中移交给治安法官和郡法庭,在城市实现司法权与行政管理权的分离。三是推行市财政公开,减少腐败行为的发生。四是赋予地方政府必要的立法权。最后是市议会的讨论公开,允许公众旁听。通过这场改革,自由、公开、民主的城镇政府取代了封闭的旧式城镇寡头的统治,打破了

---

① 转引自[英]哈里·迪金森:《英国的自由与权利学说及其争论:从平等派到宪章派(1640—1840年代)》,黄艳红译,《学海》2011年第8期,第107页。
② 钱乘旦:《第一个工业化社会》,四川人民出版社1988年版,第293页。
③ 沈汉、刘新成:《英国议会政治史》,南京大学出版社1991年版,第290页。
④ 邓云清:《改革的时代——19世纪英国改革综论》,《光明日报》2015年2月7日第11版。

城镇寡头对城镇的行政控制。① 与技术发明、产业发展、社会服务等相关的事务性城市管理机构由此也得以建立和良好运行,并被纳入中央与地方协调的现代政府架构中。

三、首创个性的尊重与社会自由的实现

19世纪英国为追求经济自由和政治自由而进行的上述改革及上层建筑设计有着充分的思想理论和社会心理基础。除了亚当·斯密的自由贸易理论外,约翰·穆勒的自由主义和功利主义伦理、经济思想也起到了非常重要的引导和辩护作用。

穆勒《论自由》第三章的标题即为"论个性为人类的福祉之一",旗帜鲜明地强调了个体在社会中的自由对于整个人类发展进步的重要意义。穆勒引用德国学者洪堡的观点称:"人的目的,或说由永恒不易的理性诏谕所指令而非有模糊短暂的欲望所提示的目的,乃是要使其各种能力得到最高度和最调和的发展而达成一个完整而一贯的整体",因此,"每人应不断努力以赴特别是志在影响同人的人所应永远注视的目标,乃是能力和发展的个人性",而这便需要有两个东西,就是"自由和境地的多样化",这两者一结合就发出"个人的活力和繁复的分歧",而这些东西又自相结成"首创性"。穆勒还说:"首创性这个东西,是无首创性的心灵不能感到其用处的。他们不能看到它会为他们做些什么——他们怎能看到呢? 假如他们能看到它会为他们做些什么,它也不成其为首创性了。首创性得为他们服务的第一件事,乃是把他们的眼睛打开;这件事一经充分做到之后,他们便有机会使自己成为有首创性的人了。同时,人们都要记住,没有一件事不是有某一个人第一个做出来的;人们还要记住,现有的一切美好事物都是首创性所结的果实;既然如此,那么就请大家都以足够的谦虚来相信,这里还剩有一些事情要由首创性去完成;还请大家也以足够的谦虚来确告自己,自己愈少意识到缺乏首创性就愈多需要首创性。"②

在专利制度中,首创性基本是新颖性的同义语,这一点已无需赘言。更为关键的是,穆勒对个性和首创性重要价值不遗余力的强调,巩固了前述第一次工业革命期间人们的"英雄主义发明观"以及渲染了19世纪英国工业家自我奋斗的"斯迈尔斯神话"。塞缪尔·斯迈尔斯的《自助》一书与穆勒的《论自由》于1859年同年出版。在该书和1863年出版的《工业传记》中,斯迈尔

---

① 陆伟芳、余大庆:《19世纪英国城市政府改革与民主化进程》,《史学月刊》2003年第6期,第107—108页。
② [英]密尔:《论自由》,许宝骙译,商务印书馆1998年版,第67、77页。

斯将在工业革命中发家致富的工业家们描述为这样的"自我塑造者"：他们大多"出身卑微"，作为工资劳动者开启其职业生涯，通过自学获得必要的知识；工作勤奋、生活节俭、品格高尚，有些人还具有发明创造才能；他们创办企业，从一点一滴做起，最终积累起巨大的财富，并提升了自己的社会地位。这就是得益于社会自由的"斯迈尔斯神话"。[1]

穆勒还指出了国家对个人社会自由限制的无意义："一般说来，生活中的事务最好由那些具有直接利害关系的人自由地去做，无论是法令还是政府官员都不应对其加以控制和干预。那些这样做的人或其中的某些人，很可能要比政府更清楚采用什么手段可以达到他们的目的。即便政府能够最全面地掌握个人在某一时期内积累的有关某一职业的全部知识（这实际上是不可能的），个人也要比政府对结果具有更强烈得多、更直接得多的利害关系，因而如果听凭他们选择，而不加以控制的话，则手段会更有可能得到改进和完善。"[2]

由此可见，从穆勒的理论体系出发，在 19 世纪的英国，就技术、产业和贸易层面而言，没有什么比专利制度更能融合对首创性的积极认可、个人自我奋斗的财富积累和事务处理的自主自治等自由价值观念了。

四、个性自由的效用与社会进步的功利

事实上，穆勒所强调的个性自由有其超越个人利益的特定效用。作为功利主义思想的推崇者，穆勒认为，功利是"第一目的原理"，自由既是达到这个目的的主要手段，同时也是这个目的的一个部分；而这两者之间存在着内在的联系。[3] 穆勒所理解的"功利"是最广义的，即"必须将人当作不断进步的存在物而以其永久利益为根据"。因此，人们不能因一时的利益而放弃永久的利益，不能因一时的难题而放弃原则。自由不仅对个人福祉至关重要，而且还是文明、教育、文化等其他一切东西的必要组成部分和必要条件，是社会进步的一个重要因素。自由的个性不仅是导致社会政治生活混乱的因素，而且是文明社会中个体性因素所能成就的那些有益方面的动力因素。如前所述，自由使之成为可能的首创性是社会进步和发展的不竭源泉。[4] 概言之，

---

[1] 尹建龙、陈晓律：《"斯迈尔斯神话"：19 世纪英国社会对工业家起源的认识》，《史学月刊》2007 年第 10 期，第 89 页。

[2] ［英］约翰·穆勒：《政治经济学原理（下卷）》，胡企林、朱泱译，商务印书馆 1991 年版，第 542 页。

[3] 黄伟合：《英国近代自由主义研究——从洛克、边沁到密尔》，北京大学出版社 2005 年版，第 80 页。

[4] 王煊：《约翰·密尔行政哲学思想的理论考察与当代反思》，吉林大学 2015 年博士学位论文，第 51—54 页。

在穆勒看来,个性自由应当并且必然有利于同时实现个人的幸福和社会的进步。

个性自由实现个人幸福的最直接手段就是通过自己的首创性发明取得权利和财产。因此,穆勒将"发明和发现的劳动"明确界定为一类"作为生产要素的劳动"。他指出:"工业生产工艺发明家的劳动,通常归入脑力一类,但是同体力劳动一样也直接有助于最终产品的生产,虽然不是立即有助于最终产品的生产。……他们的劳动,不管是脑力的还是体力的,都是使生产得以进行的劳动的一部分。瓦特发明蒸汽机的劳动,同机械工建造蒸汽机或车工开动蒸汽机的劳动一样,都是生产必不可少的组成部分,而且前者同后者一样,都指望从产品那里获得报酬。发明的劳动常常同制作实施的劳动一样按同一办法估价和付酬。"①

发明劳动不仅可以为个人带来物质报酬这样的福利,而且对社会的劳动生产率具有重要意义。穆勒认为:"技术知识的进步及其在工业上的应用,会使同样数量和同样强度的劳动生产出更多的产品。技术改良的一个主要领域是工具和机器的发明和使用。……我们可以很容易地找到例子来说明劳动不靠工具的帮助是无法发挥作用的。"②穆勒还从反面论证了"在富裕国家,机器的广泛使用不仅对劳动者无害,反而有益"的观点。他分析道:"在资本积累缓慢的国家,机器的引入……暂时往往对工人是极为有害的,因为用于这些方面的资本都直接取自工资基金,人民的生活费用和就业机会会因此减少,每年的总产量会因此下降。但在年积累额很大、利润较低的国家,则不用担心产生这种结果。其原因是,在这样的国家,即使输出资本,把资本用在非生产性支出上或把资本浪费掉,只要数额不是过大,就绝对不会减少工资基金的总额,而把流动资本转变为固定资本(固定资本仍然是生产性的)就更不会带来这种结果了。"③从市场消费的视角,穆勒指出,专利"并没有使商品变得昂贵……而仅仅是推迟了部分商品变得廉价的时间,这段时间是社会公众为补偿和奖励发明者的服务而亏欠他们的"。④

穆勒还认为,每个人都具有为谋求社会进步和人类福利增加而牺牲私欲

---

① [英]约翰·穆勒:《政治经济学原理(上卷)》,赵荣潜、桑炳彦、朱泱、胡企林译,商务印书馆1991年版,第56页。
② [英]约翰·穆勒:《政治经济学原理(上卷)》,赵荣潜、桑炳彦、朱泱、胡企林译,商务印书馆1991年版,第129页。
③ [英]约翰·穆勒:《政治经济学原理(下卷)》,胡企林、朱泱译,商务印书馆1991年版,第313页。
④ Harold Irvin Dutton, *The Patent System and Inventive Activity during the Industrial Revolution, 1750 - 1852*, Doctoral Thesis, University of London, 1981, p.63.

的"功利"道德情操:"任何人,只要他的聪明和慷慨足以使他参与到消除人类苦难的根源中去,不论这种参与是多么微不足道,多么鲜为人知,他都能从这种抗争本身中得到一种崇高的乐趣,而这种乐趣,他是不会为了任何自私的欲望放弃的。"① 发明创新作为改造自然的实践活动,或许并不总能取得专利,又或者所取得的专利并不能实现预期的效益,但由于它有利于消除包括发明者在内的人类整体苦难,所以是符合功利原则的,发明者也能从中自得其乐。

第二节 英国专利制度移植与美国特色专利立法

一、英国人的殖民影响与北美区的专利实践

1607年,英国在北美大陆的第一个永久性殖民地,就是由王室特许成立、具有贸易垄断权的股份公司——伦敦公司(随后更名为弗吉尼亚公司)在詹姆斯敦建立的。② 由此可见,从形式外衣上看,英国人对北美殖民地的统治一开始就带有与专利同族的特许权色彩。当然,也并非所有最初移民到北美的英国人都是经官方特许或授意的,有很多是在16世纪末17世纪初为躲避英国国内的宗教迫害而逃亡到北美的清教徒。清教徒们将个人主义、勤俭奋斗的精神深深扎根于这片大陆所形成的文化之中,形成了刺激殖民地工业化的社会凝聚力。③

不过,在当时的国际经济交往中,英属北美殖民地是作为欧洲尤其是英国工业中心的农业外围而构建双边交往体系的。英属北美殖民地的成功之处就在于,它在大西洋交往体系的总框架内,利用这个交往体系内的生产分工、矛盾、斗争,结合自身地理环境优越等有利条件,构筑了一个服务于自己的经济交往体系。④ 在这个经济交往体系中,北部新英格兰形成了农业、畜牧业、捕鱼业、商业和制造业并举的多样性经济格局,中部殖民地的港口城市成为北美的商业中心,南部殖民地则发展形成了颇具特色的种植

---

① [英]约翰·穆勒:《功利主义》,徐大建译,上海人民出版社2008年版,第16页。
② [美]阿塔克、帕塞尔:《新美国经济史:从殖民地时期到1940年(上)》,罗涛等译,中国社会科学出版社2000年版,第38页。
③ 王晓德:《新教伦理与英属北美殖民地商业精神的形成——兼论文化对经济发展的影响》,《社会科学战线》2003年第6期,第152—157页。
④ 陈雄章:《论英属北美十三殖民地的经济交往》,《广西师范大学学报(哲学社会科学版)》1999年第1期,第70页。

园经济。① 从中我们可以发现,制造业在整个英属北美殖民地所占的比重较为有限,这与英国在重商主义政策下对北美制造业的刻意压制有一定的关系。尽管如此,一些与贸易、农业密切相关的制造业,如造船业、冶铁业、制糖业、酿酒业和皮革业等,还是在英属北美殖民地获得了良好的发展。1670年前后,新英格兰地区就出现了五个规模较大的冶炼厂,不仅满足了北美居民的生活需要,更是北美船舶制造业发展的保证。1696—1713年间,英属北美殖民地至少制造了1 118条船,总载重量69 500吨;到1721年更是一年就生产了160条船,平均载重量达62吨。② 1775年时,英属北美殖民地的熔矿炉数量已经多于英格兰和威尔士,而北美洲铁的产量则几乎与英格兰一样多。与此同时,纽约、费城、波士顿等中部港口城市聚集了大量的雇佣工人和手工业者,除了与冶铁、造船业密切相关的铁匠、木匠和砖瓦匠以外,还包括了裁缝、制革匠、皮鞋匠、面包匠、酿酒匠、纺织工、手套制造匠、皮货制造匠、家具制造匠、玻璃制造匠等。③

殖民地时期的手工业和初始制造业发展为后来美国向工业化过渡准备了条件。例如林恩的制鞋业,就是在殖民地时期已有的基础上持续发展、完成技术更新而实现机械化的,很多殖民地时期培养起来的工匠后来都成为了技术革新的先行者。④ 在这些产业发展和技术革新的过程中,我们也可以看到专利实践的存在和作用。早在英国《垄断法规》颁布之前,英属北美殖民地便已有专利授予的实践。当时授权的专利主要集中在制盐方法、制铁、磨面、瓷器制造、稻谷清理器等与日常生产、生活密切相关的技术或方法。⑤ 后来,在货币短缺和经济萧条时期,英属北美殖民地给予一些新生企业在一定年限内的特许垄断,例如授予以使用先进技术建炼铁厂为条件的生铁销售特权,以及直接给发明人以制造机器的专利形式保护,这样他可以就机器的使用收费。⑥ 1641年,马萨诸塞州常设法院通过了自己的《自由法典》,其中就包括了这样的规定:"在我们中间不得授予或允许任何垄断,但授予让国家有利可

---

① 孙燕:《近代早期英属北美殖民地海外贸易发展初探》,《武汉大学学报(人文科学版)》2006年第5期,第627—631页。
② 朱伟东:《试论重商主义对英属北美殖民地经济的奠基意义》,《唐都学刊》2011年第4期,第117页。
③ 王铭:《论早期北美殖民地的架构及社会形态》,《社会科学辑刊》2003年第2期,第144页。
④ 付成双:《试论美国工业化的起源》,《世界历史》2011年第1期,第47页。
⑤ 王广震:《美国专利法的演变——从宽松到限制》,《西安电子科技大学学报(社会科学版)》2014年第4期,第89页。
⑥ Michael Grossberg & Christopher Tomlins ed., The Cambridge History of Law in America, Vol.I, Cambridge University Press, 2008, pp.371-374.

图之新发明的一段短时间垄断除外。"康涅狄格州在1672年也制定了类似的成文法。① 这些带有专利规定的成文立法并没有停留在纸面上,而是得到了切实有效的施行。

二、自治权的立法落实与宪法知识产权条款

英属北美殖民地的专利实践不只是表面上的英国做法沿袭那么简单,而是在殖民地的发展过程中,日渐产生凝聚力和向心力的北美独立工商业阶级追求经济事务自主权和脱离英国控制以实现自身超越发展进步的重要手段之一。

早在1616年,弗吉尼亚公司管辖的殖民地移民就通过了《关于特权、命令和法律的大宪章》,并于1619年7月选出了由22名公民代表组成的议会。1620年,乘坐"五月花"号轮船的英国清教徒在普利茅斯登陆之前就自订"公约",约定成立公民团体,按照多数人的意志进行管理;社会组织应以在一切法律、秩序和法令面前平等为基础。② 北美社会力量的成长和自主意识的增强,使自治成为一种不可逆转的历史潮流,脱离母国政治控制的北美独立运动就在这种追求自治的力量汇聚到一起时,在某些直接因素的刺激下发生了。③ 因此,《独立宣言》开宗明义地指出:"我们认为下述真理是不言而喻的:人人生而平等,造物主赋予他们若干不可让与的权利,其中包括生存权、自由权和追求幸福的权利。"

制宪和立法工作显然是独立后的美国人彰显自治理念、追求平等幸福的必由之路。经验上有用的专利制度实践也被固定为美国法律体系的组成部分,在此过程中构成奠基作用的是1787年宪法的知识产权条款。美国在制宪过程中的讨论一开始只涉及版权问题而无关乎专利保护。1783年3月,作为对一些作家请愿的回应,北美十三个殖民地的大陆议会指派了一个委员会"通过保护新书作者和出版者在其作品中的财产权,考虑珍视全美天才和实用技艺的最适当方式"。委员会的报告毫不吝啬对保护文学财产意义的溢美之词。由于在《邦联条例》之下,大陆议会无权签发版权,所以其在1783年5月通过了一项鼓励各州保护版权的决议。1783年以前北美已经有三个州

---

① Tyler T. Ochoa & Mark Rose, "The Anti-Monopoly Origins of the Patent and Copyright Clause", *Journal of the Patent & Trademark Office*, Vol.84, 2002, p.919.
② 屈湮、屈玉祥:《美国经济发展与早期资产阶级民主制度》,《西北大学学报》1987年第3期,第120页。
③ 李剑鸣:《英国的殖民地政策与北美独立运动的兴起》,《历史研究》2002年第1期,第163—174页。

制定了版权法。受该决议的影响,除特拉华州以外的其他各州在三年内也都纷纷完成了版权立法。南卡罗来纳州的版权法就包含了专利法的内容。其规定:"实用机器的发明人应当与在此授予或加诸图书作者的特权和限制一样,在类似十四年的保护期内享有类似的制造或销售其机器的独占性特权。"①

在1787年的制宪会议上,弗吉尼亚州的代表詹姆斯·麦迪逊(James Madison)和南卡罗来纳州的代表查尔斯·平克尼(Charles Pinckney)共同提出了最后变成宪法知识产权条款的议案。受殖民地时代后期美利坚哲学会等科学技术协会的奖励实践影响,②该条款最初在技术发明方面采取的是科技奖励模式而非权利授予模式,所以其内容是"授予文学作者在一定时期内的复制权利。通过提供适当的奖金和拨款以鼓励实用知识和发现的进步。"③考虑到实践延续性、立法明确性和可操作性、减少政府成本以及提供产业发展激励的有效性等多方面的因素,1787年9月5日,条款最终获得通过时被转换成我们今天所见的表述,即"为促进科学和实用技艺的进步,对作家和发明家的著作和发明,授予一定期限内的独占权利"。④

在18世纪,包括各州代表在内的有识之士都认为促进有利于科学进步的实用技艺是开明政府的义务,所以除了上述用语的修改以外,美国宪法知识产权条款实质内容的通过几乎没有遇到任何障碍。在制宪会议召开期间,约翰·费奇(John Fitch)用一个下午向各州代表们在特拉华河上展示了其最新发明并从宾夕法尼亚州获得专利的汽船,⑤这无疑从感官上给了议员代表们极大的刺激,坚定了他们授予新发明以专利权的信心。

三、普通法的理念借鉴与专利立法的新特点

1787年宪法知识产权条款的确立为美国的专利立法提供了宪法文本依据。国会经过一段时间的准备和讨论,终于在1790年4月10日制定了美国第一部专利法。

---

① "Eric Eldred, et al., v. John D. Ashcroft", No.01－618 in the Supreme Court of the United States, pp.11－13.
② 范岱年:《美国科学技术发展历程的鸟瞰》,《自然辩证法通讯》1980年第5期,第39页。
③ Robert P. Merges & Jane C. Ginsburg ed., *Foundations of Intellectual Property*, Foundation Press, 2004, p.286.
④ Edward C. Walterscheid, "To Promote the Science and Useful Art: the Background and the Origin of the Intellectual Property Clause of the United States Constitution", *Journal of Intellectual Property Law*, Vol.2, 1994, pp.51－52.
⑤ 黄绪先、张春敏:《美国专利制度的起源和发展》,《世界科学》1986年第9期,第61页。

1790年专利法共有七个条文。第一条规定由国务卿、战争部部长和总检察长组成专利审查委员会,对申请人所发明或发现的、此前未知或未被使用的任何实用技艺、制造、引擎、机器或装置或者任何相关改进授予专利。授予专利的发明或发现应当充分有用和重要。对其描述应当清楚、真实和完整。专利期限不超过十四年。专利权能包括制造、建造、使用和出售所涉发明或发现,以及专利的备案等。第二条规定了说明书的撰写要求。说明书应当包括描述、草图和模型,以及对发明或发现事物的解释和模型。说明书应当特别,模型应当精致,从而可以与其他现有技术区分开来,但其同样应当能使一个工人或者熟知该领域技艺或制造的人直接实施,最终在专利期限届满后公众才能够享受其惠益。另外授权专利的说明书在任何法院都应当是适格的证据。第三条规定了任何人申请复制专利说明书和模型的权利。第四条规定了发生专利侵权时,侵权人应受的财产没收惩罚和专利权人可以获得的损害赔偿救济。第五条规定了在法院寻求撤销他人以欺诈或其他不正当方式所取得专利的程序。第六条规定了专利说明书在司法上的初步证据效力以及足以推翻该初步证据的其他证据。该推翻性证据在内容上应当能够证明专利权人所提交的说明书并没有全面披露其发明或发现的内容,或者包括了超出实现其效果所必须的内容,而这种隐瞒或超出目的在于误导或实际上已经误导了公众以至于所描述的效果并不能通过具体的方法实现。第七条则规定了各种专利费用。

相较于当时英国仍在适用的1624年《垄断法规》,美国1790年专利法的规定无疑要"丰满"得多。两者之间最大的差异在于美国没有采用专利登记制,而建立了实质性的专利审查制度。这背后主要有两方面的原因。第一个方面的原因是对英国普通法自由理念的继受。从18世纪中叶到独立战争爆发,殖民地移民在与英国政府的抗争过程中援用的法律依据全都是"英国人在普通法上的权利",并且还以科克对《自由大宪章》所做的注释书作为主张权利的典据。这种"以子之矛攻子之盾"的立法和法律实践模式已经成为英属北美殖民地的常态。尽管在独立战争胜利之初,美国举国上下因敌视英国而一度激烈地反对普通法,但割裂这种历史形成的法律渊源关系已经不可能。[①] 在这种背景下,美国专利法的起草者们也深刻继受了英国普通法传统中根深蒂固的自由竞争和反垄断观念,决心采取一种积极的事先预防机制,避免英国历史上滥发专利的恶果在美国重演。第二个方面的原因是美国经济快速发展的目标要求所授权的专利不能是已经过时的技术,尤其是当时的

---

① 叶秋华:《论美国法对英国法的继承》,《法律学习与研究》1988年第4期,第87—90页。

美国迫切需要从英国引进大量的发明和机器。例如,被誉为美国"制造业之父"的塞缪尔·莱斯特,就是通过记住英国新式纺纱机结构的方式而在1790年1月而将其引入美国,从而开启美国棉纺业新时代的。① 在大量引进英国新技术的同时,美国国会也担心对英国进口的依赖和本国当时"可以忽略不计的"的工业生产力会影响到国家政治和经济的独立性。② 这也就能够解释为什么1790年专利法没有赋予专利权人对其发明享有"进口权"了。

1790年专利法具有立竿见影的效果。在立法通过后仅仅二十天,由三人小组批准、华盛顿总统签发的美国第一件专利,就被授予佛蒙特州塞缪尔·霍普金斯,因为其发明了从木炭中制取钾碱和肥皂的工艺。③

四、登记制的阶段恢复与实用主义的再修正

美国1790年专利法建立专利审查制度的初衷是正确且良好的,但它错误地将专利审查的职责仅仅交给由国务卿、战争部部长和总检察长三人组成的专利审查委员会,并且没有明确、清晰和具体的审查指南,从而造成了专利审查工作的"难以承受之重"。由于审查过于严格,发明人也在抱怨专利授权的获得非常困难。统计表明当时美国只有不到半数的专利授权率。发明人还认为,1790年专利法的说明书撰写要求对发明的描述过窄,不当限制了专利的保护范围。因此,1790年9月,在专利法通过仅仅七个月之后,美国国会就指定专门的委员会提出修正草案。然而,国会对1791年2月7日和1792年3月1日所提出的专利法修正草案都没有积极反应。直到1792年12月10日,一份意在创制全新专利法的草案被提出后,略微经过修正后获得国会通过,即为美国1793年专利法。④

1793年专利法使专利保护从政府事先审查的看门人角色转向了法院事后判断的程序性安排。⑤ 除了授权程序上的重大修改以外,1793年专利法补充规定的内容还有列举了物质合成这类专利客体,用单独的条文规定了方法

---

① 王莹、李荣健:《美国的"拿来主义"与早期工业革命》,《武汉大学学报(人文科学版)》2007年第1期,第105页。
② Andrew P. Morris & Craig Allen Nard, "Institutional Choices & Interests Groups in the Development of American Patent Law: 1790-1870", *Illinois Law and Economics Research Papers Series Research Paper* No.LE07-007, 2008, p.6.
③ 颜崇立:《美国专利制度二百年》,《中外科技信息》1990年第4期,第52页。
④ Edward C. Walterscheid, "The Use and Abuse of History: the Supreme Court's Interpretation of Thomas Jefferson's Influence on the Patent Law", *The Journal of Law and Technology*, Vol.39, 1999, pp.203-204.
⑤ Craig Allen Nard, "Legal Forms and the Common Law of Patents", *Boston University Law Review*, Vol.90, 2010, p.64.

专利,在说明书的撰写要求方面用附图和书面参考资料代替了草图和模型,规定了专利转让的备案要求、冲突专利申请的裁决程序、此前各州授予的专利和在该法通过过程中所授专利的效力,以及该法不影响任何依照1790年专利法授予之专利的有效性。

相比于当时英国高昂的专利申请成本,美国1793年专利法要对发明人友好很多,专利费等权利维持费用也较低,这样就保证了美国专利法的流畅运转和良好应用。在专利制度的激励下,美国的技术人才通过模仿英国的机器和设备完成了不少本土化的发明。例如,1813—1814年,波士顿的弗朗西斯·卡伯特·厄洛尔仿照英国的样机制造出第一部机械织机;1829年,美国工程师改良了所引进的英国蒸汽机车"约翰牛",在机车前边加上排障器、前灯、汽笛和铃,使机车可以将铁轨中的障碍物排除出去,同时在夜间也能提醒人们离开铁轨,避免发生事故。①有经济学家通过专利数据分析得出结论认为,在19世纪最初的十年里,美国每一资本单元的专利率甚至要高于当时仍然具有技术领先优势的英国。②

技术和经济的飞速发展也使得1793年专利法所规定的专利管理体制面临不少的麻烦,其中最明显的一个问题是专利登记制遭到滥用。很多人用缺乏新颖性的设备和装置申请专利,在获得授权后进行诉讼威胁和敲诈勒索等投机和寻租活动,③降低了专利的质量和专利制度的声誉,造成了经济秩序的混乱。因此,美国在1836年再次修正专利法,重新采用专利审查制,并成立了专利局来制定和实施合理的审查标准,在此之前,1830年美国联邦政府就对专利说明书进行了规范和系统的分类。1836年修正后的美国专利法逐渐放开了对外国人在美国申请专利的限制,虽然在专利申请费用等问题上他们还不能享受完全的国民待遇。19世纪50年代,当专利审查标准从严格走向缓和的时候,美国进入了一个"发明的民主化"时代,大多数重大发明的发明人都能够从其专利发明中赚取利润。④ 1861年,美国专利法又完成了一次较大的修正,主要是将不超过14年的专利保护期延长至从授权之日起17年,并进一步完善了专利审查程序。当时的美国总统林肯则说出了"专利制度是为天才之火添加利益之薪"的名言。1865—1900年间,美国经授权登记

---

① 陶慧芬:《欧美工业革命中科学技术的引进和利用》,《世界历史》1994年第5期,第73页。
② Christine MacLeod & Alessandro Nuvolari, *Inventive Activities, Patents and Early Industrial Revolution: A Synthesis of Research Issues*, DRUID Working Paper No.06-28, p.9.
③ 张夏准、郝正非:《撤掉经济发展的梯子:知识产权保护的历史教训》,《国际经济评论》2002年第6期,第17页。
④ James Bessen & Michael J. Meurer, "Of Patents and Property", *Regulation*, winter, 2008-2009, pp.18-25.

的发明专利达 64 万余件,远多于其他国家。依靠这些发明专利所代表的强大科技创新实力,美国很快在以"电气革命"为标志的第二次技术革命中独占鳌头,以爱迪生的上千项发明专利为基础而成立的通用电气公司更是个中翘楚。①

第三节 英国经济文化影响与欧陆专利制度发展

一、趋向极致的自由与法国的专利制度

法国大革命之前,法国的专利"制度"与英国既有相同之处也有区别之点。相同之处主要在于,受威尼斯经验传输的影响,法国的专利与英国一样,也披着王室特权的外衣。1551 年,带来玻璃器皿制造威尼斯方法的意大利人西瑟斯·穆蒂奥(These Mutio)和发明了印刷字体的法国人阿贝尔·佛伦(Abel Foullon)获得了法国历史上最早的两件专利特权。这种独占特权在许多方面与现代专利已经非常类似。它只限于适于工业应用的发明,可以转让以获得许可费,在保护地域上既可能限于某个城镇、地区也可能遍及整个法兰西王国。在 1762 年之前,这种独占特权的保护期为 5—30 年不等;1762 年以后,专利期限被固定为 15 年。特权的内容是专利所有人可以"依据其发明经营的特权",以及"禁止他人复制"其方法。当时法国专利制度与英国的差异主要在于更加严格的专利审查程序,以及专利实施过程中的议会监督和控制。在议会有机会见到专利申请之前,一个单方的程序将在王室法院进行。国王通过其咨议会向声称自己是某种新技术或新机器的进口人或发明人颁发独占特权证书。一份王室特权证书颁发以后,一个律师将其呈交议会。议会然后任命特殊的审查人员,在与负责行会、商业和税收的各种国王的官员协商的基础上考察发明的"价值"。法兰西科学院则负责审查发明的新颖性和"实用性"。议会的主要兴趣在于专利申请人以特权为基础的竞争机会和预期税收价值。换言之,该异议程序讨论的是发明的未来商业成功可能性。专利期限经常会被议会缩减,会被强加一些尤其是有利于行会的修正,有时王室专利干脆被议会否决。②

---

① 张明龙、张琼妮:《美国专利制度演变的纵向考察》,《西北工业大学学报(哲学社会科学版)》2010 年第 4 期,第 26 页。
② Frank D. Prager, "A History of Intellectual Property (from 1545 to 1787)", *Journal of the Patent Office Society*, Vol.26, 1944, pp.721-726.

如果说在英国 1624 年《垄断法规》颁布以后很长一段时间内,法国的专利授权仍然带有浓厚王权色彩和封建行会立场的话,那么到 18 世纪中叶的时候,以魁奈为代表的深受英国自由思想影响的法国政府管理者们,开始有意识地引导有利于市场自由竞争和技术革新的制度建设。1762 年,一份王室的声明对专利制度进行了保护期、限期实施等方面的改革,旨在避免颁发随意性和不受限制的专利特权,同时使个人自由免受"地方势力、乡镇、行会和既得利益群体之特权、规章和垄断"的干涉。然而,当时法国又盛行各种形式的科技奖励制度,使得专利制度的"自由化"改革缺乏足够的持续性和稳定性。① 尽管如此,1762 年改革还是为法国大革命后的专利立法奠定了方向和基础。

1789 年人权宣言使个人从特权团体及不平等的地位中解放出来,② 为个人在发明上的自然权利向条件确定、内容明确之法定权利的转化提供了思想指引。法国驻塞内加尔总督布福来骑士提出"思想是个人产权""发明是原始产权"的理念,并受制宪会议委托起草了 1791 年法国第一部专利法。该法第一条规定:"各类工业中的任何新发明或发现均为作者本人之产权。因此,法律保障发明人在法定期限内用规定的方式充分、完全地享有其权利。"第三条则规定:"首次将国外发明引入法国者,不论何人,享有与发明人同等的待遇。"1791 年当年法国就颁发了 34 件专利。19 世纪初,英国有大量往法国的技术工人和工厂管理者移民。仅 1822—1823 年间,来到法国的英国技术工人就有 1 600 人之多。各类机器厂,以及在几乎"每一家"新式呢绒和棉花"制造厂"等工厂中,都有英国人做工。③ 这些优秀的技术工人和工厂管理者从技术和制度层面给法国带来了很多英国经验,在一定程度上影响了法国专利法的发展。1844 年法国专利法进行了修正,明确了专利权的"独占权"性质,更清晰地界定了新颖性概念,并提前了专利申请公开的时间。整个 19 世纪,法国专利法施行的效果还是较为显著的。1815—1819 年,法国的专利授权量为 129 件,1840—1844 年增长到 1 545 件,1885—1889 年已经达到 8 905 件。④

---

① Liliane Hilaire-Pérez, "Invention and the State in the 18th Century France", *Technology and Culture*, Vol.32, No.4, 1991, pp.922 - 925.

② [法]吕西安·若姆:《1789 年人权宣言的理论困境与法律适用》,马贺译,《华东政法大学学报》2012 年第 1 期,第 135 页。

③ [英]克拉潘:《现代英国经济史(上卷)·第二分册》,姚曾廙译,商务印书馆 1964 年版,第 603—604 页。

④ 马耀扬:《不可动摇的信念——介绍法国专利法诞生 200 周年的庆典活动及法国专利法的发展》,《知识产权》1991 年第 4 期,第 48 页。

二、统一之前的改革与德国的专利制度

从 15 世纪初到 19 世纪 60 年代的三百多年时间里,德国始终处于四分五裂的状态,甚至被称为欧洲走廊,英国、法国、西班牙、俄国等经常将这里作为战争的主战场。统一、强大和自决,成为德意志民族国家形成和发展的最大动力。[①] 在此过程中,英国的自由经济思想和专利制度也对德国产生了深刻的影响。

1806 年,普鲁士在拿破仑战争中惨败以后,施泰因和哈登堡两位爵士于 1807—1812 年间发动了一系列行政和社会改革,引入了产业和贸易自由发展的观念,废除了行会制度,设立技术委员会,并通过城镇条例建立起市民自治政府。以此为基础,1815 年,普鲁士成为德意志邦联中第一个制定专利法的成员。该专利法保护真正带来明显技术改进的新发明或者首次从外国进口并投入实践使用的设备。设备是否是"新的和真的"以及具有所主张授权的价值由技术委员会决定。每一个关税同盟的成员随后都建立了自己的专利制度,德国南部的城邦也倾向于采纳类似于普鲁士的专利制度。[②] 在实施专利法的过程中,普鲁士政府于 1820 年资助成立了民间团体"工业知识促进协会",协会利用主办的刊物介绍国外的科技新成果和工业发展情况。1823—1826 年,普鲁士财政部所属工商局局长鲍斯两次访问英国,走访了伦敦、伯明翰、曼彻斯特、格拉斯哥等地,参观了铁厂、玻璃厂、蒸汽机厂、棉纺织厂以及新建的铁路和桥梁。相关的技术信息被引入普鲁士,鼓励了普鲁士的资本家加强技术引进和改进生产方法。很多的英国工程师和资本家也因德意志各邦的专利制度和其他优惠政策而被直接吸引过去。例如,英国人威廉·科克在哥本和格伦贝尔的羊毛工厂传授英国技术,鲁尔、汉堡、上西里西亚的工矿雇佣了很多英国机械师、技工和搅炼工,英国人还设立了鲁尔煤矿公司、新苏格兰矿业和冶铁公司等。[③]

19 世纪 30 年代至德国统一之前,在引进外国技术的同时,德国也改进和发明了很多有价值的机器。无论是引进的技术还是发明的机器,都对德意志各邦的经济发展具有极强的促进作用。因此,尽管在 19 世纪中叶遍及西欧的专利制度存废论战中,德国也受到一定程度的影响,导致了德意志各邦

[①] 王昌林等:《大国崛起与科技创新——英国、德国、美国和日本的经验与启示》,《全球化》2015 年第 9 期,第 42 页。

[②] Ramzy Yelda, *Economic and Political Unification of Germany: 1815 - 1871*, University of Montreal, Report Paper, 1991, pp.8 - 9.

[③] 程广中:《德国工业革命的前提和特点》,《求是学刊》1985 年第 2 期,第 84—85 页。

政府一度对专利立法和专利制度的实施持消极态度,但是在德国企业家们的极力推动下,1871年德国统一后,还是很快在1877年就完成了第一部专利法的创制。德国1877年专利法的实施取得了良好效果,1870—1890年的专利授权量维持在4 000件左右的水平。① 德国还从外国购买了很多专利。19世纪80年代,德国六家最大的企业在英国购买了948项专利,而英国最大的几家企业只购买了86项专利。② 1891年,德国创造性地制定了《实用新型法》,为那些创新程度略低但确实能产生有益效果的小发明提供较短期限的专利保护。实用新型专利的设置对处于技术追赶阶段的德国国内企业尤其是中小企业意义重大,在《实用新型法》颁布后的三四十年里,德国实用新型专利的授权量约等于发明专利授权量的两倍。③

在大量专利技术的支撑下,19世纪末,德国的重工业发展迅猛并迅速占据了国民经济的中枢地位。具体表现为:电机、造船、军工、工具机床等机械制造业已经完全建立,化学、电气等新兴工业部门在国民经济中所发挥的作用超过了英、法等同一行业在国民经济中的作用。④

三、技术引进的渴求与西班牙专利制度

中世纪后期,西班牙也与威尼斯、英国等西欧的其他国家和地区一样,存在着王室特权形式的专利实践。现存最早的西班牙专利文件可以追溯到1522年的菲利普二世时期。这种垄断特权的任意授予贯穿了整个近代西班牙。1759—1808年间,也就是卡洛斯三世和卡洛斯四世统治时期,专利特许权的颁发大量增加,不只是作为回报和保护发明人及创新者的方法,而且明显被当作一种经济和产业发展的政策工具。只是当英国和法国在17和18世纪已经将授予发明人的专利与其他王室特权区分开来的时候,西班牙仍然将它们混在一起。随着拿破仑1808年对西班牙的入侵,以及法国大革命的自由和法律精神在西班牙的传播,1811年9月16日,西班牙王室的法令照搬了法国1791年专利法,并于1820年发展成为西班牙的第一部专利法。⑤ 西

---

① 邢来顺:《德意志帝国时期科技发展特点及其成因》,《史学集刊》2003年第1期,第73页。
② 邱文:《德国工业革命发展迅速的原因及其特征》,《历史教学》1984年第10期,第37页。
③ George von Gehr, "A Survey of the Principal National Patent Systems from the Historical and Comparative Points of View(Part II)", *John Marshall Law Quarterly*, 1935 - 1936, pp.381 - 384.
④ 马颖:《19世纪德国经济实现跨越式发展的发展经济学解释》,《世界近现代史研究(第四辑)》,第72页。
⑤ J. Patricio Saiz, "Patents, International Technology Transfer and Industrial Dependence in 19th Century Spain", *Universidad Autonoma*, *De Madrid*, *Working Paper* 01/2003, p.2.

班牙1820年专利法于1826年3月26日被另一部王室法令所取代,但是后者只是在文本上对前者做了一些修改,而没有改变前者促进自由发明活动及有效组织专利管理的实质精神,这也构成了其后五十年西班牙专利制度运行的基础。

与英、法等较早进入工业化的欧洲近邻相比,19世纪西班牙的工业发展还比较落后,单位资本的专利转化率明显低于西欧其他主要国家,并且绝大多数的专利申请是由外国人提出的。在1859—1878年间,西班牙大约一半的专利被授给了其他国家的公民,特别是法国和英国。因此,外国技术的移转是当时西班牙政治经济的主要关切。对外国技术的依赖也直接反映在西班牙专利制度的结构上,即西班牙专利法对进口新技术跟国内发明一样允许授予专利,并不像英国《垄断法规》那样要求是"真正的第一个发明人"。但是,进口技术专利的所有人无权禁止他人从外国进口类似的技术,因此他们就会在自由竞争的过程中采取合理的定价策略,也就无需像英国《垄断法规》那样专门规定授权的专利"不会造成价格上涨"了。西班牙进口技术专利的保护期仅为5年,需要3 000里亚尔的维持费,而国内发明专利的维持费为1 000里亚尔5年、3 000里亚尔10年和6 000里亚尔15年。专利权人被要求在一年内实施其专利,并且事实上1826—1878年间授权的专利有四分之一得到了实际应用。[①]

1845—1864年是西班牙专利申请的第一个高峰期,因为这是西班牙局势相对稳定和政治温和的二十年,也是以铁路建设和产业活动扩张为标志的西班牙早期工业化时期。从19世纪50年代开始,围绕着专利发明而展开的商业合作在西班牙也开始变得普遍,因为这种经营策略降低了意图在西班牙获得专利的外国人的成本和风险。例如,19世纪50年代后期,巴斯克的商业和钢铁公司"伊巴拉兄弟"就与声誉良好的外国人签订了一系列专利协议。[②]

1864年的财政危机和1868年迫使女王伊萨贝尔二世流亡的革命,直接导致了专利授权数量的明显减少。西班牙政局的动荡直到1874—1875年阿方索十二世的复位才告一段落,此后西班牙进入了保守党和自由党轮番执政,资本主义制度得以巩固的稳定时期。相应的法律改革也有条不紊地进行

[①] B. Zorina Khan, "Intellectual Property and Economic Development: Lessons from American and European History, Commission on Intellectual Property Rights", *National Bureau of Economic Research of the USA*, *Study Paper 1a*, 2002, pp.27 - 28.

[②] David Pertel & J. Patricio Saiz, "Patent Agents in the European Periphery: Spain (1826 - 1902)", *History of Technology*, Vol.31, 2012, pp.101 - 102.

着,其中包括了1878年通过的新专利法。1878年专利法实施的成效极为显著,这一点从专利授权量的增长中就可以明显看出。1851—1878年间,西班牙共授予专利4 244件;1878—1907年间,专利数量已达42 312件,差不多翻了10倍。① 西班牙1878年专利法是一个"矛盾的混合体",一方面通过法律规范的框架吸引意图在西班牙拓展其权利的外国发明人和创新者,另一方面则在这些外国专利技术未能在西班牙境内产生实际创新和经济增长效果时限制其保护。实现上述目标的具体方式有二:一是加强对进口技术专利的管理,二是建立强制本地实施的制度。在这个背景下,1880—1899年间西班牙授权的2 061件专利中,英国公司的专利占到11.1%;而在1780—1914年西班牙的外国公司中,英国公司的数量占到25.3%,投资总额则占到16.47%。② 从中我们可以想见英国与西班牙专利制度实践的相互影响。

四、自由竞争的压力与瑞士的专利制度

从政治和法律传统来看,在某种意义上,瑞士甚至比英国更具有自由气质和自治精神。瑞士的乌里、施维茨、翁特瓦尔登这三个地区于1291年8月1日成立了第一个邦联,其后发展成为包括十三个地区的邦联,邦联还与周边的其他地区结盟组成了"联合地区"。无论是邦联各州之间的协定还是联合地区的盟约,都有强调各城市独立性,以及授权在各成员间进行自由贸易的条款。③

早在中世纪后期的时候,瑞士邦联之下的某些州就有颁发专利特权的实践。例如,1577年,伯尔尼向使用和复制炼盐原创设备的市民颁发了特权,而在苏黎世,一个市民获得了关于喷泉的专利保护。18世纪结束的时候,不受欢迎的海尔维第共和国取代了旧的邦联,制定了瑞士第一部专利法。1801年的这部专利法第一条规定,发明、改进或进口新必要产业并在国内实施的共和国公民,可以申请专利,并最多获得7年的保护。然而,该部专利法随着1803年海尔维第共和国的陨落而被废止,成为昙花一现。旧的邦联体系恢复后,一些州进行了自己的专利立法,不过彼此之间差异较大。1832年,苏黎世率先进行了专利立法,不过该法似乎从未被真正实施。1837年,巴塞尔

---

① J. Patricio Saiz, "The Spanish Patent System (1770 - 1907)", *History of Technology*, Vol. 24, 2002, pp.51 - 52.
② J. Patricio Saiz, "Why Did Corporations Patent in Spain? Some Historical Inquiries", *Universidad Autonoma, De Madrid, Working Paper* 02/2010, pp.3 - 14.
③ [英]梅特兰:《欧陆法律史概览:事件,渊源,人物及运动》,屈文生等译,上海人民出版社2008年版,第364—366页。

城市州在刑法中规定了对发明的保护,但没有描述发明受保护的条件。索洛图恩在其1847年民法典中引入了专利保护,但不是以积极权利描述的方式而是在禁止的违法行为一章规定的。图尔高虽然没有专门进行专利立法,但在其宪法中强调了知识产权应受保护。总体而言,这些分散于瑞士各州的专利保护制度是模糊和狭窄的,需要统一、明晰和体系化的立法予以整合。[①]

19世纪上半叶,瑞士也开始了自己的早期工业化进程。1806年,汉斯·卡斯佩尔·埃舍尔开始仿制英国的纺纱机,并很快使自己的工厂享誉国际。除了纺织机械以外,当时的瑞士还大量生产水泵、压力机、造纸机和机床等,并从1836年开始制造汽船,从1846年开始制造蒸汽机车。不只是纺织业和机械制造业,瑞士的钟表业、针织业和印染业在19世纪中叶也获得了良好的发展。[②] 随着铁路网的不断铺设,瑞士与欧洲其他国家之间的自由经济竞争日趋激烈。在这种技术狂飙突进的背景下,瑞士迫切需要一部能够整合国内市场和应对国际贸易竞争的专利法。然而,当时的瑞士在是否以及应当如何实现国家法律统一的问题上存在强烈争议。在传统民法领域,一部统一的国家法受到各州法典的排挤,各州担心立法中指明的个人权利会由于统一国家法的制定而丧失。[③] 受19世纪专利制度存废论战影响,1848年独立后的瑞士在专利立法的问题更是犹豫不决。由于宪法中缺乏明确的授权制定专利法的条款,所以瑞士制定专利法的前提是修宪。但是,瑞士的有识之士在1849年、1852年、1854年、1863年、1866年、1882年多次发起的涉及创制专利法的修宪申请和公民投票都以失败而告终。[④]

1883年《巴黎公约》的制定为瑞士的专利立法提供了极佳的契机。瑞士不仅在公约文本的起草上起到了关键作用,而且伯尔尼还被指定为负责管理和监督公约的巴黎联盟的总部。事实上,如果不是因为同时涉及不受欢迎的传染病和流行病控制立法问题,在《巴黎公约》通过之前的1882年瑞士修宪投票就可能允许进行专利立法。[⑤] 1888年11月15日,瑞士终于制定并通过了自己的第一部专利法。虽然该部专利法的内容只是简单涉及对机械发明

[①] Dominique S. Ritter, "Switzerland's Patent Law History", *Fordham Intellectual Property Media & Entertainment Law Journal*, Vol.14, 2004, pp.472-473.

[②] 姜振寰:《理性的狂欢——技术革命与技术世界的形成》,东北林业大学出版社1996年版,第22页。

[③] [瑞士]彭瑞宁:《瑞士国家法律的统一》,包中译,[瑞士]孔安得校,《清华法治论衡》2012年第1期,第418页。

[④] 康添雄:《私权逻辑的否认:专利法史的公共政策线索》,《河北科技大学学报(社会科学版)》2011年第4期,第53页。

[⑤] Dominique S. Ritter, "Switzerland's Patent Law History", *Fordham Intellectual Property Media & Entertainment Law Journal*, Vol.14, 2004, pp.475-476.

的保护,要到 1907 年修正的时候才真正形成制度体系,但它作为瑞士对国内外技术和经济自由竞争回应的首部立法,无疑具有基础性的意义和价值。

第四节 殖民影响的长期性与过度保护的负效应

一、英国植入的自由与殖民地区的专利立法

如前所述,17 世纪初英国在北美的第一块殖民地,是由英国王室特许、具有贸易垄断权的弗吉尼亚公司建立并加以管理的。事实上,这种特许公司殖民自治模式是英国在更早的 16 世纪对亚洲、非洲等地的贸易和扩张活动中发展形成的。其中包括了 1553 年成立的专营俄罗斯、中亚、波斯一带贸易的"莫斯科公司",1579 年创办的负责波罗的海沿岸地区贸易并与北非、西非国家进行商业往来的"东方公司",1581 年获得奥斯曼土耳其贸易垄断专利证书的"利凡特公司",以及 1600 年组建的"东印度公司"。这些特许贸易公司是英国"建立第一批成功的殖民地并为其在宗教、政治和经济方面形成最初国家体制的机构",当时与专利证书在性质上极为相似的皇家特许状则构成了这些殖民地的法律基础。① 因此,17 世纪以后英国本土的专利授权偶尔也会应申请人的请求而延伸到某个殖民地。例如,1664 年,巴巴多斯的总督弗朗西斯·威洛比(Francis Willoughby)就和他人共同获得了在该殖民地有效的关于炼糖机的新建造方法专利,该专利甚至不是他们而是大卫·麦卡多(David Mercato)发明的,并且保护期限也超出了《垄断法规》规定的 14 年,而是长达 21 年之久。②

在 17—19 世纪英国经济发展和实力壮大的过程中,殖民地成为英国重要的原料产地和世界市场。因此,英国人不无得意地说:"实质上,世界的五分之一是我们的自愿进贡者:北美和俄罗斯大平原是我们的谷物种植园;芝加哥和敖德萨是我们的粮仓;加拿大和波罗的海沿岸是我们的森林;在澳大利亚和新西兰放牧着我们的羊群;在阿根廷和北美的西部大草原则逐牧着我们的牛群;秘鲁运给我们白银;黄金则从南美和澳大利亚流到伦敦;中国人为我们种植茶叶,而印度则把咖啡、茶叶和香料运到我们的海岸;西班牙和法国

---

① 王银星:《海权、霸权与英帝国(1688—1815)》,《湖南科技大学学报(社会科学版)》2006 年第 4 期,第 103—104 页。

② Christine MacLeod, *Inventing the Industrial Revolution: The English Patent System*, 1660 - 1800, Cambridge University Press, 1988, p.28.

是我们的葡萄园;地中海沿岸各国是我们的果园;我们的棉田,长期以来都是分布在美国南方,而现在差不多扩展到地球上各个热带地区去了。"①

当然,英国对殖民地的统治和影响也并非全是压迫式和掠夺性的。一些"定居性殖民"给殖民地带来了积极的影响因素,尤其是自由自治和产权保护的诉求。② 正如有学者所说的:"所有殖民地都加强了产生的国内的那些因素;在西班牙是王权;在英国是中产阶级。因此……后者的影响则是自由。这就是这些殖民地生活的自然特性。因为在殖民地中,个人只能更多地依靠自己,而社会权力很少建立,劳动分工也不发达,结果个人比母邦成为一种更大的实体,成为群体中一种更重要的要素。这也是殖民地为何要求当地居民有独立和自决、自治的习惯……"③19世纪40年代,随着《谷物法》《航海条例》的废除以及一系列自由贸易法令的颁布,英国彻底结束了以独占殖民地贸易为核心的旧殖民制度,也给殖民地追求贸易自由、政治自由和立法自由的改革注入了根本性的推动力量。④ 当时得以全球化的古典法律思想则同样以"自由市场"为经济形象,注重对个人权利、财产权利和形式平等的保护,追求自由、制度和法律科学等价值和理想。⑤

在这种大的背景下,1852年英国专利法修正后,专利局内部讨论认为,很多殖民地已经或者希望有自己的专利法,因此不列颠的专利授权原则上不应当适用于这些地方。截至1864年,已经有17个英属殖民地进行了专利立法。例如,1852年的新南威尔士和巴巴多斯、1854年的维多利亚、1856年的印度、1852和1857的牙买加、1858年的塔西米亚、1859的锡兰和南澳大利亚、1860年的新西兰和好望角、1861年的英格兰几内亚、1862年的英格兰洪都拉斯,其后还有1867的特立尼达、1870年的新西兰和1877年的斐济。这些英国殖民地的专利法在可专利客体、专利保护期、权利范围、授权程序、异议事由、无效理由、新颖性概念、披露要求、本地实施要求和强制许可等方面都存在着差异。在专利的地域效力上,部分殖民地规定依据地方法律授予的专利是明确适用于本殖民地之英国专利的替代选择,其他殖民地则在有自己

---

① 周一良、吴于廑:《世界通史资料选辑·近代部分(上册)》,商务印书馆1983年版,第294页。
② 罗斯·莱文:《法律、资源禀赋与产权》,孙守纪译,《制度经济学研究》2007年第1期,第208—237页。
③ [英]约翰·阿克顿:《自由史论》,胡传胜等译,译林出版社2012年版,第184页。
④ 张本英:《自由帝国的建立——1815—1870年英帝国研究》,安徽大学出版社2009年版,第38—39页。
⑤ [美]邓肯·肯尼迪:《法律与法律思想的三次全球化:1850—2000》,高鸿钧译,《清华法治论衡》2009年第2期,第50页。

的专利法后排除了英国专利的效力,并专门强调了殖民地法律的主权性。①

二、走向协调的努力与统一专利立法的失败

面对着殖民地专利立法之间的巨大差异,19世纪末期,英帝国的一些代表们试图努力进行协调,希冀能够适用一部统一的专利法。

1887年,第一届英国殖民地会议举行,这样的会议后来还召开了很多次。在这届会议上,伊尔·斯坦厚普,负责殖民地事务的英国国务卿,将会议视为"将女王陛下帝国的所有部分聚合为一体之动议的首次尝试"。会议的主要议题是国防和帝国内部的交流,但是知识产权问题也有所涉及。后来陆续担任过澳大利亚联邦总理和维多利亚总督的阿尔弗雷德·迪金,在会上支持专利法的统一。他认为:"如果满足特定条件而在帝国某一部分登记的专利可以适用于帝国的其他地方,这对于帝国所有地方的发明人来说无疑是极大的实惠。"②这则倡议可以说是英国维多利亚时代后期文化的典型体现和注释,即通过系统性的努力将英国的一切辉煌成就和进步文明传递到帝国的每一个角落。③

1901年,吉罗德·巴尔夫在回应英国下议院关于专利制度改革的问题时,哀叹了每个殖民地各有其不同专利法的"立法多重性"及其不利影响,并呼吁尽快对现状加以改革。他指出:"我们发现很多外国的专利都可以在母国及其占领地同时获得保护。以法国在巴黎完成的专利为例,它不仅覆盖了法国本土,而且在所有法国殖民地也有效。……相同的规则也适用于美国、德国、澳大利亚和意大利,简言之,除了英帝国以外的几乎世界上所有其他国家……希望在英帝国所有地方保护其发明的专利权人,需要申请25项专利,光官方费用就达到400英镑,更不必说那些偶然开支了。"④巴尔夫关于统一专利法的改革建议在1902年的殖民地会议上得到了讨论,并在1907年的会议上引发了更多的关注。然而,今天众所周知的事实是,尽管英国本土在

---

① Lionel Bently, "The 'Extraordinary Multiplicity' of Intellectual Property Laws in the British Colonies in the Nineteenth Century", *Theoretical Inquiries in Law*, Vol.11, No.1, 2011, pp. 163-164.

② Lionel Bently, "The 'Extraordinary Multiplicity' of Intellectual Property Laws in the British Colonies in the Nineteenth Century", *Theoretical Inquiries in Law*, Vol.11, No.1, 2011, pp. 188-189.

③ Michael Worboys, *Science and British Colonial Imperialism 1895-1940*, University of Sussex, Doctoral Thesis, 1979, pp.146-148.

④ Christopher Wadlow, "The British Empire Patent 1901-1923: The Global Patent that Never Was", *Intellectual Property Quarterly*, Vol.4, 2006, p.314.

1907年进行了专利法修订,建立了真正意义上的专利实质审查制,但该部专利法却未能在其殖民地实施。其后英国虽然在一段历史时期内继续着统一将其专利法适用于殖民地的努力,但最终也未能获得成功。

与19世纪英国版权法在英属殖民地和主权国实际上有统一影响相比,专利法的难以协调有多方面的原因。19世纪上半叶,版权贸易尤其是图书贸易的触角已经遍布世界各地,而专利的影响更多还是停留在地方性的工业生产之中,所以早在1852年英国专利制度进行重大改革之前,英国就制定了自我保护性的1838年国际版权法。① 当英语图书在英国本土和所有殖民地都有市场的时候,很多发明如糖分提纯技术和茶叶处理方法等,往往只在部分殖民地而不是整个英帝国都有意义。这也就更加映合了以下观念:版权是不受地域限制之普遍性自然权利,专利则是主权国家与专利权人订立的社会契约。根据这种理论,在殖民地纷纷追求政治独立和立法自由的19世纪末,专利的授予及效力当然只适合由各殖民地自主确定。除此之外,英国难以用一部立法统摄所有殖民地专利制度还包括具体规范要求上的原因。例如,在专利登记制下,决定发明能否获得专利授权的登记行为都是地方性官僚机构的行为。英国专利法上的"新颖性"判断事实上是基于地方性评估而做出的,所以当迪金在1887年殖民地会议上首倡统一专利法时,昆士兰的总督萨缪尔·格里菲斯(Samuel Griffith)就强调了在整个英国采用单一"新颖性"标准存在的问题。另外,维持专利效力的"本地实施"要求在统一专利法下也会造成法律适用的困境。②

三、法律传统的遗留与英式专利制度的影响

尽管未能在殖民地实现统一的专利立法,但英国法律文化的传统和法律制度的特点还是全面渗透到这些殖民地中,并一直保留到它们成为独立主权国家之后。我们今天所称的普通法系就是随着大英帝国的扩张而形成的遍及美洲、非洲、亚洲和大洋洲的法律文化体系。

不同类型的殖民地移植英国法的方式也有很大差异。澳大利亚、新西兰等原本属于未进入文明时代、没有国家和法律的地区,它们在与英国的相处中又并未形成像美国那样的独立政治集团,因而这些地区自宪法以下的整个

---

① John Feather, *Publishing, Piracy and Politics: a Historical Study of Copyright in Britain*, Mansell Publishing Limited, 1994, pp.155-157.
② Lionel Bently, "The 'Extraordinary Multiplicity' of Intellectual Property Laws in the British Colonies in the Nineteenth Century", *Theoretical Inquiries in Law*, Vol.11, No.1, 2011, pp.197-198.

法律框架都是在英国的特许和帮助之下建立起来的,对英国法的接受程度很高。加纳、塞拉利昂、冈比亚、索马里、肯尼亚和乌干达等非洲国家是在一定程度上保留自己习惯法的情况下陆续采用了同时期在英国生效的普通法、衡平法和制定法。加拿大、菲律宾、南非和斯里兰卡等国家则是在英国法对其发生影响前,已接受过欧洲其他国家的法律。① 印度等原本有自己成熟法律体系的国家,则因为英国在 19 世纪的强制灌输而被动地接受了英国法律制度的主体内容和形式。在专利法领域,1856 年印度殖民政府仿效英国 1852 年专利法制定了自己的第一部专利法,并很快于 1859 年进行了修正和重新发布。1872 年,印度通过了《专利与工业设计保护法》,1883 年又通过了《发明保护法》。1888 年,上述几部法律被合并为《发明与设计法》,1911 年又被《印度专利与设计法》所取代。② 总体而言,无论这些殖民地移植英国法律的方式和程度如何,它们在获得民族独立和国家主权后快速发展经济的需要,促使它们都保留了借鉴自英国的专利法实质内容,只是根据时代的变迁和本国的国情进行了必要的修订或者重新予以颁布。③

英国专利制度的影响甚至扩散到其他国家的殖民地。例如,智利 1833 年首部宪法中知识产权保护条款的诞生过程就可以看到这种影响。在 1831—1833 年召开的智利立宪会议上,马里阿诺·艾格纳(Mariano Egaña)对知识产权条款的创制发挥了直接且重要的作用。1824—1829 年,艾格纳担任智利驻伦敦全权公使期间,就特别关注将源自英国的商业诉求纳入智利政府的治理轨道。1825 年,在一封从伦敦发给智利政府的信件中,艾格纳公开支持鲁多夫·阿克曼(Rudolph Ackermann)有关编辑和传播技术的特权申请,显露出在智利建立专利制度的兴趣。④

英式专利制度在后殖民时代留下的痕迹也十分明显。以非洲为例,20世纪 70 年代初,在内罗毕召开的专利和版权保护地区研讨会上,非洲英语国家提出了聚集各国有关工业产权的资源和成立地区组织的建议。1973 年,世界知识产权组织和联合国非洲经济委员会根据非洲英语国家的协助请求推动了上述议程。在联合国非洲经济委员会总部埃塞俄比亚和世界知识产

---

① 高鸿钧:《英国法的域外移植——兼论普通法系形成和发展的特点》,《比较法研究》1990 年第 3 期,第 23—34 页。
② 星辰:《印度现行专利制度简介》,《全球科技瞭望》1995 年第 1 期,第 61 页。
③ 刘银良:《论法律移植的可行性及其人性基础:专利制度的视角》,《法学杂志》2014 年第 9 期,第 66 页。
④ Bernardita Escobar Andrae, "The Doctrine and the Making of an Early Patent System in the Developing World: the Chilean Case 1840s - 1910s", *Facultad de Economía y Empresa*, *Universidad Diego Portales*, *Working Paper*, 2014, pp.11 - 12.

权组织总部日内瓦召开的数次会议起草完成了《创建非洲地区英语国家工业产权组织的协议》,并于1976年在赞比亚首都卢萨卡获得通过(简称《卢萨卡协议》)。① 1985年,"非洲地区英语国家工业产权组织"修订了《卢萨卡协议》使其对所有非洲国家开放,同时将组织更名为"非洲工业产权组织"。与"非洲知识产权组织"主要源自法国法并建立了统一的地区实体法框架相比,"非洲工业产权组织"则是借鉴英国法对工业产权授权程序作了统一的规定,并采用的是与国内实体法共存的模式。与非洲相比,中国香港地区在1997年之前更是直接适用英国的专利法,即便在回归以后通过了独立的《专利条例》,但在专利权的主体、保护范围、权利义务、侵权、撤销、修改等实体内容方面,仍基本延续了英国专利法的相关规定,专利司法也充分体现了普通法的特色。②

四、自由贸易的盛行与专利胁迫下的新殖民

英国专利制度的影响不仅仅停留在普通法系国家,也没有局限于少数的制度规范,而是以隐藏在其背后的"自由贸易"理念贯穿于当代国际经济关系的实践当中。

1883年《巴黎公约》的制定,标志着发轫于英国的近代专利成文立法终于演变为一种国际社会广泛承认的法律制度框架。这种多边主义的知识产权国际保护实践随着1994年Trips协议的制定而达到巅峰状态。不过,在后Trips的多边贸易体制内,由于成员方力量对比的变化,新一轮的知识产权保护谈判陷入了僵局,所以因谈判方数量相对较少而更容易达成一致的双边和区域贸易协议得到了非常广泛的应用。③ 截至2014年2月,WTO秘书处的数据库中记载的有效区域贸易协议为245份,不过还有大约三分之一左右的区域贸易协议因为没有通知GATT或WTO而未纳入该数据库中。在这245份区域贸易协议中,有174份包含知识产权条款,其中60份是自由贸易协议,102份则是体现更高程度区域化的自由贸易协议和经济一体化协议的结合。在这174份包含知识产权条款的区域贸易协议中,有107份同时涵盖产品贸易和服务贸易,比一般的区域贸易协议的比例要高。大约40%包

---

① Owen H Dean, "A Unified Intellectual Property Law for Southern Africa", *Juta's Business Law*, Vol.2, 1994, pp.165 – 169.
② 王秋华:《论"一国两制"下香港知识产权制度的特点》,《法学家》2000年第4期,第107—113页。
③ 范超:《区域贸易安排中的知识产权保护问题研究》,《财经问题研究》2014年第6期,第112—119页。

含知识产权条款的区域贸易协议是跨越大洲的国家之间签订的,欧盟在其中担当者领头羊的角色,美国和亚洲也发挥着十分重要的作用。①

双边和区域自由贸易协议成为发达国家和地区推行单方知识产权国际保护标准和实现经济霸权主义的重要工具。具体表现在:(1)发达国家通过自由贸易协议直接影响了Trips协议的产生和修订。(2)发达国家通过自由贸易协议迫使发展中国家提前履行Trips协议规定的义务。(3)发达国家坚持在自由贸易协议中设置超Trips条款并迫使协议成员接受。(4)发达国家充分利用自由贸易协议推行超Trips标准国际化。(5)发达国家意图通过不断签订自由贸易协议的方式绕开Trips协议,为制定更高标准的知识产权多边协议积累基础。②在具体的制度内容上,上述单边强权主义的特点也得到了充分体现。例如,美国国会于2002—2007年颁布的《贸易促进授权法案》所规定的知识产权谈判目标就包括自由贸易协议的知识产权保护标准接近美国国内标准。③反过来,广大发展中国家的遗传资源、传统知识等重要财产却在不断被发达国家以专利等西方法治话语的形式和体系进行无情的掠夺。④2008年,英国非政府组织奥法姆在关于自由贸易协议对南方国家影响的报告中称:"美国和欧盟正在将有关知识产权的规则强加给别的国家,减少穷人得到药品的机会,提高种子和其他农业原材料的价格,将小生产者消灭,使发展中国家的企业难以得到新的技术。"⑤通过自由贸易协议中的专利保护等知识产权条款,发达国家进行着资本、技术、产业、文化和制度等的新殖民。"自由贸易"的本质精神已经严重异化,充斥着贸易保护主义的逻辑和法律帝国主义的味道。⑥

异化的自由贸易和专利保护观念还渗透到各国国内的经济实践中。跨国公司竭尽所能地在各国大量申请专利,进行技术和产业上的"圈地运动"。这些企业申请专利的目的并非都是为了自己应用或许可他人实施,有些是为

---

① Raymundo Valdés and Maegan McCann, "Intellectual Property Provisions in Regional Trade Agreements: Revision and Update", *WTO Economic Research and Statistics Division*, Working Paper - 2014 - 14, pp.7 - 8.

② 李顺德:《自由贸易协定(FTA)与知识产权国际环境》,《知识产权》2013年第10期,第22页。

③ 胡加祥:《TPP规则研究》,《上海对外经贸大学学报》2016年第4期,第13页。

④ Ugo Mattei & Marco de Morpurgo:《全球法与掠夺:法治的阴暗面》,刘光华译,《兰州大学学报(社会科学版)》2010年第3期,第5页。

⑤《接受自由贸易条约的发展中国家都面临困境》,管彦忠译,《国外理论动态》2008年第4期,第92—93页。

⑥ 魏磊杰:《全球化时代的法律帝国主义与"法治"话语霸权》,《环球法律评论》2013年第5期,第97页。

了阻止他人进入该领域,有些是为了确保其他企业不能妨碍自己的进入,即将专利作为市场竞争的直接工具。面对跨国公司利用其专利优势所布下的专利雷阵,很多同行业的竞争者在事实上失去了自己的经营自由,甚至难以生存下去。①

本 章 结 论

为全面推行贸易自由政策,英国于19世纪30年代以后逐渐废除了很多陈旧、僵化且妨碍新发明技术应用的立法,并取消了进口禁令和极大地降低了关税,客观上为专利制度的实施提供了便利,也间接援助了论战中的专利制度支持者。除了破除陈规陋习,当时的英国还为解决自由资本主义经济竞争中的利益冲突、各种抵制和不合作现象而进行了很多新的立法,强化和推行已经部分建立和被接受的市场经济法律和行为规范,同时提供稳定安全的社会环境。在表达自己利益诉求的过程中,英国工业资产阶级焕发出参与政治生活、追求民主自由的热情,并激发了工人阶级要求政治改革以维护自己劳动应得财产权的宪章运动。宪章运动将资产阶级民主主义纲领与工人阶级的经济要求结合起来,推动了英国的议会改革,正式确立了从中央到地方城市自治的政治自由制度。约翰·穆勒的自由主义和功利主义思想体系从尊重首创个性和反对国家限制个人社会自由的角度,为经济自由的追求和政治自由的改革提供了理论支撑。穆勒还专门论述了"发明劳动"作为一种生产性劳动对劳动者个人和国家产业的积极意义。

在英国国内与专利制度相适应的经济、政治、社会和个人自由不断得以强化的同时,英国的专利制度也正"自由"地进行对外输出。在这方面,最为明显的莫过于美国专利制度的建立和完善了。英国人对北美十三殖民地的拓展就是由贸易特许公司率先开启的,所以这些地方可以说是"自带"专利实践形式。在英国的刻意压制下,北美十三殖民地的手工业和初始制造业仍然获得了一定的发展,其中不乏零星的发明专利授权,马萨诸塞州等还在成文立法中纳入了专利保护的内容。各州的实践经验到1787年美国制宪会议上终于汇集成统一的智识,由弗吉尼亚州代表詹姆斯·麦迪逊和南卡罗来纳州代表查尔斯·平克尼共同提出的宪法知识产权条款只是在具体用语上稍加改变就毫无阻碍地获得了通过。以1787年宪法知识产权条款为基础,美国

---

① 王先林:《从个体权利、竞争工具到国家战略——关于知识产权的三维视角》,《上海交通大学学报(哲学社会科学版)》2008年第4期,第8页。

于1790年制定了第一部专利法。1790年专利法除了激励美国国内的发明创造外,实质上还鼓励从外国尤其是英国"自由"进口和改良先进技术。因为专利审查制给仅由国务卿、战争部部长和总检察长三人组成的专利审查委员会造成了非常沉重的负担,1793年美国专利法就进行了第一次修正,改采专利登记制。1836年,美国在积累了足够的经验后再次修订专利法,建立了系统完善的专利审查制度,并在一定程度上弱化了对外国人申请专利的限制。19世纪下半叶,美国的专利审查标准趋于缓和,美国开始进入"发明的民主化"时代,很快在第二次技术革命中独占鳌头。

  英国的专利制度及其背后的自由竞争理念还直接或间接地影响了欧陆主要国家的专利立法和实践。法国在大革命之前的政府管理就已经深受英国自由思想的影响,开始有意识地引导包括专利制度在内的各种经济制度向有利于市场自由竞争的方向发展。大革命以后,法国国民议会很快于1791年制定了一部充分彰显发明人自然权利的专利法。德国在统一之前就有很多城邦在普鲁士的引导下进行了专利立法,而普鲁士的专利立法则明显对英国多有借鉴。德国统一之后的专利制度发展颇具自己的特色,尤其以实用新型专利制度的创设最为突出。法国和德国的专利制度分别又直接影响了19世纪西班牙和瑞士的专利立法,当然,因为整个欧洲铁路网的建设和英国在后两国的投资实践,它们的专利立法也与英国专利制度存在交集。

  相比欧洲大陆,英国专利制度对其亚洲、非洲和大洋洲等殖民地的影响,无论殖民地是主动移植还是被动接受,都要深入和广泛得多。在资源掠夺和定居性殖民的过程中,英国给殖民地带去了自由自治的观念。当19世纪40年代英帝国开始全面推行自由贸易政策之时,各殖民地纷纷进行独立的与贸易有关的各项立法,专利立法也是其中的重要内容。截至1864年,已经有17个英属殖民地进行了专利立法。面对着殖民地的多样分散立法,19世纪末20世纪初,英帝国的一些政治家和殖民地总督们作出过统一协调的努力,但因为当时专利技术的经济影响主要是地方性的,且帝国统一专利法还会面临登记效力、新颖性标准和本地实施要求等专利制度本身的障碍,所以上述努力最终未能获得成功。但是,英国专利制度从基本框架到普通法理念都对其殖民地成为独立民族国家后的立法和专利技术保护产生了深远的影响。此外,在当代国际经济交往和专利国际保护谈判中,源自英国的自由贸易观念被彻底扭曲和异化,成为发达国家进行新的殖民、推行经济霸权主义和法律帝国主义的工具。

结　　语

一、英国自由传统与专利制度碰撞融合的历史经验

我们今天在回溯世界专利制度史的时候,通常都将英国1624年《垄断法规》视为近现代专利成文立法的开端。然而,单纯从法律文本的规范内容来看,1474年威尼斯的专利法令其实更加要素齐全。《垄断法规》之所以比威尼斯专利法具有更加重要的历史影响,适用的时空范围是重要的原因之一,其在整个英国适用了两百多年,而威尼斯专利法只在威尼斯城邦有短暂的生命力。不过,更为深层的原因还在于两者背后的时代特征和精神观念差异。那就是,《垄断法规》所确认的是一种稳定可期的、可按法律统一标准自由平等获取的财产权,威尼斯专利法所规定的仍然是一种取决于统治者意志的内容多变的特权。

《垄断法规》背后的"自由"精神并非凭空产生的,而是特定历史情境下英国物质、文化和制度结构作用的结果。中世纪末期,当劳动力这种生产要素由于各种原因变得稀缺起来的时候,它就摆脱了土地、庄园等有形生产资料的束缚,劳动者在更大程度上拥有了自己的生产工具,并逐渐消除对封建身份关系的依附。"圈地运动"使很多农民流离失所,却在另一方面为乡村和城镇手工业的发展提供了大量自由的劳动力。资本家生产扩张、商业竞争的需要与劳动者谋求生存、改善生活的需求相互结合,为初始工业化时期的技术创新提供了充分的动力。在英国与西欧其他国家的竞争中,这种技术创新就从国王那里获得了直接认可,被授予突破行会制度等旧管理制度的专利。随着《大宪章》对"王在法下"原则和自由法治精神的确立,这种专利授权也被要求纳入普通法的规制之中。科学革命在英国为技术创新提供了经验主义认识论和实验方法的基础,也促进了自由发明活动的广泛展开。文艺复兴、清教伦理和大学教育则进一步解放了英国的社会思想,为个性自由和创新天赋的发挥和创新成果的专利财产权保护,营造了良好的环境。因此,当《垄断法规》在看似偶然的一些直接因素作用下产生时,它其实已经带有强烈的时代

烙印，是禁止恶的垄断、确认和保护普通法上专利权利的成文立法。

英国专利制度的自由特点一经形成，就在英国经济、政治和社会发展的过程中不断得到巩固和强化，与英国工业发展进行了非常良好的互动，成就了英国在欧洲乃至世界的领先地位。工业革命之前，英国工场手工业的规模化、流程化生产和更加细致的分工，培养了大批熟练的技术工人，他们也在不断重复的生产中发现问题并找到不少解决问题的技术方案，因而成为专利技术诞生的重要源泉。商业冒险资本与贸易特许实践的结合，直接促进了英国造船业和交通运输业的技术革新，并为棉纺业、采矿业等行业的技术进步带来了更多的国外资源。为推广应用新发明和建立新产业，英国行业和地方利益集团的代表们纷纷游说议会进行相关的立法。私有财产权制度、契约制度、信贷制度等市场经济法律制度的确立和完善，为专利的保护、交易和产业化推广提供了稳定的保障和配套的资金支持。以诚信为主的经济和社会道德规范体系也渐趋形成，使个人依靠发明专利致富的观念更加深入人心。格劳秀斯、霍布斯、洛克、休谟等人的自然法理论和自由主义思想很好地诠释和论证了上述经济发展、市场竞争和技术革新中的专利正当性。随着18世纪后期英国工厂制的逐渐普及，专利和科学组织资助完成的新发明的运用更加广泛和深入，纺织业、冶金业、采矿业和化学工业等支柱产业开始形成。专利制度也在实践应用中有了一定程度的自我完善，主要体现在新颖性标准的明确、对改进发明的承认、说明书要求的形成和某种结合事后司法审查的专利"异议"制度的设立等。亚当·斯密等古典经济学理论家则从劳动分工、贸易比较优势、生产资本和社会福利等不同角度说明和论述了专利在英国技术革命和工业革命中的必要性和积极意义。

英国工业革命所取得的辉煌成就令西方各国艳羡，在其背后起很大促进作用的专利制度也成为竞相模仿的对象。18世纪末，刚刚独立的美国和经历大革命的法国都制定了自己的第一部专利法。19世纪初，俄国、普鲁士、比利时、荷兰、西班牙、保加利亚、瑞典、卢森堡和葡萄牙等也都先后完成了专利立法。专利制度至少在形式意义上成为一种世界普及性的制度。

当然，专利制度的发展并非总是一帆风顺。对自由主义传统的不同理解以及英国专利制度本身运行中的问题，也在不同的历史阶段形成了一定的张力，甚至在19世纪给专利制度带来了较大的危机。早在16世纪末17世纪初，即在都铎王朝末期和斯图亚特王朝早期，《垄断法规》制定前夕，英国的经济生活就因为王室专利特权的滥发而产生了较大的混乱，从而导致了人们将专利与无正当理由的贸易垄断相等同。虽然《垄断法规》的宗旨就是要"拨乱反正"，使专利制度回到激励建立或引进新产业的宗旨上来，但上述"专利为恶的垄断"观念绵延甚久、影响极深,直到19世纪英国的司法实践中仍可见其影子。即便是那些信任专利制度、意欲妥善用之保护自己技术和积累财富的发明人,也感到自己饱受专利申请繁冗昂贵之苦,并且在产业应用、市场收益和专利权法律效力上承受着异常巨大的风险。反对者们从思想基础、经济效益和社会成本等多个方面对专利制度存在的必要性与合理性提出质疑和挑战,支持者们也积极作出回应,一场从英国延及欧洲的专利制度存废论战就此展开。荷兰、德国、西班牙、瑞士等多国的专利立法或制度运行受到这场论战的影响而出现倒退或停滞。英国自身则数次对专利制度的实施状况进行全面调查,并于1852年和1883年两次进行专利法的重要修订,希望通过改革消除专利制度的缺陷,更好地适应自由贸易主导下的经济发展。

在英国和其他国家为渡过专利制度废除危机而进行改革的同时,专利保护又在自由贸易的发展中以不同的路径开启了国际化的进程。1851年的伦敦万国博览会既是英国工业革命中技术创新成果的一次闪亮汇演,又是英国向世界展示其"日不落"帝国风采的一种自我炫耀,同时还是英国意欲证明工业文明之世界价值的一场文化推销。在这场盛宴中,参展的既有西方工业国家也有它们的殖民地,这些国家都已隐约流露出一种展现本国发明创新和特色产品的光彩身影并对之加以良好保护的意识。在既有的工业社会制度体系中,专利制度无疑是最契合这种需求的制度。到1873年维也纳世博会的时候,专利保护已经成为参展的主要工业国家的共同诉求,相关的国际谈判和协调努力也就此展开。经过十年左右的谈判磋商,世界上第一部保护工业产权的《巴黎公约》诞生了,英国1883年修订专利法以符合该公约的要求后,于1884年加入了公约。英国在融入专利国际保护体系的同时,其自身的专利制度也在帝国殖民地中生根发芽、开花结果。19世纪末,印度、塞拉利昂、澳大利亚等英属亚洲、非洲和大洋洲的殖民地国家也都在很大程度上移植了英国的专利法律制度。虽然它们没有直接统一适用英国的专利法,但是在专利立法的体例结构、基本理念和专利司法的实践模式方面都沿袭了英国法的传统。

在当代国际经济交往实践中,发达国家纷纷以"自由贸易协议"之名向发展中国家强加远超其技术水平和经济能力的专利保护标准。专利已经异化为发达国家推行新殖民主义和霸权主义的工具。无论是在国际贸易中还是在国内市场上,具有专利优势的企业就能够在事实上控制很多同业竞争者的命脉,使它们失去生产经营的自由。这种现象的出现或许在一定程度上与当代技术创新的特点相关,即新的发明设计往往都是制度性安排和集体性研究的成果,即职务发明占据了相当大的比例,专利不再是个人英雄主义的体现和自由致富的利器,而朝着联营化、集中化、标准化和垄断化的方向发展。但是,我们不能就此承认这种现实发展的完全合理性,而应当回归专利权的私权本质属性以及专利制度促进人类科技进步的根本宗旨,发挥专利制度在资源配置、生产交易和市场竞争中的正当公平引导作用。

通过对17—19世纪英国这段相关历史的考察,我们也许可以作这样一个简要总结:专利是市场经济条件下技术创新成果之上的财产权,而不是缺乏正当理由的垄断权,它的取得、应用和交易等都是自由的,我们既要对其妥善保护,又要防止它的滥用和异化。

二、英国经验对当代中国的借鉴意义

尽管所处的时代和基本的国情有较大的差异,但作为专利法律制度最先生长并取得举世瞩目成就的国家,英国在17—19世纪第一次工业革命前后的相关历史经验对当下中国专利制度的建设和实践仍然有诸多方面的启示意义。

首先,专利法以及与之配套的法律制度和公共政策体系应当给予社会整体的发明创造活动尤其是专利导向的发明创造活动以最大的自由和激励。

我们应当确保资本、生产资料和科技人才等生产要素的合法自由流动。就资本而言,我们应当鼓励以新的专利产品或方法的开发为目标的风险投资,并且允许投资者根据研发成本投入和市场供求规律进行专利产品的定价,进而从中获得合理的收益,避免因一些表面的社会不公现象敌视专利制度,例如将重大疾病患者无力承担药品高价的责任完全归咎于专利权人。就生产资料而言,在当下的数字经济和智能革命时代,我们特别需要建立权利义务明确、数据流动自由的法律制度和技术标准体系,以使围绕着数据分析和处理而开展的多元产业模式能够繁荣兴盛。就科技人才而言,除了各地方全方位的人才吸引政策以外,我们还应当注意,竞业禁止、商业秘密保护等法律制度以及大公司在本行业乃至更广的行业领域事实上所拥有的潜在话语权不应成为技术创新人才流动和专利发明不断生成的障碍。不仅如此,由于"个人英雄主义发明"和外部职业发明人已经很难占据技术创新的潮头,大部分发明都是企业内部的集体主义成果,所以建立起兼顾公平与效率的职务发明奖励和报酬制度就显得十分重要。

发明创造成果是选择专利化、技术秘密保护还是向社会公开,也应当属于发明人或企业等市场主体的行为自由,是其根据研发的目的、专利的效用和价值、所处行业的现状、整体的竞争和商业策略等进行的意思自治。换言之,专利的取得应主要基于内在的需求而非外部的因素,专利获得授权后的奖励不应成为人们从事发明活动并积极申请专利的主要动力。政府主管和宣传部门在政策引导上应当避免"为专利而专利"的形式主义做法，减少一味追求专利数量的虚假繁荣和投机主义，提高专利的整体质量。与之相适应的是，我们的专利申请和维持费用既不应太高，使潜在申请人望而却步，也不应太低，尤其是专利年费，使过多低质堆砌在那里阻碍后续创新的步伐。出于对公共自由和利益的维护，专利审查应对说明书是否充分公开了技术方案进行仔细的判断，即便是对实用新型和外观设计专利申请的形式审查也可以借助智能信息分析技术来实现这一要求。对专利申请"三性"的审查应当明确而具体，尤其是要认真考察发明技术之"积极效果"。同时，我们还可以通过对专利代理的规范和要求来更好地建立技术发明和法律权利之间的桥梁。

从更深层的角度来看，科学研究与技术发明活动在思维理念、知识体系、实验方法、组织形态、权益分享、市场推广、持续开发等方面应有在法律制度引导下建立的常态结合模式，使专利技术的创造兼具理性主义与经验主义的特点，既有规范准确、充分公开的专利文本，也有应用方便、效果良好的实践作用。我们的科技奖励制度、公共创新体系也应当与专利制度相互补充、相得益彰，而不能是相互对立、相互竞争的关系。

其次，专利技术的应用和专利权的积极行使应当有自由的法律制度和有效的实践体系加以保障，提高专利的"实施率"，避免"专利沉睡"的现象。

我们的企业法律制度应当鼓励专利技术出资在各种企业组织形态中的应用，实现技术人才之发明创造天赋与经济管理人才之商业经营天赋的优势叠加。当然，由于专利出资在价值上的不易衡量性、专利权效力的不稳定性以及专利作为企业责任财产对债权人的保障作用，我们应当健全相关的法律规范以确保市场经济活动中相关各方的利益公平。在以专利为主型的企业经营过程中，我们还应充分发挥专利质押、专利证券化等金融信贷制度对专利实施的重要支撑作用。目前，我们仅有涉及前者的粗略条文，还缺乏具体的规范体系，而后者尚未得到基本法律的确认，这都是有待补充完善的制度建构。

在直接付诸生产之外，专利实施的常见方式是转让和许可。但是中国调整专利转让和许可的法律规范仍然还主要是"技术合同"的内容，虽然不至于产生根本性的矛盾，但已经远远不能适应现实经济生活中复杂多样的专利许可需求和企业合作模式。因此，在相关法律修正的过程中设置专利许可合同的体系化任意性规范，使当事人双方能更加明确具体地拟定合同条款，减少将来的纠纷和诉讼，具有显著的必要性。

专利的良好应用与价值实现还有赖于其他一些条件和社会整体的外部

环境。例如,我们的教育体系尤其是职业教育体系必须为各类专利的实施培养出足够多的熟练技术工人,他们不仅对现有专利技术的应用能够驾轻就熟,而且应当有较强的学习并使用新发明的能力。我们还应当像18世纪的英国那样发挥产业集聚区在特定类型产品或贸易上的专利实践优势,同时更多地举办国际性、全国性的技术展览会和交易洽谈会,为直接以专利为对象的市场交易搭建广阔的平台。为了专利的市场交易和转化能够更加便捷高效,我们还需要鼓励市场主体设立各类相关中介服务机构,并设立专门的公共服务机构,从信息提供、价值评估、风险防范、商业谈判、交易撮合和纠纷解决等多方面使专利的实施没有后顾之忧。

再次,专利权的保护和限制应当在权利人的财产自由与社会公众的行为自由之间达到较为精致的平衡,既使权利人为技术发明所付出的智力劳动和其他物质成本能够获得应有的回报,也使社会公众的现有利益不受损害并能从专利权中获得新的福利。

专利司法应当避免先入为主的"亲专利"或"反专利"态度。英国历史上的专利立法是以反垄断的姿态出现的,因而造成了法官们在相当长一段时期内的"反专利"主流司法立场,使专利制度对经济发展的激励作用受到了一定程度的影响。在今天我们强调创新驱动发展的背景下,我们也要警惕过犹不及的"亲专利"司法倾向,防止市场竞争失去自由与活力。无论在专利授权确权的行政诉讼还是在专利侵权诉讼中,法官们都应当以个案事实为基础,全面解读专利审查员、技术调查官、专家辅助人、司法鉴定部门以及专家证人等的意见,对专利权的效力以及被控侵权技术与专利技术之间的比对得出正确的结论。对于法律上已经明确列举为一种类型的"改进发明",在涉诉时司法上应以确实发现其在性能、功效等方面的改良、改优为承认其专利权效力的标准,而不能被披着改进外衣的改劣发明蒙混过关。

英国衡平法院的司法经验还启示我们,鉴于专利侵权行为在细节上的隐匿性特点,我们应当妥善适用相关诉讼制度帮助权利人查明事实,及时制止侵权和防止损失扩大。这就意味着,我们对证据、财产和行为保全等诉前保全制度的适用不应过于严苛,同时还应当放宽专利权人申请法院调查令的条件。当然,为了避免恶意的保全申请行为对被告的经营自由产生不应有的妨碍,申请人在大多数情况下必须提供与潜在损害价值相当的担保。从事后救济的角度来看,专利侵权损害赔偿的数额应当足以弥补权利人的损失和高昂的诉讼成本,这其中除了直接的损失以外,因市场机会丧失而产生的间接损失也应当被考虑在内。在采用侵权人违法所得这种损害赔偿计算方法时,权利人合理的审计请求应当得到支持,尤其是在被告拒不提供相关证据的情况下,审计费用应主要由被告承担。

专利权作为一种以无形技术控制有形生产的垄断性权利,必须对社会整体的自由与福利有所增进而不是相反,因而专利权人事实上负有一些法定的义务并受到一定的限制。从重商主义到工业革命时代,英国的专利制度事实上一直在贯彻"本地实施"的要求,因为只有专利技术在一国的切实应用才能真正带来科学研究、技术创新、经济发展和生活便利等具体的溢出效应。现代专利国际保护制度也都不禁止各国要求专利技术的"本地实施",中国专利法在强制许可制度中同样规定了不实施或不充分实施的强制许可情形,关键是我们要主动运用好这种制度,发挥其应有的社会效果。除此之外,我们还应当加强预防和规制专利权滥用的法律制度建构,禁止基于专利的垄断行为,恶意的专利侵权诉讼威胁等,并恰当处理专利权排他效力与先用权抗辩、科学研究自由等之间的关系。

最后,专利制度功能和价值的实现离不开与之相关的法律文化培育及社会环境塑造。在这方面,纯粹的理论研究者固然能够以"外部观察者"的身份对专利制度进行历史、立法、解释、效果评价研究等,从而为专利制度的运行和变革提供理论建议,但影响专利制度各类直接或间接"内在实践者"的文化活动可能更为重要。例如,达到一定层次和规模、具有较大影响力的专利奖和发明奖的评选,能够使参与者在追求荣誉的同时进一步认可专利制度的价值。各类技术、产业和区域专利协会的建立也有利于以专利为中心的协同创新、许可实施和规范自律。专利立法的公开征求意见、专利申请在早期公开阶段的畅通异议机制和典型专利案件的公开庭审直播等则可以在专利法治运行的各个阶段为社会公众提供接触和发表意见的机会。各类专利法普及报刊、网络宣传媒介和主题宣传活动则可以拉近专利制度与普通公众的距离,使大家更加了解专利制度的基本内容。上述专利法律文化培育的具体方式大多已经在中国得到推行,但其实施方式、规模、频率和效果等还有较大的提升空间。

参 考 文 献

1. E. E. 里奇、C. H. 威尔逊:《剑桥欧洲经济史(第四卷):16、17世纪不断扩张的欧洲经济》,张锦冬等译,经济科学出版社2002年版。
2. E. E. 里奇、C. H. 威尔逊:《剑桥欧洲经济史(第五卷):近代早期的欧洲经济组织》,高德步等译,经济科学出版社2002年版。
3. M. M. 波斯坦、D. C. 科尔曼、彼得·马赛厄斯主编:《剑桥欧洲经济史(第二卷):中世纪的贸易和工业》,王春法主译,经济科学出版社2004年版。
4. M. M. 波斯坦、E. E. 米奇、爱德华·米勒主编:《剑桥欧洲经济史(第三卷):中世纪的经济组织和经济政策》,周荣国、张金秀译,杨伟国校订,经济科学出版社2002年版。
5. [美]阿塔克、帕塞尔:《新美国经济史:从殖民地时期到1940年(上)》,罗涛等译,中国社会科学出版社2000年版。
6. 艾克文:《霍布斯政治哲学中的自由主义》,武汉大学出版社2010年版。
7. [英]艾伦·麦克法兰:《英国个人主义的起源》,管可秾译,商务印书馆2008年版。
8. [美]爱德华·格兰特:《中世纪的物理科学思想》,郝刘祥译,复旦大学出版社2000年版。
9. [法]保尔·芒图:《十八世纪产业革命》,杨人楩、陈希秦、吴绪译,商务印书馆1983年版。
10. [英]贝尔纳:《历史上的科学》,伍况甫等译,科学出版社1959年版。
11. [英]边沁:《道德与立法原理导论》,时殷弘译,商务印书馆2000年版。
12. [英]边沁:《政府片论》,沈叔平等译,商务印书馆1997年版。
13. 卜音英:《〈自由大宪章〉的文本分析》,《黑龙江省政法管理干部学院学报》2015年第2期。
14. 查尔斯·辛格等主编:《技术史(第Ⅳ卷):工业革命》,辛元欧译,上海科技教育出版社2004年版。
15. 柴彬:《英国近代早期的物价问题与国家管制》,《世界历史》2009年第1期。
16. 陈传金:《英国议会制述论》,《历史教学》1988年第5期。
17. 陈光:《略论近代科学的制度化过程》,《自然辩证法研究》1987年第4期。

18. 陈曦文、王乃耀：《英国社会转型时期经济发展研究（16世纪至18世纪中叶）》，首都师范大学出版社2002年版。

19. 陈晓律：《关于英国式民主的若干思考》，《南京大学学报（哲学·人文科学·社会科学）》2002年第3期。

20. 陈雄章：《论英属北美十三殖民地的经济交往》，《广西师范大学学报（哲学社会科学版）》1999年第1期。

21. 陈玥：《1272—1377年：意大利商人在英国经济活动的研究》，山东大学2013年博士学位论文。

22. 陈祖洲：《斯图亚特王朝早期议会与王权的斗争》，《史学月刊》2000年第6期。

23. 陈祖洲：《走向自由之路——英国自由主义发展史研究》，南京大学出版社2012年版。

24. 程广中：《德国工业革命的前提和特点》，《求是学刊》1985年第2期。

25. 程汉大：《英国司法现代化述评》，《法制现代化研究（第十二卷）》2009年刊。

26. 初明强：《英国历史上的重商主义及其社会历史作用》，《历史教学》1987年第2期。

27. ［英］大卫·李嘉图：《李嘉图著作和通信集（第二卷）》，蔡受百译，商务印书馆1979年版。

28. ［英］大卫·李嘉图：《李嘉图著作和通信集（第一卷）：政治经济学及赋税原理》，郭大力、王亚楠译，商务印书馆1981年版。

29. ［英］大卫·休谟：《人性论》，关文运译，商务印书馆1980年版。

30. ［英］大卫·休谟：《休谟经济论文选》，陈玮译，商务印书馆1984年版。

31. 戴扬、张良：《经济学中的制度分析与政治学中的制度主义》，《财经科学》2012年第1期。

32. ［美］道格拉斯·C.诺思：《经济史上的结构和变革》，厉以平译，商务印书馆1992年版。

33. ［美］道格拉斯·C.诺思：《经济史上的结构和变革》，厉以平译，商务印书馆1992年版。

34. ［美］邓肯·肯尼迪：《法律与法律思想的三次全球化：1850—2000》，高鸿钧译，《清华法治论衡》2009年第2期。

35. 邓云清：《改革的时代——19世纪英国改革综论》，《光明日报》2015年2月7日第11版。

36. 《接受自由贸易条约的发展中国家都面临困境》，管彦忠译，《国外理论动态》2008年第4期。

37. 邱文：《德国工业革命发展迅速的原因及其特征》，《历史教学》1984年第10期。

38. 董小川：《论16—17世纪的英国清教运动》，《延边大学学报（社会科学版）》1992年第2期。

39. 恩格斯：《自然辩证法》，人民出版社1971年版。

40. 范超：《区域贸易安排中的知识产权保护问题研究》，《财经问题研究》2014年第6期。

41. 范成东：《英国工业革命时期的利益集团和议会立法：从十八世纪中期到一八三二年》，东南大学出版社 1993 年版。
42. 范岱年：《美国科学技术发展历程的鸟瞰》，《自然辩证法通讯》1980 年第 5 期。
43. [法] 费尔南·布罗代尔：《15 至 18 世纪的物质文明、经济和资本主义（第三卷）》，施康强、顾良译，生活·读书·新知三联书店 2002 年版。
44. 冯俪：《创造性劳动与劳动价值论——对马克思劳动价值公式的补充》，《河南师范大学学报（哲学社会科学版）》2008 年第 5 期。
45. [英] 弗朗西斯·培根：《培根论说文集》，水天同译，商务印书馆 1983 年版。
46. 付成双：《试论美国工业化的起源》，《世界历史》2011 年第 1 期。
47. 付龙海：《英国庄园制衰落之原因探析》，《西华大学学报（哲学社会科学版）》2006 年第 2 期。
48. 高鸿钧：《英国法的域外移植——兼论普通法系形成和发展的特点》，《比较法研究》1990 年第 3 期。
49. 龚敏：《〈大宪章〉与英国初始商业社会》，《武汉大学学报（人文科学版）》2005 年第 2 期。
50. 管佩韦：《英国工业革命的开始——纺织机器的发明和应用》，《杭州大学学报》1989 年第 1 期。
51. 郭继鸿：《哈维：实验生理学之父》，《临床心理学杂志》2015 年第 2 期。
52. [英] 哈里·迪金森：《英国的自由与权利学说及其争论：从平等派到宪章派（1640—1840 年代）》，黄艳红译，《学海》2011 年第 8 期。
53. 何平：《中世纪后期欧洲科学发展及其再评价》，《史学理论研究》2010 年第 4 期。
54. 贺建立：《培根科学认识方法程序试析》，《学术界》1995 年第 3 期。
55. 洪征嗣：《论 19 世纪晚期至 20 世纪初美英两国工业增长速度悬殊的原因》，《湖南师范大学社会科学学报》1991 年第 6 期。
56. 胡传安：《西欧文艺复兴时期的科学、技术与社会》，《烟台师范学院学报（社科版）》1988 年第 4 期。
57. 胡加祥：《TPP 规则研究》，《上海对外经贸大学学报》2016 年第 4 期。
58. 胡明：《现代企业的国家工具理论——基于 16 至 17 世纪西欧特许公司的实证研究》，《中国政法大学学报》2014 年第 2 期。
59. 黄光耀：《英国农业近代化试探》，《江苏社会科学》1994 年第 1 期。
60. 黄伟合：《英国近代自由主义研究——从洛克、边沁到密尔》，北京大学出版社 2005 年版。
61. 黄绪先、张春敏：《美国专利制度的起源和发展》，《世界科学》1986 年第 9 期。
62. [英] 霍布斯：《利维坦》，黎思复、黎廷弼译，商务印书馆 1985 年版。
63. [法] 基佐：《欧洲文明史》，程洪逵等译，商务印书馆 2005 年版。
64. 姜振寰：《理性的狂欢——技术革命与技术世界的形成》，东北林业大学出版社 1996 年版。

65. [美]金德尔伯格:《世界经济霸权:1500—1990》,高祖贵译,商务印书馆2003年版。
66. 金志霖:《英国行会史》,上海社会科学院出版社1996年版。
67. 靳继东:《在权利与功利之间——近代自由主义视域中的休谟政治哲学》,吉林大学2005年博士学位论文。
68. 卡尔·马克思:《资本论(第一卷)》,人民出版社2004年版。
69. 恺蒂:《〈大宪章〉:强迫出来的自由基石》,《东方早报》2015年5月10日第003版。
70. 康波:《18世纪的英法贸易竞争与1786年英法贸易协定——重商主义的演进与嬗变》,《学术交流》2009年第8期。
71. 康添雄:《私权逻辑的否认:专利法史的公共政策线索》,《河北科技大学学报(社会科学版)》2011年第4期。
72. 克里斯·弗里曼、弗朗西斯科·卢桑:《光阴似箭:从工业革命到信息革命》,沈宏亮译,中国人民大学出版社2007年版。
73. 黎宏:《英国〈大宪章〉:神话与历史事实》,《人民法院报》2002年9月16日版。
74. 李伯聪、李军:《亚当·斯密的哲学、伦理学和经济政策思想》,《自然辩证法通讯》1997年第5期。
75. 李朝晖:《宗教与科学教育——英国的清教和中国的儒教》,《教育研究与实验》2003年第2期。
76. 李建珊、刘树君:《中世纪欧洲科学技术浅析——也谈中世纪是近代的摇篮》,《天津大学学报(社会科学版)》2009年第1期。
77. 李剑鸣:《英国的殖民地政策与北美独立运动的兴起》,《历史研究》2002年第1期。
78. 李顺德:《自由贸易协定(FTA)与知识产权国际环境》,《知识产权》2013年第10期。
79. 李思孟、宋子良:《科学技术史》,华中科技大学出版社2000年版。
80. 李新宽:《英国重商主义思想的分期问题》,《武汉大学学报(人文科学版)》2008年第6期。
81. 李邢西:《世界中世纪经济史》,中国国际广播出版社1996年版。
82. 李宗辉:《历史视野下的知识产权制度》,知识产权出版社2015年版。
83. 梁发芾:《〈大宪章〉:奠定"无赞同不纳税"原则》,《中国经营报》2015年6月22日第E05版。
84. 刘壁君、顾盈颖:《〈自由大宪章〉:影响历史八百年》,《检察风云》2015年第4期。
85. 刘金源:《论近代英国工厂制的兴起》,《探索与争鸣》2014年第1期。
86. 刘景华:《文艺复兴时代科技与社会的互动——兼谈"李约瑟难题"》,《经济社会史评论》第四辑,2011年刊。
87. 刘景华:《乡村工业发展:英国资本主义成长的主要道路》,《历史研究》1993年第6期。
88. 刘景华、张耀功:《欧洲文艺复兴史·科学技术卷》,人民出版社2008年版。
89. 刘黎:《黑死病与中世纪英国经济转型》,《长春大学学报》2013年第1期。
90. 刘丽锋:《中世纪晚期西欧的实验科学思想》,《前沿》2008年第4期。

91. 刘伟、刘鹏：《试论〈自由大宪章〉对国民权利的构建》,《经济研究导刊》2010 年第 35 期。
92. 刘显娅：《英国治安法官研究——以 17—19 世纪英国治安法官的嬗变为线索》,华东政法大学 2008 年博士学位论文。
93. 刘新成：《都铎王朝的经济立法与英国近代议会民主制的起源》,《历史研究》1995 年第 2 期。
94. 刘银良：《论法律移植的可行性及其人性基础：专利制度的视角》,《法学杂志》2014 年第 9 期。
95. 刘则渊、王海山：《近代世界哲学高潮和科学中心关系的历史考察》,《科研管理》1981 年第 1 期。
96. 陆伟芳、余大庆：《19 世纪英国城市政府改革与民主化进程》,《史学月刊》2003 年第 6 期。
97. [法]吕西安·若姆：《1789 年人权宣言的理论困境与法律适用》,马贺译,《华东政法大学学报》2012 年第 1 期。
98. [美]罗伯特·金·默顿：《十七世纪英格兰的科学、技术与社会》,范岱年等译,商务印书馆 2000 年版。
99. 罗斯·莱文：《法律、资源禀赋与产权》,孙守纪译,《制度经济学研究》2007 年第 1 期。
100. 罗松山、赵荣祥：《英国工业革命的制度基础、法制环境与启示》,《山东师范大学学报（人文社会科学版）》2002 年第 1 期。
101. 罗玉中：《科技法学》,华中科技大学出版社 2005 年版。
102. [英]洛克：《政府论（下篇）》,叶启芳、瞿菊农译,商务印书馆 1964 年版。
103. 马耀扬：《不可动摇的信念——介绍法国专利法诞生 200 周年的庆典活动及法国专利法的发展》,《知识产权》1991 年第 4 期。
104. 马颖：《19 世纪德国经济实现跨越式发展的发展经济学解释》,《世界近现代史研究（第四辑）》。
105. 梅俊杰：《自由贸易的神话——英美富强之道考辩》,上海三联书店 2008 年版。
106. [英]梅特兰：《欧陆法律史概览：事件,渊源,人物及运动》,屈文生等译,上海人民出版社 2008 年版。
107. 孟捷：《产品创新：一个马克思主义经济学的解释》,《当代经济研究》2001 年第 3 期。
108. [法]米歇尔·波德：《资本主义的历史：从 1500 年至 2010 年》,郑方磊、任轶译,上海辞书出版社 2011 年版。
109. [英]密尔：《论自由》,许宝骙译,商务印书馆 1998 年版。
110. [英]密尔顿：《论出版自由》,吴之椿译,商务印书馆 1989 年版。
111. 牛笑风：《自由主义的英国源流——自由的制度空间和文化氛围》,吉林大学出版社 2008 年版。
112. 裴辛超：《对中世纪英国"劳作的人"的探究》,《世界农业》2015 年第 4 期。

113. [瑞士]彭瑞宁:《瑞士国家法律的统一》,包中译,[瑞士]孔安得校,《清华法治论衡》2012年第1期。

114. 钱乘旦:《第一个工业化社会》,四川人民出版社1988年版。

115. 乔兆红:《世界博览会:从帝国角逐到和平友爱之竞争》,《世界经济与政治》2007年第5期。

116. [美]乔治·巴萨拉:《技术发展简史》,周光发译,复旦大学出版社2000年版。

117. [日]青木昌彦:《什么是制度?我们如何理解制度?》,周黎安、王珊珊译,《经济社会体制比较》2000年第6期。

118. 屈湮、屈玉祥:《美国经济发展与早期资产阶级民主制度》,《西北大学学报》1987年第3期。

119. [埃及]萨米尔·阿明:《不平等的发展——论外围资本主义的社会形态》,高铦译,商务印书馆2000年版。

120. 沈汉、刘新成:《英国议会政治史》,南京大学出版社1991年版。

121. 史仲文、胡晓林主编:《新编世界经济史(下)》,中国国际广播出版社1996年版。

122. 舒小昀:《分化与整合:1688—1783年英国社会结构分析》,南京大学出版社2003年版。

123. 舒小昀:《市场与英国社会转型》,《河北大学学报(哲学社会科学版)》2004年第2期。

124. [英]斯蒂芬·F.梅森:《自然科学史》,上海外国自然科学哲学编译组译,上海人民出版社1977年版。

125. 眭纪刚:《技术与制度的协同演化:理论与案例研究》,《科学学研究》2013年第7期。

126. 眭纪刚、苏竣:《技术的演化和演化的技术政策》,《科学学研究》2009年第12期。

127. 孙海鹏:《论近代早期英国集中制手工工场的发展》,《贵州社会科学》2016年第4期。

128. 孙燕:《近代早期英属北美殖民地海外贸易发展初探》,《武汉大学学报(人文科学版)》2006年第5期。

129. [美]汤普逊:《中世纪经济社会史(300—1300)(下册)》,耿淡如译,商务印书馆1984年版。

130. 陶慧芬:《欧美工业革命中科学技术的引进和利用》,《世界历史》1994年第5期。

131. 陶培培:《十六、十七世纪之交的西方磁现象探索之研究》,上海交通大学2014年博士学位论文。

132. [美]托比·胡弗:《近代科学为什么诞生在西方(第二版)》,周程、于霞译,北京大学出版社2010年版。

133. [英]托马斯·孟:《英国得自对外贸易的财富》,商务印书馆1981年版。

134. 王昌林等:《大国崛起与科技创新——英国、德国、美国和日本的经验与启示》,《全球化》2015年第9期。

135. 王春良、王钢：《论第二次科学技术革命》，《山东师大学报（社会科学版）》1987 年第 5 期。

136. 王广震：《美国专利法的演变——从宽松到限制》，《西安电子科技大学学报（社会科学版）》2014 年第 4 期。

137. 王国聘：《罗吉尔·培根的科学伦理思想探析》，《科学技术与辩证法》1995 年第 5 期。

138. 王浩强：《工业革命的盛宴——1851 年伦敦万国博览会》，《科学文化评论》2009 年第 3 期。

139. 王觉非：《近代英国史》，南京大学出版社 1997 年版。

140. 王可园、齐可平：《政治赋权与政治一体化：1832 年英国选举权扩大的政治分析》，《华东师范大学学报（哲学社会科学版）》2015 年第 2 期。

141. 王铭：《论早期北美殖民地的架构及社会形态》，《社会科学辑刊》2003 年第 2 期。

142. 王秋华：《论"一国两制"下香港知识产权制度的特点》，《法学家》2000 年第 4 期。

143. 王铁雄：《格劳秀斯的自然财产权理论》，《河北法学》2015 年第 5 期。

144. 王文丰：《工业革命时期的英国对外贸易与贸易政策》，《辽宁师范大学学报（社会科学版）》2009 年第 3 期。

145. 王先林：《从个体权利、竞争工具到国家战略——关于知识产权的三维视角》，《上海交通大学学报（哲学社会科学版）》2008 年第 4 期。

146. 王晓德：《新教伦理与英属北美殖民地商业精神的形成——兼论文化对经济发展的影响》，《社会科学战线》2003 年第 6 期。

147. 王煊：《约翰·密尔行政哲学思想的理论考察与当代反思》，吉林大学 2015 年博士学位论文。

148. 王扬：《第二次科技革命的内容、特点及意义》，《学习月刊》1998 年第 3 期。

149. 王耀德：《对近代科学革命以前的科技关系的考察》，《自然辩证法通讯》2005 年第 11 期。

150. 王银星：《海权、霸权与英帝国（1688—1815）》，《湖南科技大学学报（社会科学版）》2006 年第 4 期。

151. 王莹、李荣健：《美国的"拿来主义"与早期工业革命》，《武汉大学学报（人文科学版）》2007 年版。

152. 王媛娟：《观念层面的文化对科学及其形态的影响》，《自然辩证法研究》2007 年第 7 期。

153. 魏建国：《自由与法治——近代英国市民社会形成的历史透视》，中央编译出版社 2005 年版。

154. 魏磊杰：《全球化时代的法律帝国主义与"法治"话语霸权》，《环球法律评论》2013 年第 5 期。

155. 文成伟、刘则渊：《欧洲中世纪技术的形而上学反思》，《自然辩证法研究》2004 年第 4 期。

156. 文成伟、刘则渊：《文艺复兴时期乐观主义的技术哲学思想》，《自然辩证法研究》2004年第10期。
157. 吴铁稳：《亨利·菲尔丁与18世纪英国治安改革》，《学海》2015年第4期。
158. 冼季夏、温凤仙："矛盾的时代"与"矛盾凸显时期"的社会道德——18世纪的英国和市场经济的中国比较》，《广西社会科学》2014年第1期。
159. 向荣：《移风易俗与英国资本主义的兴起》，《武汉大学学报（人文社会科学版）》2000年第3期。
160. 肖先明：《中世纪至近代早期英国贵族社会地位的变化及其文学形象的嬗变研究》，华中师范大学2014年博士学位论文。
161. 谢丰斋：《13世纪英国庄园农业"商品化"刍论》，《世界历史》2008年第5期。
162. 谢天冰：《英国经济近代化的农业前提》，《福建师范大学学报（哲学社会科学版）》1992年第1期。
163. 辛彦怀：《英国高等教育在其科学活动中心形成中的作用与影响》，《河北大学学报（哲学社会科学版）》2005年第2期。
164. 星辰：《印度现行专利制度简介》，《全球科技瞭望》1995年第1期。
165. 邢来顺：《德意志帝国时期科技发展特点及其成因》，《史学集刊》2003年第1期。
166. 邢亚珍：《大学的科层化与知识分子角色的转化》，《现代大学教育》2007年第5期。
167. 徐兵：《欧洲中世纪大学的科学研究与科学教育》，《高等教育研究》1996年第6期。
168. 徐继宁：《英国传统大学与工业关系发展研究》，苏州大学2011年博士学位论文。
169. 徐煜：《斯图亚特王朝早期的宪政斗争》，《武汉大学学报（人文科学版）》2009年第3期。
170. ［英］亚·沃尔夫：《十八世纪科学、技术和哲学史（上册）》，周昌忠等译，商务印书馆1991年版。
171. ［英］亚·沃尔夫：《十八世纪科学、技术和哲学史（下册）》，周昌忠等译，商务印书馆1991年版。
172. ［英］亚当·斯密：《国民财富的性质和原因的研究（上卷）》，郭大力、王亚楠译，商务印书馆1983年版。
173. 颜崇立：《美国专利制度二百年》，《中外科技信息》1990年第4期。
174. 阳魁兴：《近代英国经济区形成的历史考察》，《重庆社会科学》1998年第5期。
175. 杨杰：《英国农业革命与农业生产技术的变革》，《世界历史》1996年第5期。
176. 杨杰民：《从发现中"找"发明》，《发明与创新（综合科技）》2011年第4期。
177. 杨利华：《英国垄断法与现代专利法的关系探析》，《知识产权》2010年第4期。
178. 杨美艳：《16世纪后期英国的外贸公司及其历史作用》，《史学月刊》2000年第2期。
179. 杨豫：《技术发明的转型是英国工业革命的触发机制》，《世界历史》1996年第4期。
180. 姚爱爱：《试论14、15世纪英国城市中手工业行会的变化和作用》，《齐齐哈尔大学学报（哲学社会科学版）》2002年第1期。
181. 姚远：《近代早期英国知识生产方式的变革》，《经济社会史评论》第六辑，2013年刊。

182. 叶秋华：《论美国法对英国法的继承》，《法律学习与研究》1988年第4期。

183. ［美］伊曼纽尔·沃勒斯坦：《现代世界体系（第二卷）》，庞卓恒等译，高等教育出版社1998年版。

184. 易继明：《评财产权劳动学说》，《法学研究》2000年第3期。

185. 尹建龙、陈晓律：《"斯迈尔斯神话"：19世纪英国社会对工业家起源的认识》，《史学月刊》2007年第10期。

186. 于明：《法庭、司法与地方治理——中世纪英格兰地方司法史的法社会学解读》，《法学家》2013年第3期。

187. 于文杰、陆一歌：《〈大宪章〉与英国文明的研究方法——与英国历史学家对话》，《欧洲研究》2015年第3期。

188. ［美］约翰·R. 康芒斯：《资本主义的法律基础》，寿勉成译，方廷钰校，商务印书馆2003年版。

189. ［英］约翰·阿克顿：《自由史论》，胡传胜等译，译林出版社2012年版。

190. ［英］约翰·贝克爵士：《英国法律史中的法治》，孙晓明译，《经济社会史评论》2015年第1期。

191. ［英］约翰·雷·麦克库洛赫：《政治经济学原理》，郭家麟译，商务印书馆1983年版。

192. ［英］约翰·穆勒：《功利主义》，徐大建译，上海人民出版社2008年版。

193. ［英］约翰·穆勒：《政治经济学原理》，赵荣潜、桑炳彦、朱泱、胡企林译，商务印书馆1991年版。

194. ［美］约瑟夫·熊彼特：《经济分析史（第一卷）》，朱泱等译，商务印书馆1991年版。

195. 占茂华：《自然法观念的变迁》，法律出版社2010年版。

196. 张本英：《自由帝国的建立——1815—1870年英帝国研究》，安徽大学出版社2009年版。

197. 张国臣：《论文艺复兴时期人文主义与科学精神的塑造》，《河南科技大学学报（社会科学版）》2006年第6期。

198. 张黎夫：《工业研究实验室对企业的贡献》，《广西社会科学》2004年第10期。

199. 张明龙、张琼妮：《美国专利制度演变的纵向考察》，《西北工业大学学报（哲学社会科学版）》2010年第4期。

200. 张屏：《人文主义与文艺复兴》，《徐州师范大学学报》1998年第4期。

201. 张万合：《蒸汽机打出的天下——英国工业革命》，长春出版社1995年版。

202. 张卫良：《现代工业的起源——英国原工业化与工业化》，光明日报出版社2009年版。

203. 张夏准、郝正非：《撤掉经济发展的梯子：知识产权保护的历史教训》，《国际经济评论》2002年第6期。

204. 张亚东：《18世纪英第一帝国的贸易与经济成功》，《湘潭大学学报（哲学社会科学版）》2004年第2期。

205. 张韵君：《基于专利战略的企业技术创新研究》，武汉大学 2009 年博士学位论文。
206. 赵红：《英国的大学与社会(1560—1650)》，东北师范大学 2011 年博士学位论文。
207. 赵立行：《西欧中世纪市集和新型商业意识的形成》，《世界历史》1996 年第 2 期。
208. 赵文洪：《论英国行会的衰落》，《世界历史》1997 年第 4。
209. 仲新亮：《英国专利制度催生工业革命》，《发明与创新(综合版)》2006 年第 7 期。
210. 周春生：《论文艺复兴时期的人文主义个体精神》，《学海》2008 年第 1 期。
211. 周广远：《经济结构与英国封建主义向资本主义过渡的关系》，《世界历史》1982 年第 1 期。
212. 周建国：《近代归纳逻辑的第一个形态——论培根的科学归纳法》，《上海大学学报(社科版)》1993 年第 4 期。
213. 周一良、吴于廑：《世界通史资料选辑·近代部分(上册)》，商务印书馆 1983 年版。
214. 周友光：《"第二次工业革命"浅论》，《武汉大学学报(社会科学版)》1985 年第 5 期。
215. 朱萌：《财政权的转移对英国民主发展的影响——13 至 16 世纪英国财政史分析》，《东北师大学报(哲学社会科学版)》2014 年第 4 期。
216. 朱伟东：《试论重商主义对英属北美殖民地经济的奠基意义》，《唐都学刊》2011 年第 4 期。
217. 朱伟忠：《伦敦皇家学会史略》，《科学》1988 年第 2 期。
218. 朱孝远：《在自由与秩序之间——保守主义在英国政治运作中的制衡作用》，《人民论坛·学术前沿》2014 年第 3 期。
219. 邹琳：《英国专利制度发展史研究》，湘潭大学 2014 年博士学位论文。
220. Akcomak, Semih & Paul Stoneman, "How Novel Is Social Capital: Three Cases from the British History That Reflect Social Capital", *UNU – MERIT Working Papers*, ISSN: 1871‐9872, 2010.
221. Andrae, Bernardita Escobar, "The Doctrine and the Making of an Early Patent System in the Developing World: the Chilean Case 1840s–1910s", *Facultad de Economía y Empresa*, Universidad Diego Portales, Working Paper, 2014.
222. Ashton, T. S., "Some Statistics of the Industrial Revolution in Britain", *Manchester School*, Vol.16, No.2, 1948.
223. Bently, Lionel, "The 'Extraordinary Multiplicity' of Intellectual Property Laws in the British Colonies in the Nineteenth Century", *Theoretical Inquiries in Law*, Vol.11, No.1, 2011.
224. Bessen, James & Michael J. Meurer, "Of Patents and Property", *Regulation*, winter, 2008–2009.
225. Bottomley, Sean, *The British Patent System during the Industrial Revolution, 1700–1852: From Privilege to Property*, Cambridge University Press, 2014.
226. Bottomley, Sean, "Did the British Patent System Retard the Industrial Revolution?", *Criterion Journal on Innovation*, Vol.1, 2016.

227. Bottomley, Sean, "Patent Cases in the Court of Chancery, 1714–1758", *Journal of Legal History*, Vol.35, No.1.
228. Bottomley, Sean, "Patenting in England, Scotland and Ireland during the Industrial Revolution, 1700–1852", *Institute for Advanced Study in Toulouse*, Working Paper No.14–07.
229. Bracha, Oren, "The Commodification of Patents 1600–1836: How Patents Became Rights and Why We Should Care", *Loyola of Los Angeles Law Review*, Vol.38, 2004.
230. Brennan, David J., "The Evolution of the English Patent Claims as Property Definers", *Intellectual Property Quarterly*, Vol.5, 2005.
231. Burrell, Robert and Catherine Kelly, "Parliamentary Rewards and the Evolution of the Patent System", *Cambridge Law Journal*, Vol.74, No.3, 2015.
232. Calabresi, Steven G. & Larissa Price, "Monopolies and the Constitution: A History of Capitalism", *Northwestern University School of Law Scholarly Commons*, 2012.
233. Coleman, D. C., "The Economy of England, 1450–1750", *Oxford University Press*, 1977.
234. Corre, Jacob I., "The Argument, Decision, and Reports of Darcy v. Allen", *Emory Law Journal*, fall, 1996.
235. Davies, D. Seaborne, "The Early History of the Patent Specification", *The Law Quarterly Review*, April, 1934.
236. Dean, Owen H, "A Unified Intellectual Property Law for Southern Africa", *Juta's Business Law*, Vol.2, 1994.
237. Dent, Chris, "Patent Policy in Early Modern England: Jobs, Trade and Regulation", *Intellectual Property Research Institute of Australia Working Paper* No.06.07, July, 2007, ISSN1447–2317.
238. Dent, Chris, "'Generally Inconvenient': The 1624 Statute of Monopolies as Political Compromise", *Melbourne University Law Review*, Vol.33, 2009.
239. Drahos, Peter, *A Philosophy of Intellectual Property*, Dartmouth Publishing Company Limited, 1996.
240. Dutton, Harold Irvin, *The Patent System and Inventive Activity during the Industrial Revolution, 1750–1852*, Doctoral Thesis, University of London, 1981.
241. Feather, John, *Publishing, Piracy and Politics: a Historical Study of Copyright in Britain*, Mansell Publishing Limited, 1994.
242. Federico, P. J, "Origin and Early History of Patents", *Journal of The Patent Office Society*, Vol.11, July, 1929.
243. Fox, Harold G., *Monopolies and Patents: A Study of the History and Future of the Patent Monopoly*, University of Toronto Press, 1947.

244. Gehr, George von, "A Survey of the Principal National Patent Systems from the Historical and Comparative Points of View(Part II)", *John Marshall Law Quarterly*, 1935–1936.
245. Gragnolati, Ugo M. & Alessandro Nuvolari, "The Geography of Inventive Activities during the British Industrial Revolution, 1620–1850", 11th European Historical Economics Society Conference, Aug 2015, Pisa, Italy.
246. Greasley, D. & L. Oxley, "Patenting, Intellectual Property Rights and Sectoral Outputs in Industrial Revolution Britain, 1780–1851", *Journal of Econometrics*, Vol. 139, 2007.
247. Grossberg, Michael & Christopher Tomlins ed., "The Cambridge History of Law in America", Vol. I, 2008.
248. Grotius, Hugo, *The Right of War and Peace*, Book II, Liberty Fund Inc, 2005.
249. Gubby, Helen Mary, *Developing a Legal Paradigm for Patents: the Attitude of Judges to Patents during the Early Phase of the Industrial Revolution in England (1750s–1830s)*, Erasmus University Rotterdam, 2011.
250. Hewish, J., "Rex vs. Arkwright, 1785: A Judgment for Patents as Information", *World Patent Information*, Vol. 8, No. 1, 1986.
251. Hewish, John, "From Cromford to Chancery Lane: New Light on the Arkwright Patent Trials", *Technology and Culture*, Vol. 28, No. 1, 1987.
252. Hilaire-Pérez, Liliane, "Invention and the State in the 18th Century France", *Technology and Culture*, Vol. 32, No. 4, 1991.
253. Hulme, "On the History of Patent Law in the Seventeenth and Eighteenth Centuries", *The Law Quarterly Review*, July, 1902.
254. Hulme, "Privy Council Law and the Practice of Letters Patent from the Restoration to 1794", *The Law Quarterly Review*, Vol. 33, January, 1917.
255. Hulme, "The History of the Patent System under the Prerogative and at Common Law", *Law Quarterly Review*, Vol. 12, 1896.
256. Hulme, "On the Consideration of the Patent Grant Past and Present", *The Law Quarterly Review*, Vol. 13, 1897.
257. Janis, Mark D., "Patent Abolitionism", *Berkeley Technology Law Journal*, Vol. 17, No. 2, 2002.
258. Khan, B. Zorina, "Intellectual Property and Economic Development: Lessons from American and European History, Commission on Intellectual Property Rights", *National Bureau of Economic Research of the USA*, Study Paper 1a, 2002.
259. Klitzike, Ramon A., "Historical Background of the English Patent Law", *Journal of the Patent Office*, Vol. 41, No. 9, 1959.
260. Landau, Norma, *Law, Crime and English Society, 1660–1830*, Cambridge

University Press, 2004.
261. Lang, Markus, "The Anti-Patent Movement Revisited: Institutional Change and Cognitive Frames in Nineteenth-Century", Paper presented at the 3rd Free Culture Research Conference, Berlin, 2010.
262. Lund, Henry, *A Treatise on the Substantial Law relating to Letters Patents for Inventions*, London: S. Sweet, 1, Chancery Lane, 1851.
263. Machlup, Fritz & Edith Penrose, "The Patent Controversy in the Nineteenth Century", *The Journal of Economic History*, Vol.X, No.1, May, 1950.
264. MacLeod, Christine & Alessandro Nuvolari, "Inventive Activities, Patents and Early Industrial Revolution: A Synthesis of Research Issues", *DRUID Working Paper* No.06-28.
265. MacLeod, Christine & Alessandro Nuvolari, "Patents and Industrialization: An Historical Overview of the British Case, 1624-1907", *LEM Working Paper Series*, No.2010/04.
266. MacLeod, Christine, *Inventing the Industrial Revolution: The English Patent System, 1660-1800*, Cambridge University Press, 1988.
267. MacLeod, Christine, Jennifer Tann, James Andrew & Jeremy Stein, "Evaluating Inventive Activity: The Cost of Nineteenth Century UK Patents and the Fallibility of Renewal Data", *The Economic History Review*, Vol.56, No.3, 2003.
268. MacLeod, Christine, "Patents for Invention: Setting the Stage for the British Industrial Revolution?" *EMPIRIA: Revista de Metodología de Ciencias Sociais*, No.18, ISSN: 1139-5737, 2009.
269. MacLeod, Christine, "Strategies for Innovation: The Diffusion of New Technology in Nineteenth-Century British Industry", *The Economic History Review*, New Series, Vol.45, No.2, 1992.
270. Meisenzahl, Ralf R. & Joel Mokyr, "The Rate and Direction of Invention in the British Industrial Revolution: Incentive and Institutions", *National Bureau of Economic Research Working Paper* No.w16993, April, 2011.
271. Menell, Peter, S., Bouckaert, B. & de Geest, G., *Encyclopedia of Law and Economics*, Edward Elgar Publishing, 2000.
272. Merges, Robert P. & Jane C. Ginsburg, ed., *Foundations of Intellectual Property*, Foundation Press, 2004, p.35.
273. Merges, Robert P., *Justifying Intellectual Property*, Harvard University Press, 2011.
274. Merton, Robert K., "Properties in Scientific Discovery: A Chapter in the Sociology of Science", *American Sociological Review*, Vol.22, No.6, 1957.
275. Mokyr, Joel, "Intellectual Property Rights, the Industrial Revolution and the

Beginnings of the Modern Economic Growth", *American Economic Review: Papers & Proceedings*, Vol. 99, No. 2, 2009.

276. Mokyr, Joel, "The Institutional Origins of the Industrial Revolution", in Elhanan Helpman, ed., Institutions and Economic Performance, Harvard University Press, 2008.

277. Morris, Andrew P. & Craig Allen Nard, "Institutional Choices & Interests Groups in the Development of American Patent Law: 1790–1870", *Illinois Law and Economics Research Papers Series Research Paper* No. LE07-007, 2008.

278. Mossoff, Adam, "Rethinking the Development of Patents: An Intellectual History, 1550–1800", *Hastings Law Journal*, Vol. 52, August, 2001.

279. Muldrew, Craig, "Trust, Capitalism and Contract in English Economic History: 1500–1750", *Social Science in China*, Vol. 36, No. 1, 2015.

280. Nachbar, Thomas B., "Monopoly, Mercantilism and the Politic of Regulation", *Virginia Law Review*, vol. 91, 2005.

281. Nard, Craig Allen, "Legal Forms and the Common Law of Patents", *Boston University Law Review*, Vol. 90, 2010.

282. Nuvolari, Alessandro & Valentina Tartari, "Bennet Woodcroft and the Value of English Patents, 1617–1841", *Explorations in Economic History*, Vol. 48, 2011.

283. Ochoa, Tyler T. & Mark Rose, "The Anti-Monopoly Origins of the Patent and Copyright Clause", *Journal of the Patent & Trademark Office*, Vol. 84, 2002.

284. Pertel, David & J. Patricio Saiz, "Patent Agents in the European Periphery: Spain (1826–1902)", *History of Technology*, Vol. 31, 2012.

285. Pesciarelli, Enzo, "On Adam Smith's Lectures on Jurisprudence", *Scottish Journal of Political Economy*, Vol. 33, No. 1, 1986.

286. Pietro Redondi:《17世纪的科学革命：新的透视》，范华译，《科学对社会的影响》1991年第4期。

287. Prager, Frank D., "A History of Intellectual Property (from 1545 to 1787)", *Journal of The Patent Office Society*, Vol. XXVI, No. 11, November, 1944.

288. Price, William Hyde, *The English Patents of Monopoly*, Harvard University Press, 1906.

289. Ritter, Dominique S., "Switzerland's Patent Law History", *Fordham Intellectual Property Media & Entertainment Law Journal*, Vol. 14, 2004.

290. Robinson, Eric, "James Watt and the Law of Patents", *Technology and Culture*, Vol. 13, No. 2, 1972.

291. Rogers, J. E. T, "On the Rationale and Working of the Patent Laws", *Journal of the Statistical Society of London*, Vol. 26, No 2, June, 1863.

292. Saiz, J. Patricio, "The Spanish Patent System (1770–1907)", *History of*

Technology, Vol. 24, 2002.
293. Saiz, J. Patricio, "Why Did Corporations Patent in Spain? Some Historical Inquiries", *Universidad Autonoma, De Madrid, Working Paper* 02/2010.
294. Saiz, J. Patricio, "Patents, International Technology Transfer and Industrial Dependence in 19th Century Spain", *Universidad Autonoma, De Madrid, Working Paper* 01/2003.
295. Sekelmann, Margrit, "The Indebtedness to the Inventive Genius: Global Exhibitions and the Development of an International Patent Protection", in Volker Barth (ed.), *Identity and Universality*, Paris, 2002.
296. Sell, Susan, "Intellectual Property and Public Policy in Historical Perspective: Contestation and Settlement", *Loyola of Los Angeles Law Review*, Vol. 38, No. 1, 2004.
297. Sherman, Brad & Lionel Bently, *The Making of Modern Intellectual Property Law: The British Experience, 1760–1911*, Cambridge University Press, 1999.
298. Smit, Dirk van Zijl, *The Social Creation of a Legal Reality: A Study of the Emergence and Acceptance of the British Patent System as a Legal Instrument for the Control of New Technology*, Doctoral Thesis, University of Edinburgh, 1980.
299. Smit, Dirk van Zijl, *The Social Creation of a Legal Reality: A Study of the Emergence and Acceptance of the British Patent System as a Legal Instrument for the Control of New Technology*, Doctoral Thesis, University of Edinburgh, 1980.
300. Spear, Brian, "James Watt: The Steam Engine and the Commercialization of Patents", *World Patent Information*, Vol. 30, 2008.
301. Stapleton, Jaime, *Art, Intellectual Property and Knowledge Economy (AIPKE), Goldsmiths College*, Doctoral Thesis, University of London, Chapter 2, 2002.
302. Sullivan, Richard J., "The Revolution of Ideas: Widespread Patenting and Invention during the English Industrial Revolution", *The Journal of Economic History*, Vol. 50, No. 2, 1990.
303. Sullivan, Richard J., "England's 'Age of Invention': The Acceleration of Patents and Patentable Invention during the Industrial Revolution", *Explorations in Economic History*, Vol. 26, No. 4, 1989.
304. Sullivan, Richard J., "Estimates of the Value of Patent Rights in Great Britain and Ireland, 1852–1876", *Economica, New Series*, Vol. 61, No. 241
305. Ugo Mattei & Marco de Morpurgo:《全球法与掠夺：法治的阴暗面》,刘光华译,《兰州大学学报(社会科学版)》2010年第3期。
306. Valdés, Raymundo and Maegan McCann, "Intellectual Property Provisions in Regional Trade Agreements: Revision and Update", *WTO Economic Research and Statistics Division, Working Paper* - 2014 - 14.

307. Wadlow, Christopher, "The British Empire Patent 1901 – 1923: The Global Patent that Never Was", *Intellectual Property Quarterly*, Vol.4, 2006.
308. Walterscheid, C. Edward, "Novelty in Historical Perspective (Part I)", *Journal of The Patent Office Society*, Vol.75, 1993.
309. Walterscheid, C. Edward, "The Use and Abuse of History: the Supreme Court's Interpretation of Thomas Jefferson's Influence on the Patent Law", *The Journal of Law and Technology*, Vol.39, 1999.
310. Walterscheid, Edward C., "To Promote the Science and Useful Art: the Background and the Origin of the Intellectual Property Clause of the United States Constitution", *Journal of Intellectual Property Law*, Vol.2, 1994.
311. WIPO, *WIPO Intellectual Property Handbook: Policy, Law and Use*, WIPO Publication No.489, Geneva.
312. Worboys, Michael, *Science and British Colonial Imperialism 1895 – 1940*, University of Sussex, Doctoral Thesis, 1979.
313. Yelda, Ramzy, "Economic and Political Unification of Germany: 1815 – 1871", *University of Montreal, Report Paper*, 1991.

附录：17—19世纪英国专利相关数据

附表1 1660—1799年英国专利登记数

年份	专利登记数	年份	专利登记数	年份	专利登记数
1660	2	1710	0	1760	14
1661	5	1711	3	1761	9
1662	4	1712	3	1762	17
1663	7	1713	2	1763	20
1664	2	1714	3	1764	18
1665	4	1715	4	1765	14
1666	2	1716	9	1766	31
1667	2	1717	6	1767	23
1668	5	1718	6	1768	23
1669	3	1719	2	1769	36
总计	36	总计	38	总计	205
1670	0	1720	7	1770	30
1671	3	1721	8	1771	22
18672	4	1722	14	1772	29
1673	7	1723	6	1773	29
1674	5	1724	14	1774	35
1675	10	1725	9	1775	20
1676	4	1726	5	1776	29
1677	7	1727	7	1777	33

续表

年份	专利登记数	年份	专利登记数	年份	专利登记数
1678	7	1728	11	1778	30
1679	3	1729	8	1779	37
总计	50	总计	80	总计	294
1680	0	1730	12	1780	33
1681	6	1731	9	1781	34
1682	8	1732	3	1782	39
1683	7	1733	5	1783	64
1684	13	1734	8	1784	46
1685	5	1735	1	1785	61
1686	3	1736	5	1786	60
1687	6	1737	4	1787	55
1688	4	1738	6	1788	42
1689	1	1739	3	1789	43
总计	53	总计	56	总计	477
1690	3	1740	4	1790	68
1691	20	1741	8	1791	57
1692	23	1742	6	1792	85
1693	19	1743	7	1793	43
1694	11	1744	17	1794	55
1695	9	1745	4	1795	51
1696	5	1746	4	1796	75
1697	3	1747	8	1797	54
1698	7	1748	11	1798	77
1699	5	1749	13	1799	82
总计	105	总计	82	总计	647
1700	2	1750	7		
1701	1	1751	8		
1702	1	1752	7		

续表

年份	专利登记数	年份	专利登记数	年份	专利登记数
1703	0	1753	13		
1704	5	1754	9		
1705	1	1755	12		
1706	4	1756	3		
1707	3	1757	9		
1708	2	1758	14		
1709	3	1759	10		
总计	22	总计	92		

数据来源：Christine MacLeod, Inventing the Industrial Revolution: The English Patent System, 1660-1800, Cambridge University Press, 1988, p.150.

附表2 1750—1851年英国专利产品/方法领域分布情况

顺 序	产品/方法	专利数	占专利总数百分比(%)
1	蒸汽	984	5.75
2	液压系统	750	4.38
3	纺纱	715	4.18
4	燃料	714	4.17
5	马车	586	3.42
6	编织	502	2.93
7	漂洗	479	2.80
8	有色金属	474	2.77
9	船舶推进	461	2.69
10	酸、氧化物	454	2.65
11	升高和降低	392	2.29
12	油脂	347	2.02
13	花边	340	1.98
14	煤气	326	1.90
15	铁路运输工具	325	1.90
16	精加工	310	1.81

续表

顺　序	产品/方法	专利数	占专利总数百分比(%)
17	医疗手术	288	1.68
18	船舶	287	1.67
19	钢铁	285	1.66
20	枪支弹药	274	1.60
21	酿造	273	1.59
22	汽油机	267	1.56
23	乐器	255	1.49
24	灯	240	1.40
25	字母印刷打印	234	1.36
26	农业1	229	1.33
27	铁路	227	1.32
28	家具	219	1.28
29	光学仪器	214	1.25
30	厨艺	199	1.16
31	电力	194	1.13
32	农业2	177	1.03
33	纸	171	0.99
34	扣件服装	171	0.99
35	糖	169	0.98
36	砖瓦	153	0.89
37	油漆	150	0.87
38	马具	146	0.85
39	身体服装	142	0.83
40	艺术家工具	131	0.76
41	裁纸	130	0.76
42	钟表	129	0.75
43	陶器	128	0.74
44	钉子	127	0.74

续表

顺　序	产品/方法	专利数	占专利总数百分比(%)
45	港口服务	127	0.74
46	头部服饰	125	0.73
47	锁	124	0.72
48	足部服饰	120	0.70
49	玉米碾磨	115	0.67
50	道路建设	113	0.66
51	采矿	112	0.65
52	金属管	110	0.64
53	桅杆、帆	100	0.58
54	消防车	98	0.57
55	通风	98	0.57
56	转向船	95	0.55
57	人造革	90	0.52
58	装瓶液体	89	0.52
59	下水道	88	0.51
60	电镀金属	88	0.51
61	淀粉、口香糖	87	0.50
62	机车辅助	81	0.47
63	电磁	74	0.43
64	净水	74	0.43
65	印度橡胶	74	0.43
66	皮和皮革	67	0.39
67	刷扫	67	0.39
68	艺术性工具	67	0.39
69	未发酵啤酒	66	0.38
70	蒸汽培养	65	0.38
71	食物保存	61	0.35
72	蹄铁术	59	0.34

续表

顺 序	产品/方法	专利数	占专利总数百分比(%)
73	铰链	55	0.32
74	桥梁	55	0.32
75	抽水马桶	54	0.31
76	洗衣机	54	0.31
77	肥料	48	0.28
78	农业3	48	0.28
79	伞	44	0.25
80	针和别针	44	0.25
81	链条	38	0.22
82	茶和咖啡	34	0.19
83	烟草	34	0.19
84	图书	33	0.19
85	锚	29	0.16
86	缝纫和刺绣	29	0.16
87	行李箱	29	0.16
88	桶	28	0.16
89	铁路信号	26	0.15
90	玩具	24	0.14
91	电磁	19	0.11
92	挤奶和搅拌	17	0.09
93	电磁	15	0.08
94	摄影术	12	0.07
95	制冰术	12	0.07
96	航空学	10	0.05
97	保险箱	8	0.04
总 数		17 101	

资料来源：Harold Irvin Dutton, *The Patent System and Inventive Activity during the Industrial Revolution*, 1750-1852, Doctoral Thesis, University of London, 1981, pp.29-31.

附表3　1750—1799年英国专利权人持有专利数量的分布情况

持有专利件数	1750—1759年人数及占比	1750—1759年人数及占比	1750—1759年人数及占比	1750—1759年人数及占比	1750—1759年人数及占比	1750—1759年人数及占比
1	67;82.7%	131;76.2%	187;77.9%	294;81.0%	356;75.0%	1035;77.8%
2	10;12.4%	28;16.2%	34;14.2%	51;14.0%	73;15.4%	196;14.7%
3	1;1.2%	6;3.5%	8;3.4%	2;0.6%	16;3.4%	33;2.5%
4	2;2.5%	4;2.3%	2;0.8%	8;2.2%	11;2.3%	27;2.0%
5	0;0	1;0.6%	2;0.8%	1;0.3%	7;1.5%	11;0.8%
6	1;1.2%	2;1.2%	3;1.3%	1;0.3%	4;0.8%	11;0.8%
7	0;0	0;0	1;0.4%	0;0	1;0.2%	2;0.2%
8—12	0;0	0;0	1;0.4%	6;1.6%	5;1.0%	12;0.9%
13—18	0;0	0;0	2;0.8%	0;0	2;0.4%	4;0.3%
复数专利持有总计	14;17.3%	41;23.8%	53;22.1%	69;19.0%	119;25.0%	296;22.2%
专利数量总计	81	172	240	363	475	1331

资料来源：Christine MacLeod, *Inventing the Industrial Revolution: The English Patent System, 1660-1800*, Cambridge University Press, 1988, p.140.

附表4　1660—1799年英格兰和威尔士专利权人的职业

职业	1660—1699年 数量及占比	1700—1749年 数量及占比	1750—1799年 数量及占比
职业发明人	7;13.5%	26;16.4%	145;11.5%
商人/批发商	30;57.7%	30;18.9%	126;10%
零售商/服务行业	0;0	1;0.6%	12;0.9%
乡村职业	0;0	5;3.1%	19;1.5%
工业生产者			
工匠	7;13.5%	49;30.8%	271;21.4%
引擎制造者	3;5.7%	13;8.2%	132;10.4%
外包/装配贸易	4;7.7%	18;11.3%	340;26.9%
集中制造商	1;1.9%	17;10.7%	220;17.4%
有确定职业的专利权人在所有专利权人中的总体占比	22.4%	57.2%	78.2%

资料来源：Christine MacLeod, *Inventing the Industrial Revolution: The English Patent System, 1660-1800*, Cambridge University Press, 1988, p.135.

附录：17—19世纪英国专利相关数据

附表 5 1660—1799 年英国专利权人陈述的发明目的

专利数量及占比

发明目的	1660—1719年	1720—1729年	1730—1739年	1740—1749年	1750—1759年	1760—1769年	1770—1779年	1780—1789年	1790—1799年	总计
创造就业	22;7.3%	8;9.1%	4;7.1%	4;5.0%	3;3.3%	1;0.5%	1;0.3%	0;0	0;0	43;1.9%
改善工作环境	5;1.7%	3;3.4%	1;1.8%	0;0	1;1.1%	4;2.0%	5;1.7%	3;0.6%	9;1.4%	31;1.4%
节省劳力	3;1.0%	3;3.4%	2;3.6%	2;2.5%	4;4.3%	9;4.4%	10;3.4%	13;2.7%	47;7.2%	93;4.2%
节省时间	11;3.6%	4;4.5%	2;3.6%	2;2.5%	2;2.2%	7;3.5%	31;7.1%	24;5.1%	43;6.6%	116;5.2%
节省资本	89;29.5%	51;57.9%	23;41.1%	26;32.5%	36;39.1%	51;25.1%	65;22.0%	135;28.3%	214;33.1%	690;30.8%
降低价格	22;7.3%	5;5.7%	4;7.1%	4;5.0%	3;3.3%	7;3.5%	15;5.1%	7;1.5%	15;2.3%	82;3.7%
提高质量	43;14.2%	17;19.3%	13;23.2%	16;20.0%	20;21.7%	63;31.0%	114;38.7%	170;35.6%	201;31.1%	657;29.3%
进口替代	38;12.6%	4;4.5%	5;8.9%	10;12.5%	6;6.5%	9;4.4%	3;1.0%	4;0.8%	2;0.3%	81;3.6%
政府收入	7;2.3%	3;3.4%	2;3.6%	5;6.3%	2;2.2%	1;0.5%	0;0	2;0.4%	0;0	22;1.0%
政府其他获益	25;8.3%	11;12.5%	2;3.6%	4;5.0%	0;0	0;0	2;0.7%	2;0.4%	1;0.2%	47;2.1%
总 计	604	176	112	160	184	406	590	954	1294	4 480
未指明	339;111.2%	67;76.1%	54;96.4%	87;108.7%	107;116.3%	254;125.1%	354;120.7%	594;124.6%	762;117.8%	2 618;116.8%

资料来源：Christine MacLeod, *Inventing the Industrial Revolution: The English Patent System, 1660-1800*, Cambridge University Press, 1988, p.160.

附表6　1770—1849年英国专利法案件数量

时期	专利授权数	案件及占专利数百分比	涉案专利及占专利总数百分比
1770—1799年	1 418	21；1.5%	16；1.1%
1800—1829年	3 510	61；1.7%	50；1.4%
1830—1839年	2 453	47；1.8%	38；1.6%
1840—1849年	4 581	128；2.8%	104；2.3%

资料来源：Harold Irvin Dutton, *The Patent System and Inventive Activity during the Industrial Revolution, 1750-1852*, Doctoral Thesis, University of London, 1981, p.154.

附表7　1750—1849年在英国普通法院和衡平法院的报告案例

时期	案件数量	普通法院案件占比	在普通法院支持专利权人的案件占比	在普通法院反对专利权人的案件占比	衡平法院案件占比	在衡平法院支持专利权人的案件占比	在衡平法院反对专利权人的案件占比	未知判决内容的案件占比
1750—1799年	21	86%	38.8%	61.2%	—	—	—	14
1800—1829年	61	69%	30.9%	69.1%	18	45.5%	54.4%	13
1830—1839年	47	53%	76.0%	24.0%	21	60.0%	40.0%	26
1840—1849年	128	49%	76.2%	23.8%	28	55.5%	44.5%	23

资料来源：Harold Irvin Dutton, *The Patent System and Inventive Activity during the Industrial Revolution, 1750-1852*, Doctoral Thesis, University of London, 1981, p.168.

附表8　1770—1849年英国涉诉专利实施情况

伍德克劳福特专利价值评分	涉诉专利总数	转让及占比	许可及占比	报偿总额
1770—1849年				
1—2	58	30；52%	6；10%	5 790
3—4	95	35；37%	22；23%	3 762
5+	68	47；69%	17；25%	674
总计	221	112；51%	45；20%	10 226

续表

伍德克劳福特专利价值评分	涉诉专利总数	转让及占比	许可及占比	报偿总额
1770—1829 年	30	10;33%	3;10%	3 133
1—2	38	17;45%	4;11%	1 551
3—4	22	16;73%	7;32%	269
5+	90	43;48%	14;16%	4 933
1830—1849 年	28	20;71%	3;11%	2 538
1—2	57	18;32%	18;32%	2 207
3—4	46	31;67%	10;22%	402
5+	131	69;53%	31;24%	5 147

资料来源：Sean Bottomley, *The British Patent System during the Industrial Revolution, 1700-1852: From Privilege to Property*, Cambridge University Press, 2014, p.115.

附表 9　1845—1852 年完全为实施专利而成立的英国合股公司

序号	公　司　名　称	成立年份	名义资本（万英镑）
1	英国和外国煤气灯表公司	1845	2.5
2	压缩空气发动机公司	1845	40
3	专利软木塞切割公司	1845	4
4	专利燃料公司	1845	20
5	专利镀锌铁公司	1845	50
6	全球煤气灯公司	1845	10
7	西英格兰专利提纯糖公司	1845	30
8	英国专利石脑油公司	1846	1
9	剑桥和亨廷顿专利疏通公司	1846	0.8
10	专利潮轮公司	1846	6.5
11	布里斯托区专利疏通公司	1847	1
12	劳氏专利铜公司	1847	10
13	专利碱公司	1847	11
14	专利金属芯铁路枕木公司	1847	10
15	普莱斯专利蜡烛公司	1847	37.5

续表

序号	公司名称	成立年份	名义资本（万英镑）
16	威斯敏斯特和马里波恩专利疏通公司	1847	5
17	科吉歇尔专利长毛绒制造公司	1848	0.5
18	英国电报公司	1849	30
19	联合王国电报公司	1850	15
20	克劳森专利亚麻公司	1851	25
21	英国和爱尔兰磁电报公司	1851	30
22	伦敦合作公司	1851	5
23	专利合作公司	1851	10
24	专利固体污水处理公司	1851	10
25	爱尔兰电报公司	1852	10
26	国家专利蒸汽燃料公司	1852	5
27	专利螺旋公司	1852	3
28	专利矽石公司	1852	2

资料来源：Sean Bottomley, *The British Patent System during the Industrial Revolution*, 1700-1852: *From Privilege to Property*, Cambridge University Press, 2014, p.138.

附表 10　英国六大技术进步产业工人年均专利数（1839—1841 年和 1849—1851 年）

产业	1839—1841 年 雇佣情况（千人）	专利总数	每千名工人年均专利数	1849—1851 年 雇佣情况（千人）	专利总数	每千名工人年均专利数
纺织	677.4	207	0.1	1 038.3	275	0.1
金属	142.7	87	0.2	253.1	145	0.2
田间农业	1 282.2	47	0	1 748.9	62	0
海运				157.2	110	0.2
大宗化学品				8.2	50	2.0
铁路				107.0	98	0.3

资料来源：Richard J. Sullivan, "The Revolution of Ideas: Widespread Patenting and Invention during the English Industrial Revolution", *The Journal of Economic History*, Vol.50, No.2, 1990, p.354.

附表 11　1838—1847 年英国在法律官员面前的专利异议情况

年份	申请数	异议数	审理	异议成立	申请修改	驳回异议	专利授权
1838	480	154	127	25	38	417	394
1839	526	191	162	15	26	485	411
1840	567	210	157	13	34	520	440
1841	562	172	218	19	12	531	440
1842	524	187	158	11	18	495	371
1843	515	164	133	15	13	487	420
1844	662	222	194	23	15	624	450
1845	774	244	226	13	17	744	572
1846	650	201	179	18	10	622	493
1847	733	319	223	29	20	684	493
总计	5 993	2 064	1 777	181	203	5 609	4 484

资料来源：Sean Bottomley, *The British Patent System during the Industrial Revolution, 1700 - 1852: From Privilege to Property*, Cambridge University Press, 2014, p.40.